# 西藏
## 贫困与反贫困
## 问题研究

杨阿维　图登克珠　张建伟◎著

THE STUDY ON THE PROBLEMS OF
TIBETAN POVERTY AND ANTI–POVERTY

经济管理出版社
ECONOMY & MANAGEMENT PUBLISHING HOUSE

图书在版编目（CIP）数据

西藏贫困与反贫困问题研究/杨阿维，图登克珠，张建伟著. —北京：经济管理出版社，2019.6

ISBN 978-7-5096-5179-7

I. ①西… Ⅱ. ①杨… ②图… ③张… Ⅲ. ①贫困问题—研究—西藏 Ⅳ. ①F126

中国版本图书馆 CIP 数据核字（2019）第 192213 号

组稿编辑：丁慧敏

责任编辑：丁慧敏　张广花

责任印制：黄章平

责任校对：王纪慧

出版发行：经济管理出版社

　　　　　（北京市海淀区北蜂窝 8 号中雅大厦 A 座 11 层　100038）

网　　　址：www. E-mp. com. cn

电　　　话：(010) 51915602

印　　　刷：三河市延风印装有限公司

经　　　销：新华书店

开　　　本：720mm×1000mm/16

印　　　张：16.25

字　　　数：275 千字

版　　　次：2019 年 9 月第 1 版　　2019 年 9 月第 1 次印刷

书　　　号：ISBN 978-7-5096-5179-7

定　　　价：69.00 元

# 前　言

　　贫困是一个复杂的问题，是经济、政治、社会、文化贫困落后现象的总称，是世界性难题，伴随着人类社会的生存与发展。改革开放以来，中国经过40多年有计划、有组织、大规模的扶贫开发工作，取得了举世瞩目的脱贫成效。贫困人口从1978年的7.7亿减少到2018年的1660万人，减少了约7.53亿人，使数以亿计的中国农民解决了温饱、摘下了贫困的帽子，走出了一条具有中国特色的扶贫开发道路，谱写了人类反贫困历史上的辉煌篇章，为世界反贫困事业做出了巨大贡献。联合国开发计划署大数据减贫报告指出："中国是全球最早实现千年发展目标中减贫目标的发展中国家，为全球减贫工作做出了巨大的贡献。"

　　民主改革以来，西藏自治区扶贫开发经历了救济式扶贫、生产式扶贫、全面解决温饱式扶贫、区域性整体扶贫、精准性扶贫等发展历程。改革开放以来，中央先后于1980年、1984年、1994年、2001年、2010年、2015年召开了六次西藏工作座谈会，建立和完善了一系列特殊优惠政策。在中国共产党的坚强领导下，西藏自治区（以下简称西藏）社会实现了由封建农奴制度向社会主义制度的历史性飞跃，西藏发展实现了由贫穷落后向文明进步的伟大跨越。

　　党的十八大以来，党中央把脱贫攻坚摆到治国理政的重要位置，提出精准扶贫战略思想，采取超常规的举措，全面打响脱贫攻坚战。联合国秘书长古特雷斯指出："精准减贫方略是帮助贫困人口、实现2030年可持续发展议程宏伟目标的唯一途径，中国的经验可以为其他发展中国家提供有益借鉴。"党的十九大明确把精准脱贫作为决胜全面建成小康社会必须打好的三大攻坚战之一，做出了新的部署，先后出台了《国务院关于印发"十三五"脱贫攻坚规划的通知》《中共中央 国务院关于打赢脱贫攻坚战的决定》《中共中央国务院关于打赢脱贫攻坚战三年行动的指导意见》《关于支持深度贫困地区脱贫攻坚的实施意见》。西藏自治区党委政府立足西藏区情、加强顶层设计，先后出台了《西藏自治区"十三五"易地扶贫搬迁规划》《西藏自治区深度贫困地区脱贫攻坚实施方案（2018—2020）》《西藏自治区脱贫攻坚搬迁指挥部三岩片区跨市整体易地扶贫搬迁实施方案》，西藏贫困人口从 2012 年的 86 万人下降到 2018 年的 15 万人，累计减贫 71 万人；贫困发生率从 2012 年的 35.2%下降到 2018 年的 6%，走出了一条中国特色、西藏特点的精准扶贫道路，为中国扶贫事业增添了浓墨重彩的一笔。

本书通过系统梳理和在总结贫困的概念、贫困程度的测量、扶贫模式的基础上，深入分析了西藏贫困地区的经济发展现状、贫困现状、贫困特征、致贫因素，回顾和梳理了西藏扶贫开发历程，评价了西藏精准扶贫满意度，分析了西藏精准扶贫中存在的问题，提出了健全西藏精准扶贫的体制机制。同时，本书梳理了西藏精准扶贫的举措，总结了各地市精准扶贫实践案例。本书主要包括以下内容。

第1章，主要介绍了西藏开展精准扶贫开发的机遇与挑战、目的与意义，并介绍了本书的研究内容和研究方法。

第2章，系统梳理了经济学关于反贫困的主要理论和国内反贫困研究动态。经济学关于反贫困理论主要有主流经济学的"漏桶原理"，政治经济学的"马克思反贫困理论"，人口经济学的"人口爆炸理论""劳动分工理论""教育资本理论""贫困代际传递理论""社会资本理论"，发展经济学的"大推进理论""增长极理论""贫困恶性循环理论""低水平收入均衡陷阱理论""临界最小努力理论""不平衡发展理论""二元经济理论""人力资本理论""中心—外围理论""依附理论""经济起飞理论"等。国内反贫困研究成果主要集中在贫困的现状、贫困的地域分布、贫困的特征、贫困政策等方面。

第3章，梳理和总结了不同的组织和学者对贫困概念的界定、分类、贫困标准、贫困的测量，并阐述了国内主要的扶贫开发的八种模式，即"生活救济式扶贫模式""开发式扶贫模式""移民搬迁扶贫模式""结对帮扶+东西协作模式""区域瞄准扶贫模式""科技扶贫模式""整村推进模式""小额信贷模式"。

第4章，分析了西藏贫困地区的经济社会发展现状、贫困人口数量及分布、贫困类型、贫困的特征，并深入剖析了西藏的致贫因素。首先分析了西藏贫困地区的一、二、三产业发展和科教文卫发展状况，立足贫困地区发展现状的基础上分析了西藏7地市贫困人口数量、贫困发生率、收入差距等现状，剖析了贫困家庭面临的收入、就业、流动、生存等困境，分析了贫困家庭在人口、养老、教育、就业方面的代际传递现状和代际传递特征。同时，分析了西藏深度贫困区的贫困类型，并从资源、生产条件、社会发育、经济组织、思想观念等角度剖析了西藏致贫因素。

第5章，系统梳理了西藏民主改革以来扶贫开发发展历程及对西藏精准扶贫现状满意度进行了评价。民主改革以来，西藏先后经历了体制改革推动扶贫阶段、两轮驱动扶贫阶段、扶贫攻坚阶段、精准扶贫阶段，立足农牧民视角，从精准识别、精准管理、精准帮扶三个维度对精准扶贫满意度进行了评价。

第6章，深刻剖析了西藏扶贫开发中存在的问题。通过对西藏贫困现状的分析，发现西藏扶贫开发中存在西藏扶贫开发理论支撑及政策保障有待完善、西藏扶贫开发考评监管机制有待完善、西藏扶贫开发中面临较多困难、人才支援扶贫较为缺乏等问题，主要表现在部分贫困数据有待全面反映贫困真实情况、户籍信息登记存在不清晰现象、生存环境对扶贫工作约束、劳动力转移就业难度较大、公共服务水平较低、贫困户自身的脱贫意愿弱、创新创业难度大脱贫致富内在驱动力较弱、劳动力素质和产业结构升级匹配度较低、精准治理机制尚未完善、脱贫成本较高等问题。

第7章，分析了西藏农牧民增收的现状和影响因素分析。通过灰色关联度模型对西藏农牧民增收进行了关联度强弱性分析，结果发现牧业产值占农林牧渔总产值的比重关联度较高，城镇人口占总人口的比重与农牧民增收的关联度、初中及以上学历人口占总人口的比重与农牧民增收的关联度次之。

第8章，从可持续发展视角和巩固脱贫成果角度出发，提出了健全西藏精准扶贫体制机制的对策建议。第一，构建西藏精准扶贫的政策理论体系，健全农牧民生存资本、提高人力资本、健全金融服务体系、拓宽社会资本等措施；第二，建立西藏精准扶贫的运行机制；第三，建立西藏精准扶贫的资金筹集机制；第四，建立西藏精准扶贫的监管机制；第五，正确应对西藏精准扶贫中的困难。

第9章，立足实地调研基础上，系统梳理了西藏精准扶贫的具体举措，包括整乡推进、到户帮扶、贫困户安居与生态搬迁、产业扶贫、培训扶贫、扶贫试点、以工代赈、生态移民扶贫、社会帮扶、对口帮扶、社会帮扶、科技扶贫、特色旅游带动扶贫、文化扶贫等举措。

第10章，总结和梳理了西藏精准扶贫实践案列。总结和梳理了那曲市、山南市、日喀则市、昌都市四个地市的贫困和反贫困实践。

总体而言，本书系统性地梳理了西藏贫困与反贫困问题，目的在于丰富和完善现有西藏贫困与反贫困理论，为广大研究者提供基础性资料参考；对西藏自治区打赢脱贫攻坚战、巩固脱贫成果、乡村振兴无疑具有重要意义，同时对其他少数民族地区也具有一定的借鉴作用。

图登克珠

**2019 年 1 月 10 日**

# 目　录

# 第 6 章 / 西藏扶贫开发中存在的问题 ·········· 149

# 第 1 章

# 绪　论

## 1.1　研究背景

在 200 多年前，几乎所有的人都是穷人，只有极少数统治者和大地主阶层例外。在当时全球极端贫困的情况下，贫富差距不存在，贫困也必然不存在。在萨克斯的研究中，1820 年左右世界各国都是贫困的。富裕的国家经历了大幅度的经济增长，从而造成了贫富差距和地域差距。

### 1.1.1　全球战略 ●▶

几百年前，世界各地在财富和贫困方面不存在巨大的差距，因为它们都是穷国，令马可·波罗震惊的是中国的富庶。约翰·梅纳德·凯恩斯曾经设想在 20 世纪末，英国和其他工业化国家能够终结贫困现象，他的设想在 20 世纪末得到了现实的验证。当前，极端贫困在发达的国家中已经基本消除，且在中等收入国家中也慢慢消失。贫困问题的解决，不是一个地区所得与另一个地区所失的零和博弈，而是在整个国家通过各种手段提高全民生活水平的正和博弈。

联合国的 191 个国家通过签署联合国千年共同宣言的方式，确定的千年发展目标（MDGs）中提到关于解决贫困的目标，要确保在 2025 年之前世界上所有的贫困国家能沿着发展阶梯获得可持续发展。为了实现上述目标，富裕国家应当提供适当的政策援助——比现在提供的数额要多，但在它们长久以来承诺的数额之内。

据世界银行《2014~2015 年全球监测报告》显示，尽管全球减贫工作取得较大进展，预计到 2030 年，按照日均 1.25 美元的标准，全球极端贫困人口仍将有 4.12 亿人。据悉，2008 年全球极端贫困人口约为 12 亿人，占全球总人口的 19%；2011 年大约为 10 亿人，占全球总人口的 14%，以此减贫成效，千年发展目标恐怕难以在短期内实现。

贫困问题是当今世界各国经济发展中面临的棘手问题，在很大程度上阻碍着当前社会的进步与发展。所以为了实现千年发展目标，贫困问题必须得到解决，作为人口大国的中国，脱贫任务更为艰巨。

## 1.1.2 国内机遇 ❯

随着国家在政策层面对于贫困户的倾斜和扶贫开发工作的进一步推进，贫困人口的数量和比例逐年下降，1978~2010 年，按照国家扶贫标准，贫困人口在这期间减少了 2.5 亿人，参考国际脱贫标准，我国减少了 6.6 亿贫困人口，这个数字是全球脱贫人口的 93.3%。

2014 年 8 月 1 日，党中央、国务院将每年的 10 月 17 日定为国家"扶贫日"，体现出国家对脱贫工作的重视。2015 年，习近平总书记在新年贺词中指出："让农村贫困人口、城市困难群众等所有需要帮助的人得到生活保障。"改革开放以来，在党和各级政府的共同努力下，我国的扶贫开发取得较大成绩。但是，由于政治、经济、文化等各种因素的相互制约，"三农"问题一直是我国实现全面发展的核心问题，且农村贫困问题备受社会各界关注，尤其是边疆民族地区的贫困问题，一定程度上阻碍了我国社会主义构建和建设和谐社会的步伐。

2014 年 10 月 14 日，国务院扶贫办副主任郑文凯在国新办新闻发布会上指出我国贫困问题依然突出，主要表现为三个方面：一是贫困人口多，按照农民人均纯收入 2300 元（2010 年不变价，相当于每天 1 美元）的现行国家标准扶贫，2013 年底，我国农村贫困人口有 8249 万人；按照世界银行生活费 1.25 美元/天的标准，我国农村贫困人口大约有 2 亿。二是贫困程度深，贫困群众收入水平低下，部分地区还面临吃水、出行、用电、上学、就医等诸多困难。三是扶贫攻坚任务非常艰巨，大部分贫困人口集中在生产生活条件较差、自然灾害频发、基础设施较为落后的连片特困地区，这些区域的贫困问题成为最难啃的"硬骨头"，也是我们到 2020 年实现全面建成小康社会的一个"短板"。所以，必须进一步动员全社会的力量，齐心协力打赢扶贫攻坚战。他还指出，我国自改革开放以来，已实现了 6 亿多人口的脱贫。

中国共产党第十八届中央委员会第五次全体会议上提出全面建成小康社会的扶贫目标，即所有贫困县全部摘帽，解决区域性整体贫困，确保 2020 年贫困地区人口与全国同步步入小康社会。"十三五"期间要使农业现代化进展明显，人民生活质量普遍提高，在我国现行标准下，实现农村贫困人口脱贫。西藏整体被划入贫困片区，是全国连片特困面积最大的地区，贫困发生率全国最高，贫困主体主要是农牧区的农牧民，这些贫困主体为藏族，集中在边境及环境恶劣地带，其分布面积广、人口居住分散、资源相对匮乏，是西藏自治区和中央脱贫攻坚难度最大的区域之一。所以，2015 年西藏自治区开始对贫困户实施建档立卡工作，确定贫困户为一般贫困户、"低保户"和"五保户"，针对不同层次的贫困，有计划地展开扶贫工作。

贫困既是经济问题，也是政治问题。长期以来，西藏的贫困问题一直是党和国家最关心的问题，也是国际国内有关西藏研究领域中热门的话题之一。根据 2011 年国家扶贫标准，年人均纯收入低于 2300 元即为贫困，西藏 2011 年的贫困人口为 83.3 万人，占西藏农牧民总数的 34.42%。2012 年，西藏贫困人口数量占西藏总人口数的 19.42%，而全国的贫困人口数量占全国人口的 9.34%，西藏贫困人口比重高于全国 10 个百分点。① 截至 2015 年底，西藏共有农牧区建档立卡贫困户 148695 户 588711 人（未纳入建档立卡"低保户" 8408 人），占农牧区总人口的 25.2%。所以，解决西藏农牧区赤贫问题是改善民生、实现西藏经济发展的重要途径之一。

## 1.1.3　西藏自治区区内机遇　❯

### 1.1.3.1　中央扶持

中央第五次西藏工作座谈会进一步明确了推进西藏跨越式发展和长治久

---

① 西藏自治区扶贫开发办公室．西藏自治区"十三五"时期脱贫攻坚计划，藏政发〔2017〕13 号文件．

安的目标、任务和工作重点，指出："继续把西藏作为特殊集中连片贫困区域予以大力扶持。加大中央扶贫资金投入力度，重点向农牧区、地方病病区、边境地区倾斜，引导社会资源投入扶贫开发事业。"《中国农村扶贫开发纲要（2011—2020 年）》提出"已明确实施特殊政策的西藏、四省藏区、新疆南疆三地州是扶贫攻坚的主战场。"进一步体现了中央对西藏贫困群众的特殊关爱。国家将西藏作为特殊集中连片贫困区域加以扶持，并将西藏作为扶贫攻坚的主战场。中央继续加大对西藏的政策扶持和资金支持，为西藏经济发展和精准扶贫提供了充足的资金，保证资金投放重点向农牧区、贫困区域、地方病高发区、边境地区倾斜。

### 1.1.3.2  西藏自治区高度重视

西藏自治区党委、政府高度重视全区扶贫开发工作，中央扶贫开发工作会议后，西藏自治区党委、政府及时召开了全区扶贫开发工作会议，制定颁布了《西藏自治区贯彻〈中国农村扶贫开发纲要（2011—2020 年）〉实施办法》（藏党〔2012〕3 号），提出了西藏自治区扶贫开发的指导思想、基本原则、目标任务、保障措施，构建了专项扶贫、行业扶贫、社会扶贫"三位一体"的大扶贫格局，吹响了西藏自治区新一轮扶贫攻坚的号角。

### 1.1.3.3  资金投入加大

西藏是全国唯一的自治区级集中连片贫困地区，中央财政扶贫资金的新增部分主要用于连片特困地区。贯彻落实第五次西藏工作座谈会精神，中央明确"十二五"期间加大对西藏扶贫开发的支持力度，帮助完成"十二五"时期扶贫开发规划。《西藏自治区贯彻〈中国农村扶贫开发纲要（2011—2020年）〉实施办法》提出，加大地方财政投入力度，西藏自治区财政扶贫开发支出预算每年递增 30%；地（市）和县（市、区）按不低于上年地方财政收入 2% 的比例安排扶贫开发投资。重点实施农田、草场、小型水利基础设施建设，积极扶持发展农区畜牧业、城郊畜牧业，大力培育扶持农牧民专业合作组织、龙头企业，因地制宜扶持发展青稞、蔬菜等种植业，扶持藏猪、藏鸡等养殖业，扶持氆氇、藏毯等民族手工业，扶持家庭旅馆、农家乐等旅游业，拓展贫困群众增收渠道，加快脱贫致富步伐。对口援藏制度的建立对西藏当地发展做出了巨大贡献。援藏对口省份对各自所援助的地（市）进行物质和资金项目支持，直接改善了当地农牧民的生产生活条件，促进了西藏扶贫事业的发展。

### 1.1.3.4 发展基础明显改善

西藏自治区经济社会发展取得了历史性成就，基础设施不断改善，产业发展不断拓宽，"瓶颈"制约不断缓解，综合实力不断提高，自我发展能力不断增强，市场体系、体制机制和社会环境进一步改善，人口整体素质显著提升。各级政府服务和管理经济社会发展的能力逐步增强，吸引区外资本、技术、人才的能力和水平进一步提高。全自治区各族干部群众思想稳定、求团结、盼富裕、谋发展、奔小康的愿望更加强烈。西藏是以藏族为居住主体的多民族自治区，各族群众团结、和谐、安居乐业是西藏贫困农牧区脱贫的群众基础。广大藏族群众维护稳定、谋求发展，为新时期的精准扶贫工作奠定了群众基础。

### 1.1.3.5 大扶贫格局基本形成

西藏扶贫开发长期的工作实践，初步形成了领导干部对口联系、机关单位定点扶贫、社会各界奉献爱心的扶贫开发机制。与此同时，全自治区扶贫开发队伍不断扩大，各级扶贫开发领导小组工作制度逐步健全，全自治区扶贫开发工作体系基本形成，区、地（市）、县（市、区）扶贫工作机构基本建立，乡镇政府配备了专门抓扶贫开发工作的人员，不断加强大学生村官、"三支一扶"人员扶贫工作。全自治区扶贫开发工作会议提出，把做好新一轮扶贫开发摆在更加突出的位置，继续坚持专项扶贫、行业扶贫、社会扶贫"三位一体"的工作格局，明确各自任务，确定扶持措施，形成了全民参与、多管齐下的大扶贫工作格局。

全国上下都在攻坚克难完成脱贫工作，各省区市采取形式多样的扶贫模式以确保 2020 年脱贫目标的实现。西藏自治区作为全国唯一自治区级连片贫困区域，致贫原因多样化，虽然脱贫难度大，但是要集全自治区之力，与全国一道实现脱贫目标。

西藏自治区的 36 个重点贫困县如表 1-1 所示。

### 表 1-1　西藏自治区的 36 个重点贫困县

| 序号 | 所在地（市） | 贫困县 | 县（区）个数 |
|---|---|---|---|
| 1 | 拉萨市 | 林周县、尼木县 | 2 |
| 2 | 日喀则市 | 南木林县、拉孜县、定日县、萨迦县、仁布县、仲巴县、谢通门县、聂拉木县、定结县、昂仁县、康马县 | 11 |
| 3 | 山南市 | 浪卡子县、隆子县、错那县、洛扎县 | 4 |
| 4 | 林芝市 | 察隅县 | 1 |
| 5 | 昌都市 | 察雅县、芒康县、贡觉县、边坝县、八宿县、洛隆县、江达县、左贡县 | 8 |
| 6 | 那曲市 | 班戈县、色尼区、索县、聂荣县、尼玛县、申扎县、安多县、双湖县 | 8 |
| 7 | 阿里地区 | 措勤县、改则县 | 2 |
| 合计 | | | 36 |

注："√"表示脱贫工作已完成。

### 表 1-2　西藏自治区 7 地（市）各县（区）脱贫时序

| 地（市） | 县（区） | 2016 年 | 2017 年 | 2018 年 | 2019 年 | 2020 年 |
|---|---|---|---|---|---|---|
| | 城关区 | √ | 巩固 | 巩固 | 巩固 | 巩固 |
| | 尼木县 | | | √ | 巩固 | 巩固 |
| | 达孜县 | | √ | 巩固 | 巩固 | 巩固 |
| | 曲水县 | | √ | 巩固 | 巩固 | 巩固 |
| 拉萨市 | 墨竹工卡县 | | | √ | 巩固 | 巩固 |
| | 当雄县 | | | √ | 巩固 | 巩固 |
| | 堆龙德庆县 | | √ | 巩固 | 巩固 | 巩固 |
| | 林周县 | | | √ | 巩固 | 巩固 |
| | 合计 | 1 | 3 | 4 | | |
| | 巴宜区 | √ | 巩固 | 巩固 | 巩固 | 巩固 |
| | 朗县 | | | √ | 巩固 | 巩固 |
| 林芝市 | 米林县 | √ | 巩固 | 巩固 | 巩固 | 巩固 |
| | 墨脱县 | | | √ | 巩固 | 巩固 |
| | 波密县 | | | √ | 巩固 | 巩固 |

| 地（市） | 县（区） | 2016 年 | 2017 年 | 2018 年 | 2019 年 | 2020 年 |
|---|---|---|---|---|---|---|
| 林芝市 | 工布江达县 | | | √ | 巩固 | 巩固 |
| | 察隅县 | | | √ | 巩固 | 巩固 |
| | 合计 | 2 | | 5 | | |
| 山南市 | 琼结县 | | √ | 巩固 | 巩固 | 巩固 |
| | 加查县 | | √ | 巩固 | 巩固 | 巩固 |
| | 曲松县 | √ | 巩固 | 巩固 | 巩固 | 巩固 |
| | 桑日县 | | √ | 巩固 | 巩固 | 巩固 |
| | 措美县 | | √ | 巩固 | 巩固 | 巩固 |
| | 错那县 | | √ | 巩固 | 巩固 | 巩固 |
| | 乃东区 | √ | 巩固 | 巩固 | 巩固 | 巩固 |
| | 洛扎县 | √ | 巩固 | 巩固 | 巩固 | 巩固 |
| | 扎囊县 | | | √ | 巩固 | 巩固 |
| | 贡嘎县 | | | √ | 巩固 | 巩固 |
| | 浪卡子县 | | | √ | 巩固 | 巩固 |
| | 隆子县 | | | √ | 巩固 | 巩固 |
| | 合计 | 3 | 5 | 4 | | |
| 日喀则市 | 萨嘎县 | | | √ | 巩固 | 巩固 |
| | 亚东县 | √ | 巩固 | 巩固 | 巩固 | 巩固 |
| | 吉隆县 | | | | √ | 巩固 |
| | 岗巴县 | | √ | 巩固 | 巩固 | 巩固 |
| | 聂拉木县 | | | √ | 巩固 | 巩固 |
| | 康马县 | √ | 巩固 | 巩固 | 巩固 | 巩固 |
| | 桑珠孜区 | | | √ | 巩固 | 巩固 |
| | 仲巴县 | | √ | 巩固 | 巩固 | 巩固 |
| | 白朗县 | √ | 巩固 | 巩固 | 巩固 | 巩固 |
| | 江孜县 | | √ | 巩固 | 巩固 | 巩固 |
| | 谢通门县 | | | √ | 巩固 | 巩固 |
| | 定结县 | | | √ | 巩固 | 巩固 |
| | 萨迦县 | | | | √ | 巩固 |

续表

| 地（市） | 县（区） | 2016 年 | 2017 年 | 2018 年 | 2019 年 | 2020 年 |
|---|---|---|---|---|---|---|
| 日喀则市 | 仁布县 | | | √ | 巩固 | 巩固 |
| | 拉孜县 | | √ | 巩固 | 巩固 | 巩固 |
| | 昂仁县 | | √ | 巩固 | 巩固 | 巩固 |
| | 定日县 | | | | √ | 巩固 |
| | 南木林县 | | | | | √ |
| | 合计 | 3 | 5 | 6 | 3 | 1 |
| 那曲市 | 双湖县 | | | | | √ |
| | 比如县 | | | √ | 巩固 | 巩固 |
| | 嘉黎县 | | | | √ | 巩固 |
| | 安多县 | | | | | √ |
| | 申扎县 | | | | | √ |
| | 聂荣县 | | | | | √ |
| | 尼玛县 | | | | | √ |
| | 巴青县 | | | | | √ |
| | 索县 | | | | | √ |
| | 班戈县 | | | | | √ |
| | 色尼区 | | | | | √ |
| | 合计 | | | 1 | 1 | 9 |
| 昌都市 | 丁青县 | | √ | 巩固 | 巩固 | 巩固 |
| | 卡若区 | √ | 巩固 | 巩固 | 巩固 | 巩固 |
| | 左贡县 | | | | √ | 巩固 |
| | 江达县 | | | | √ | 巩固 |
| | 类乌齐县 | | √ | 巩固 | 巩固 | 巩固 |
| | 洛隆县 | | | √ | 巩固 | 巩固 |
| | 八宿县 | | | √ | 巩固 | 巩固 |
| | 边坝县 | | | √ | 巩固 | 巩固 |
| | 贡觉县 | | | | | √ |
| | 芒康县 | | | | √ | 巩固 |
| | 察雅县 | | | | | √ |
| | 合计 | 1 | 2 | 3 | 3 | 2 |

| 地（市） | 县（区） | 2016 年 | 2017 年 | 2018 年 | 2019 年 | 2020 年 |
|---|---|---|---|---|---|---|
| 阿里地区 | 噶尔县 | | | √ | 巩固 | 巩固 |
| | 札达县 | | | √ | 巩固 | 巩固 |
| | 普兰县 | | | √ | 巩固 | 巩固 |
| | 日土县 | | | √ | 巩固 | 巩固 |
| | 措勤县 | | | | √ | 巩固 |
| | 革吉县 | | | | √ | 巩固 |
| | 改则县 | | | | √ | 巩固 |
| | 合计 | | | 4 | 3 | |
| 总　计 | | 10 | 15 | 27 | 10 | 12 |

注 "√" 表示脱贫工作已完成。

2017 年 11 月 1 日，拉萨市城关区、山南市乃东区、日喀则市亚东县、昌都市卡若区和林芝市巴宜区正式宣布脱贫。截至 2018 年 9 月 18 日，表 1-2 中的林周县、当雄县、尼木县、曲水县、堆龙德庆区、达孜县、墨竹工卡县、丁青县、类乌齐县、桑日县、曲松县、琼结县、洛扎县、错那县、加查县、白朗县、康马县、定结县、吉隆县、聂拉木县、比如县、噶尔县、工布江达县、米林县、波密县均符合贫困县（区）退出条件。退出后，各级政府仍继续加大对当地剩余贫困人口的帮扶力度，巩固发展脱贫成果，确保真正完成脱贫攻坚任务。

西藏精准扶贫，既要立足于国情、自治区区情，又要照顾农牧民生产生活需要，特别是采取符合当地农民生产生活习惯的扶贫模式。比如，在推进边境深度贫困地区脱贫方面，边民戍守边疆的角色非常重要，不能照搬其他地区的城镇化进程方式脱贫，而是要坚持"屯兵与安民并举、固边与兴边并举"，推进军民融合发展。西藏扶贫开发要做到扶贫开发项目建设与农牧区稳定结合，扶贫开发项目建设与基层党建、产业发展和地区稳定结合，扶贫模式与当地群众参与结合，确保脱贫的可持续性和创新性。

## 1.1.4 面临挑战 ●

"十三五"时期，西藏经济社会发展任务艰巨，同样面临全面建成小康社会的任务。

### 1.1.4.1 后发追赶压力加大的挑战

西藏的发展条件具有较大的特殊性。西藏农牧民增收渠道单一，农牧业发展基础薄弱，规模化种养殖业起步晚，农牧民组织化程度低，传统农牧业生产占有相当比重；产业发展滞后，布局小而散，农畜产品加工深度不够，龙头企业辐射带动不强，产业链条较短，市场竞争能力不强。贫困地区现代服务业发展严重滞后，吸纳就业空间狭小，加之农牧民素质低、劳动技能差，外出打工就业困难，增收渠道不广。经济基础薄弱，发展起点较低，经济增速较快、增量较慢，产业发展"瓶颈"制约较多，"输血型"经济状况难以在短期内改变，产业培育和补齐"短板"的任务越来越重。提高生产力水平、保障改善民生、扶贫攻坚、缩小与全国和全自治区发展水平差距的任务繁重，实现"十三五"时期各项发展目标的难度很大。

### 1.1.4.2 适应经济新常态的挑战

西藏是全国集中连片的贫困地区。2010 年西藏农牧民人均纯收入只达到全国平均收入水平的近 70%。要到 2020 年同全国一道实现"全面建设小康社会"目标，虽然起点不同，但是目标相同，西藏面临着巩固贫困人口温饱问题和全面建设小康社会的双重任务，存在着整体发展水平不高、地区间发展不平衡、边境地区发展步伐偏慢、发展能力较弱、主动适应经济新常态的能力较低、创新发展的任务艰巨等问题。在中国经济新常态下，西藏地区发展中的制约因素将会凸显，提质增效和创新发展的难度较大。

### 1.1.4.3 促进发展成本较高

西藏贫困地区不仅具有地处偏僻、地域广阔、居住分散、交通不便的特点，同时还具有组织化程度较低、建设成本较高的特点。根据地区购买力评价测算，西藏比东部、中部、西部发展成本均高出 2/3 以上，[①] 扶贫开发效益远低于其他省区市。加之贫困人口贫困程度深，治理难度大，致贫原因复杂，是最难啃的"硬骨头"，进一步增加了西藏扶贫开发成本。

### 1.1.4.4 扶贫开发工作机制不够完善

一是扶贫格局的协调有待完善。由于各行业职能部门缺乏有效整合链接

---

① 罗绒战堆，樊毅斌. 西藏与内地区域发展成本比较［J］. 财经科学，2011（10）：89-97.

机制，致使各部门安排到贫困地区的扶贫资源形不成合力，资金分散和项目重复且各行其是的问题影响了扶贫资源的整体效益。二是金融扶贫机制有待健全。优惠政策有待落实，贫困群众贷款较难，影响了自我发展。三是扶贫工作管理体制和工作运行机制亟待加强。"区负总责、地区直管、县抓落实、乡镇专干"的管理体制和"工作到村、扶贫到户、帮扶到人"的工作运行机制刚刚起步，存在个别县、乡对扶贫开发的重要性和新时期扶贫工作的方法认识不够、把握不足，部分扶贫专干挂名不务实，工作考核机制不健全等问题，导致落实脱贫工作的主动性较差。

### 1.1.4.5 反贫困任务艰巨

西藏情况特殊，依然存在社会的主要矛盾，即人民日益增长的美好生活需要和不平衡不充分的发展之间的矛盾；同时，还存在着各族人民与分裂势力之间的特殊矛盾。做好新阶段的扶贫开发，面临着感恩教育与反分裂斗争同步开展、贫困地区快速发展与生态环境保护协调推进、基本公共服务与人民生产生活水平同步提高等繁重任务，这些新情况、新问题需在扶贫开发实践中进一步创新和提高。

## 1.2 研究目的及意义

### 1.2.1 研究目的

西藏扶贫开发目标是，到 2020 年贫困地区义务教育、公共医疗和住房保障水平进一步提高，基础设施和基本公共服务主要领域指标接近全自治区平均水平，扭转发展差距扩大的趋势，基本消除连片特困现象，确保到 2020 年与全国一道实现"全面建设小康社会"的目标。

2015 年西藏社会主要发展指标如表 1-3 所示。

表1-3 2015年西藏社会主要发展指标

| 序号 | 指标 | 2010年 | "十二五"时期 | "十三五"时期 | 属性 |
|---|---|---|---|---|---|
| 1 | 地区生产总值年均增长率（%） | 12 | >12 | >12 | 预期性 |
| 2 | 农牧区人均纯收入年均增长率（%） | 13 | 13 | 13 | 预期性 |
| 3 | 城镇化率（%） | 22.67 | 30 | 35 | 预期性 |
| 4 | 九年义务教育巩固率（%） | 88 | 90 | 95 | 预期性 |
| 5 | 高中阶段毛入学率（%） | 60.1 | 80 | 90 | 预期性 |
| 6 | 森林覆盖率（%） | 11.91 | 12.11 | 12.31 | 预期性 |
| 7 | 新型农村社会养老保险参保人数（万人） | 85.73 | 116.53 | 全覆盖 | 预期性 |
| 8 | 新增劳动力人均受教育年限（年） | 9 | 12.2 | 13.1 | 预期性 |
| 9 | 农牧区安全饮水普及率（%） | 86 | 92 | 全覆盖 | 预期性 |
| 10 | 行政村通邮率（%） | 83 | 90 | 全覆盖 | 预期性 |

西藏扶贫开发在全国扶贫开发中占有特别重要的位置。党和国家领导人关于西藏工作的一系列重要指示，以及中央第五次和第六次西藏工作座谈会、中央扶贫开发工作会议精神，都把西藏扶贫开发任务列为全国扶贫攻坚战的重中之重，西藏自治区上下要十分珍惜来自全国人民的大力援助，统一思想，改革创新扶贫工作机制，夺取西藏集中连片扶贫攻坚新胜利。

西藏农牧区反贫困就是要高举中国特色社会主义伟大旗帜，以邓小平理论、"三个代表"重要思想以及新时期中国特色社会主义理论为指导，深入贯彻落实科学发展观，认真贯彻落实中央第五次西藏工作座谈会、中央扶贫开发工作会议和西藏自治区扶贫开发工作会议精神，提高扶贫标准、加大投入力度、突出重点区域，把稳定解决扶贫对象温饱、尽快实现脱贫致富作为首要任务，坚持开发式扶贫方针，坚持政府主导、分级负责，坚持突出重点、分类指导，坚持社会参与、合力推进，坚持扶贫开发与农牧民安居工程、民营经济发展、创先争优强基础惠民生活动有机结合，更加注重转变经济发展方式，更加注重增强扶贫对象自我发展能力，更加注重基本公共服务均等化，更加注重解决制约发展的突出问题，努力推动贫困地区经济快速发展、社会和谐稳定，为确保到2020年同全国一道实现"全面建设小康社会"目标夯实基础。

## 1.2.2 研究意义 ●

习近平总书记在河北省阜平县考察时强调，消除贫困、改善民生、实现共同富裕是社会主义的本质要求。全面建设小康社会最艰巨、最繁重的任务在农村，特别是贫困地区。做好扶贫开发工作，支持困难群众脱贫致富，帮助他们排忧解难，使发展成果更多地、更公平地惠及人民，是我们党坚持全心全意为人民服务根本宗旨的重要体现，也是党和政府的重大职责。

中国扶贫开发工作已经进入"啃硬骨头、攻坚拔寨"的冲刺阶段，减贫难度也越来越大，而西藏的扶贫形势也随之发生了变化。一是农牧区贫困人口数量相对而言依然庞大。二是大多数贫困人口居住条件较为恶劣，如高寒缺氧、山高谷深、灾害频发、交通不便，资源禀赋较差，脱贫难度较大，部分地区贫困程度深、贫困区域广、扶贫难度大。三是无劳动能力贫困人口数量多。西藏当前人力资本投资较低，市场竞争机会和能力缺乏，这已经成为影响西藏居民收入的重要原因之一。四是贫困问题多维性突出。西藏贫困人口不仅表现为其经济收入的贫困，并伴有饮用水、道路交通、卫生、教育、福利保障等方面的贫困。五是返贫现象严重。西藏农牧区由于社会保障有待健全，抗风险能力较脆弱，部分农牧民虽然已经脱离贫困，但一旦遭遇大病、大灾等，又会回到贫困状态。

西藏是全国唯一的自治区级集中连片特殊类型贫困地区，困难群众多，群众困难多。做好新阶段的西藏农牧区的发展与扶贫攻坚工作，让贫困地区尽快脱贫致富，让贫困对象尽快过上幸福生活，关系到西藏地区的和平稳定和经济的跨越式发展。消除西藏农牧区的贫困是维护社会稳定、巩固农村经济发展的需要，关系到整个西藏社会发展的全局。做好西藏农牧区的扶贫攻坚工作是党中央、国务院赋予西藏的一项重大任务。西藏农牧区作为贫困的主体，尽快实现农牧区富裕，是中国区域经济的协调发展和政治秩序稳定的一个重要标志。

加快西藏经济发展和扶贫攻坚有助于进一步增进民族团结，实现各民族的繁荣发展。对西藏落实科学发展观、破解发展难题、实现后发赶超具有重大的战略意义。推进西藏精准脱贫，是实现乡村的全面振兴、全面建成小康社会的关键之举，也是实现边境民族地区各民族平等、团结和繁荣的重要途径。

加快西藏农牧区的发展和扶贫攻坚也是西藏改善民生的重大举措。扶贫开发工作的出发点和落脚点都在于改善民生，举全国、全自治区之力"总攻贫困"，着力解决好农牧区贫困群众最关心的、最直接的、最现实的利益问题，让农牧民尽快走上持续快速发展道路，提高农牧民的生活幸福指数，是党和政府义不容辞的责任。改善民生有利于增强群众"守边""护边""爱边"意识，实现边疆巩固，对构筑重要的国家安全屏障、重要的生态安全屏

障、重要的战略储备基地、重要的高原特色农产品基地、重要的中华民族特色文化保护地、重要的世界旅游目的地，具有重大的经济意义。系统地分析西藏农牧区贫困问题，探索适合西藏贫困农牧区自然、经济和社会发展特点的扶贫开发模式，对于西藏经济的可持续发展和建设社会主义新农村具有重要的指导意义。

在西藏自治区扶贫开发工作会议中，西藏自治区政府已明确要通过脱贫攻坚确保到 2020 年稳定实现全区贫困人口"三不愁"（不愁吃、不愁住、不愁穿）、"三有"（有就业、有技能、有钱花）、"三保障"（基本医疗有保障、义务教育有保障、社会保障有保障），在吃、穿、住、行、医、学、养方面享有保障，百姓安居乐业，基本公共服务得到保障，社会保障体系完善，宗教信仰自由和宗教需求得到保障，可以享受较高的获得感，享有较高的幸福指数，力争每年消除 11.8 万贫困人口、全自治区 59 万贫困人口与全国 7000 多万贫困人口一起全部脱贫。根据西藏当前扶贫工作面临的问题，本着解决问题的意识，反思传统的扶贫模式，构建新时期西藏精准扶贫的新模式，为西藏新一轮扶贫格局的调整与构建提供参考，对缩小西藏城乡差距、贫富差距、消除贫困有着重要的意义，有利于加强民族团结、维护西藏社会稳定，对全面建成小康社会和构建"富裕西藏、和谐西藏、幸福西藏、法治西藏、文明西藏、美丽西藏"有着十分重要的现实意义。

# 1.3　研究方法与内容

## 1.3.1　研究方法

### 1.3.1.1　调查研究法

#### 1.3.1.1.1　文献研究法

根据西藏贫困及反贫困研究方向，搜索贫困相关文献，主要利用 EBSCO 等国外数据库检索英文资料，利用中国知网（CNKI）检索中文资料，以期了解和掌握国内外关于贫困的相关研究进展。利用西藏自治区图书馆及档案馆、国内部分高校的图书馆、电子阅览室，搜寻相关图书资源及历史文献，为西藏扶贫攻坚提供理论支撑。

#### 1.3.1.1.2　访谈法

通过对西藏基层的实地走访，了解贫富差距及贫困群众的生计状况。通过对各级政府工作人员进行集体访谈、对贫困群众进行个别访谈的形式了解民生民情；通过对贫困家庭的入户调查，记录民生民意，能够真实地反映基层的贫困状况。

#### 1.3.1.1.3　问卷调查法

在整个西藏贫困问题相关调查过程中，笔者历时四年时间，通过"西藏农牧区贫困代际传递问题""西藏农牧民生计状况""西藏精准扶贫满意度""拉萨民生问题"等问卷形式，完成数据收集及整理，并对资料进行分析和总结，对西藏贫困问题从不同维度进行了较深入的调查。

#### 1.3.1.1.4　个案法

笔者对入户调查过程中遇到的典型贫困状况进行深入的访谈及记录，针对真实存在的具有代表性的问题进行分析和整理。同时，对于反贫困过程中相对成功的案例进行分析，能够为西藏自治区脱贫攻坚工作提供借鉴和经验。

### 1.3.1.2　实证研究法

本书利用实证分析对调查数据和调查结果进行描述性统计、主成分分析等，根据分析结果得出相关结论。

## 1.3.2　本书内容

第1章，主要从全球战略、国内机遇、区内机遇和面临挑战四个方面介绍了西藏贫困与反贫困问题的研究背景，阐明研究目的、意义、研究方法和研究内容。

第2章，主要论述了主流经济学、政治经济学、人口经济学、发展经济学和福利经济学贫困相关理论。同时分析了国内关于西藏反贫困问题相关研究、国家对西藏经济发展的政策支持、连片特困地区概况，并提出相关研究的不足之处与未来研究趋势。

第3章，对贫困的概念进行了界定，并从不同角度对贫困进行了分类；

对贫困标准进行了描述，阐述了各个时期的贫困线，并分析各种贫困的测量方法；重点对扶贫模式进行了分类描述。

第4章，通过对各级政府及扶贫攻坚办公室等主要部门的走访，搜集贫困资料，通过对建档立卡贫困户的入户调查，从西藏三大产业、城乡居民生活和社会事业发展三个方面，描述了西藏农牧区贫困的经济发展整体环境；从西藏贫困人口分布、贫困区域分布、贫困家庭特点、代际传递状况及精准扶贫情况出发，描述了西藏的贫困现状；从西藏贫困的特点、贫困程度、深度贫困类型、致贫因素角度分析了西藏的贫困特征。

第5章，主要从体制改革推动扶贫、两轮驱动扶贫、扶贫攻坚和精准扶贫开发四个阶段描述了西藏的扶贫历程。并根据对建档立卡贫困户的入户调查，通过人口学基本特征、精准识别、精准管理、精准帮扶、精准脱贫五个指标对西藏实施精准扶贫以来贫困户对精准扶贫的满意度进行了论证，得出了以下结论：一是男性对精准扶贫总体满意度不高；二是受访者受教育程度越高，对生活的要求就越高，对政府精准扶贫满意度要求就越高；三是老人、丧偶群体、家庭人口规模较大的受访户对精准扶贫工作满意度高；四是受访户对扶贫项目的了解程度、政府对扶贫的重视程度、对资金的知晓程度、政策的受惠程度和帮扶程度等越高，精准扶贫的总体满意度就会越高。

第6章，主要从西藏扶贫开发考评监管机制有待完善、西藏扶贫开发中面临较多困难和人才支援扶贫较为缺乏三个方面，分析了西藏扶贫开发中存在的问题。

第7章，西藏农牧民增收影响因素分析。应用灰色关联模型对西藏2010~2017年农牧民人均可支配收入数据及其影响因子进行了实证分析，对影响西藏农牧民可支配收入的各因子进行了关联度排序，通过实证分析得到影响农牧民增收的各因子的关联度强弱分析结果，具体表现为：牧业产值占农林牧副渔总产值的比重、城镇人口占总人口的比重、初中及以上学历人口占总人口的比重与农牧民增收高度相关，其余各因素均与农牧民增收中度相关。

第8章，通过构建西藏精准扶贫的政策理论体系、建立西藏精准扶贫的运行机制、建立西藏精准扶贫的资金筹集机制、建立西藏精准扶贫的监管机制和正确应对西藏精准扶贫中的困难五个方面来健全西藏精准扶贫体制机制。

第9章，依据中央精准扶贫内容和国务院第六次援藏工作会议精神、西藏自治区党委政府及各厅局出台的相关发展政策，通过以工代赈、生态移民、产业化扶贫、社会帮扶、科技扶贫、特色旅游带动扶贫、文化扶贫、劳动力转移扶贫、"雨露计划"以及乡村振兴等途径，构建西藏精准扶贫开发模式。

第 10 章，以那曲市、山南市、日喀则市定日县、昌都市三岩片区为例，介绍西藏精准扶贫实践。

# 第 2 章

# 理论基础与国内发展动态

## 2.1 理论基础

### 2.1.1 主流经济学的贫困理论

阿瑟·奥肯（1975）在《平等与效率》中提出了"漏桶原理"。[①] 他用一个故事讲解了什么是"漏桶原理"。假定一个国家只有穷人和富人这两类人，分别住在该国的东部和西部。国家把同样的粥分给东部和西部，东部的富人少但粥多，每天粥喝不完倒掉，浪费很多；西部的穷人多但粥少，很多人吃不饱，不少人开始浮肿。于是，政府决定，从富人的锅里打一桶粥给穷人，但为了把粥送给穷人，政府需要增加很多开支，如买桶、雇人挑桶，但送粥的桶下面破了一个洞，一路上漏掉不少粥。为了实现公平，不但增加了开支，而且还漏掉了粥。阿瑟·奥肯用分粥的故事来比喻税收，即把富人的一部分收入转移给穷人，最后穷人实际得到的要比富人失去的少。也就是说，在税收转移的过程中，一部分被开支掉了，另一部分因为转移制度不严密而被漏掉了。"漏桶原理"意味着公平和效率不可兼得，但他认为二者都不能偏废，要在平等中注重合理性，在效率中注重人性，这样既可以促进平等，又不损害效率。

---

① 曹毅．"漏桶原理"：要公平还是效率 [J]．中国市场，2008（42）：56.

## 2.1.2　政治经济学的贫困理论　●

马克思在《资本论》中指出，在工业周期更替的阶段，每个工人都成为相对过剩人口，表现为流动、潜在和停滞这三种形式。在工厂、制造厂、冶金厂等工业中心，这些过剩人口处于流动的状态，工人有时被排斥、有时被吸引。当资本主义生产方式占领农业的时候，对农业工人的需求就会绝对地减少，而且对人口的这种排斥会愈加明显。所以，一部分农村人口准备转入城市无产阶级或工人队伍，尤其是这种对农业工人的排斥发生时，他们会在城市工作中得到补偿。当然，相对过剩人口流向城市是以农村有潜在的过剩人口为前提。停滞的过剩人口是形成现役劳动队伍的一部分，但其就业极不规则。虽然他们为资本提供一个贮存着可供支配劳动力的蓄水池，但是当劳动力生活状况降到工人阶级平均正常水平以下时，他们就成为资本剥削的广泛基础。

马克思指出，在相对过剩人口的最底层，需要救济的是赤贫阶级，他们构成了社会阶层的三类人。第一类是有劳动能力的人口，在经济危机时，需要救济的贫民数量会增大，在经济复苏时贫民数量就会减少。第二类是孤儿和需要救济的贫民子女，是产业发展的后备军。第三类是流落街头和没有劳动能力的人口。马克思认为社会财富执行职能资本越多，资本增长的机会就越大，无产阶级和产业后备军的力量就会随之增加。同正在参与劳动的人口相比，这种后备军数量越多，常备的过剩人口也会越多，他们的贫困程度与所受的劳动折磨成正比。随着无产阶级和产业后备军的扩大，工人阶级中的贫民也就越来越多，这就是资本主义资本积累的绝对的、一般的规律。

韦伯的多元分层理论虽然与马克思一样强调经济因素，但他更注重市场能力和市场中的机会对阶层划分的意义。他认为归属什么样的阶层，与其在经济、政治、社会等诸多领域中的能力息息相关。首先是经济领域中的市场能力。韦伯认为"阶级"是非实际存在的实体，是从市场角度对人们进行的统计上的分类。他认为阶级是指在商品和劳动力市场上共同享有某种生活机会的人。其次是社会领域中的声望。声望是指人们在社会评价中所处的地位。身份群体由分享共同生活方式和行为模式、具有类似声望的人组成。影响人们声望的因素有很多，主要有出身门第或家庭经济背景（身份）、仪表风度、知识教养和生活样式。最后是政治领域中的权力。权力地位是依据人们是否拥有权力以及权力的大小确定的。所谓权力，在韦伯看来是为了实现自身的意志，无视他人意愿而支配他人的能力。权力分层体现了政治领域的不平等。

韦伯提出了"社会封闭"概念，认为在封闭社会中，社会群体通过语言、种族、阶级、政党、性别、宗教和文化等，使特权和生活机会只由掌权者内部享有，从而使他们享受最多的特权与机会。

帕累托奠定了社会精英理论的基石，他认为精英就是各种社会等级制度中最顶端的群体，提出治理精英与非治理精英的区别在于精英循环。在现代研究中的"精英俘获"也被理解为人才的获取及利用。

## 2.1.3　人口经济学的贫困理论

### 2.1.3.1　人口爆炸理论

1798 年马尔萨斯在《人口原理》一书中认为，人口呈几何比率增加，生活资料呈算数比率增加，人口的增长远远大于生活资料的增长，人们生活在贫困之中，必须要控制人口。他认为，一国财富的增加不会改善穷苦劳动者的生活境况，即使穷人的生活境况能够得到改善，但家庭人口的激增也会使他们返回到贫困状态。因此，从长远来看，人均收入（通常表现为食物等物质性收入）会出现下降的趋势，这种趋势表现为一定规模的人口勉强糊口或者刚够最低生活水平。这一理论把贫穷的根源归咎于过多的人口，忽视了不合理的经济制度和技术创新的作用，也使西方学者一度将发展中国家的贫困归咎于"人口爆炸"。显然，人口的过快增长在一定时期内会给经济发展带来负面影响，但不应过度夸大，同时人口增长也是推动社会进步的动力之一，要积极采取适当的人口政策。

在传统社会中，妇女经常处于不利的地位，妇女通常至少生育 5 个子女，有时候甚至更多，妇女一生的大部分时间都在抚育子女。① 在传统家庭中，妇女承担着大部分的生产劳动和抚养子女的劳累工作。当今社会，妇女可以通过外出务工养活自己和家庭，这使她们最终获得了一定的社会地位和政治权利。在这样的状况下，随着农村劳动力向城市转移，生活在城市中的家庭，选择生育更少的孩子，这是人口统计变化的关键所在，也是现代经济增长时

---

① ［美］杰弗里·萨克斯.贫穷的终结——我们时代的经济可能［M］.上海：上海人民出版社，2010.

期最重要的社会变迁之一。

### 2.1.3.2 劳动分工理论

劳动分工使人们的工作效率更高，劳动监督成本减少，劳动熟练程度提高，培训成本降低。人类生产各种各样的劳动产品，主要目的是用于交换，最终满足生活需要。这种生产方式或生产技术方式的存在与其所处的特定社会生产关系没有直接的联系，它是技术进步和生产社会化的产物，由生产资料和劳动者的技术发展水平，特别是生产工具的性质和状态所决定。但是，这种分工受到市场化程度的限制，而市场范围也受到专业化程度的限制。

### 2.1.3.3 社会流动理论

#### 2.1.3.3.1 教育资本理论

"人力资本"是相对于"物力资本"而言的，人力资本特指依附于人的体力与智力，是具有一定知识能力的一般人类劳动价值的总和。在人力资源管理方面，人力资本被认为是一项成本，其具有价值，并且作为价值的意义要远大于作为成本的意义。只有稀缺的人力资源才是人力资本，这隐喻着人的价值、付出和收益都会被纳入会计核算的考核范围。

西藏人力资本是能够进行生产活动的、具有一定知识或技能的劳动者。本书所讲的人力资本与以往人们所定义的人力资本之间最大的区别就是忽略了在农牧区虽然没有受过教育但是依然能够创造价值的那部分资本。

教育资本的定义为：农牧民经过一定的培训之后，所拥有的知识技术、劳动技能在社会生产过程中所具有的价值总和。西藏人力资本投资则是把教育、培训、健康保健等各阶段的各种资源投资于劳动者这种载体，从而使人力资源能够影响未来货币和物质收入的各种活动。

#### 2.1.3.3.2 贫困代际传递理论

贫困代际传递理论来源于西方的反贫困理论，该理论是对社会底层阶级生活的一种客观描述，主要体现在以下几种理论研究中：

奥斯卡·刘易斯认为，贫困代际传递理论产生于"贫困亚文化"之后。[①]一个固定的家庭成员之间由于亲情、血缘构成某种相互依赖的关系，产生子

---

① 奥斯卡·刘易斯. 五个家庭：关于贫困文化的墨西哥人实例研究 [M]. 丘延亮译. 高雄：巨流图书公司，2004.

辈继承父辈的价值观、态度和习俗等某些共同之处，促成了贫困文化在家庭内部的代际传递。

一些经济学家认为经济发展的不均衡会导致贫困代际传递。亚当·斯密认为城镇居民利益的获取，大部分以牺牲农村居民利益为代价。[①] 庇古的福利经济学理论认为，穷人货币收入的边际效用大于富人，把货币收入由富人转移给穷人就可以增加社会总效用，即增加社会的经济福利，只有通过国家强制转移的办法，才能使穷人间接受益。[②] 米德（1992）认为，依赖社会福利的家庭，其成员会改变自身价值观，长期依赖社会福利。[③]

贝克尔与托马斯（1986）强调了经济结构对于贫困代际传递的影响。该观点也认为，父母的收入状况对子女人力资本的投资起到决定作用，进而使子辈缺乏找到好工作的能力，也可能会使贫富代际传递。

达伦多夫（1979）用机会缺失来解释代际传递效应。他认为人们在生活中的机会和选择存在先天的不平等，贫穷家庭的子女比较容易陷入贫困。

麦克拉罕（1989）强调家庭环境对贫困代际传递的作用。他认为贫困家庭的未成年子女为了维持生计，不得不辍学从事简单的体力劳动，由于受教育水平低，所得报酬并不高，升迁机会更少，所以导致劳动收入较少，将来择偶也面临相同的情形，从而组成的也是一个贫困家庭。父辈可将收入优势转化为子辈获得教育的优势，在我国存在教育资源分配不均的现象，难以获得优质教育资源会导致穷人子女因人力资本积累低下，从而产生了代际收入流动。

根据代际收入理论框架和相关实证研究结论，贫困代际传递的形式主要分为两大类：一是基因、自身观念和人力资本造成贫困代际传递的内部因素，使贫困代际传递具有内在动力；二是收入分配差距过大、文化、资本、机会、教育、社会福利和家庭环境等资源分布不均和要素短缺，成为贫困代际传递的外部因素。国内研究贫困代际传递的学者，大多数将导致贫困代际传递的原因归咎于外部因素，特别是对教育机会的缺失、家庭环境、社会福利和国家政策等对贫困代际传递的影响，笔者在此基础上分析了西藏农牧区贫困代际传递的总体特征，呈现出脆弱性高、封闭程度大、贫困代际传递周期短、贫困代际传递发生率高的特点，各地（市）在贫困代际传递方面也存在较大

---

① 亚当·斯密. 国民财富的性质和原因的研究 [M]. 北京：商务印书馆，1972.

② 王桂胜. 福利经济学 [M]. 北京：中国劳动社会保障出版社，2007.

③ Lawrence Mead M. The New Politics of Poverty: The Non-working Poor in America [M]. New York: Basic Book，1992.

的差异，特别是经济发达的城市，其贫困代际发生率较低，而经济欠发达地区，其贫困代际传递发生率高。

#### 2.1.3.3.3　社会资本理论

社会资本是指嵌入于个人社会关系网络中的资源，如权力、声望和财富等。社会资本存在于人与人之间的各种关系中，必须与他人发生交往才能获得。社会关系是指个人的亲戚、朋友、校友、老乡等各种关系，一个人能从这些关系中获取的利益越高，那么他的社会资本就越高，越能获得较高的社会地位和经济利益。

现代社会越来越个性化，使人际关系趋于淡漠，社会资本的形成愈加困难。个人越来越多地占有可供支配的、可利用的资源，人们不愿建立和依靠社会资本，现代社会的高流动性使人们不愿再对社会资本过多投资。

#### 2.1.3.3.4　其他社会流动理论

弗兰德·帕金的社会封闭理论认为，社会封闭是社会集群通过把资源和机会获得局限于有特别资格的人的范围之内，以达到使自身利益最大化的过程。社会封闭通过"排他"与"内固"两种相互作用的机制来实现。排他是指某一社会群体为了维护增强自身特权而企图制造一个在它之下的阶层或群体。相应地，受到排他而在这一群体或阶层之下的群体或阶层同样也在制造一个在它之下的阶层或群体。以此类推，下面的阶层也因此产生。内固是指受排挤的阶层或群体强化阶层内部的联系和团结，以对抗上层阶层。社会群体之间存在一个"社会和文化的缓冲地带"，绝大多数的社会流动是流出或流入缓冲带的运动，而非跨越阶层两端的运动。

威廉·比贝尔关于性别隔离与社会流动中性别不平等的理论认为，隔离原因在于非经济因素，在于廉政政策、组织惯性和文化刻板印象。罗莎贝斯·肯特的"玻璃天花板效应"认为，一个透明的障碍使女性在公司无法升迁到一定水平。而"玻璃天花板效应"是否在男性中存在，现在还不能判定。

英国的雷文斯坦（1880）提出，劳动力的迁移是由迁入与迁出地的工资差别所引起的。现代推拉理论认为，除了更高的收入因素以外，还有更好的环境、职业以及自己与子女获得更好的受教育机会，从而发生人口迁移。

## 2.1.4　发展经济学的贫困理论 ❯

发展经济学是20世纪40年代后期以发展中国家经济发展为主要研究对

象，逐渐形成的一门综合性经济学的独立学科。[①] 这一时期发展经济学并没有一个统一的体系，大多是从不同的角度来阐述同一个问题，是许多发展理论、观点、模型及政策主张的集合，有些理论是对前人理论的补充和修正，有些则针锋相对地提出与他人理论的对立主张。

### 2.1.4.1 罗森斯坦·罗丹的"大推进理论"[②]

"大推进理论"是罗森斯坦·罗丹于 1943 年在《东欧和东南欧的工业化问题》一文中提出的，又被称为"平衡发展理论"，1961 年在《关于大推进理论的说明》一文中对"大推进理论"进一步作了阐述。[③] 他认为，发展中国家实现经济发展、摆脱贫困的途径是实现工业化，要实现工业化，就要对各个工业部门的基础设施进行大规模的投资，小范围和小规模投资的作用有限，很难走出困境，只有扩大投资规模才能取得规模经济效益，发挥外部经济效应。同时，他认为经济中存在储蓄、投资、需求三种不可分性，只有实现大规模投资，经济才能发展，人均收入才能提高，才能大量储蓄进而投资，才能形成广大的市场需求。

### 2.1.4.2 佩鲁的"增长极理论"[④]

"增长极理论"是 1950 年佩鲁在《经济空间：理论与应用》一文中提出的。[⑤] 他认为，支配效应的经济空间是力场，力场中存在一个推进性单元，围绕推进性的主导工业部门、产业或主导地区与其他部门、产业或地区之间存在连锁效应，通过乘数效应推动其他部门、产业或地区的发展。也就是说，经济增长通常并非同时出现在所有地方，它是从一个或数个"增长中心"通过不同的渠道向外辐射，从而对整个经济产生不同程度的影响，促进经济的发展。狭义的"增长极"通常有三种，即产业增长极、城市增长极、潜在经济增长极。[⑥]

① 刘伟，魏杰. 发展经济学 [M]. 北京：中国发展出版社，2002：27-69.

② 罗时法. 罗斯托经济"起飞"理论述评 [J]. 黔南民族师专学报（哲学社会科学版），1996（3）：11-15.

③ 佚名. 大推进理论和不平衡发展理论 [J]. 发展研究，1994（4）：49.

④ 黄景贵. 罗斯托经济起飞理论述评 [J]. 石油大学学报（社会科学版），2000（2）：27-31.

⑤ 安虎森. 增长极理论评述 [J]. 南开经济研究，1997（1）：31-37.

⑥ 曾坤生. 佩鲁增长极理论及其发展研究 [J]. 广西社会科学，1994（2）：16-20.

### 2.1.4.3　纳克斯的"贫困恶性循环理论"

杰弗里·萨克斯希望通过福利的形式为穷人提供更多的救助。比如，免费赠送给穷人化肥、食物、电脑等物品，萨克斯本人或联合国应该劝告穷人做其或联合国认为对穷人自身有利的事。孩子们可以接受免费教育、用餐和住宿，促使家长可以定期送子女去接受教育。但埃斯特利、莫约、美国企业研究院的相关人员则反对对穷人进行援助，他们认为援助一方面会使政府变得腐败，另一方面也应该尊重人们寻求自我发展的自由。如果政府和社会给予的帮助和赠送的物品并不是他们想要的和需要的东西，这显然是在强迫他们接受不符合实际的援助。同样，如果孩子们不愿意去上学，那么对于孩子们来说，接受教育也就毫无意义。萨克斯认为，国家贫困的主要原因在于地理位置或运气不好等，这些国家会变得越来越穷，虽然这些国家具有富裕起来的潜能，但是贫困会阻碍其走向富裕，要想繁荣富裕，必须先摆脱贫困。因此，萨克斯重点强调国家富裕需要巨大的推力推动才能实现。但埃斯特利指出，贫穷不是一成不变的，穷国可以经过数年的发展走向富裕，富国也可能经过数年的变化走向贫穷。所以，贫穷的条件和贫穷的结果不可能是恒定的，那么"贫穷陷阱"就是一个诱骗贫困国家长期陷入贫困状态的伪概念。①

1953 年，纳克斯在《不发达国家资本的形成》一书中提出的"贫困恶性循环理论"，是用来描述资本与经济发展之间关系的理论。他认为，发展中国家长期处于贫困状态，主要是由于经济发展中存在若干相互联系、相互作用的因素形成的"恶性循环系列"，并非是发展中国家本身资源不足造成的。该理论主要从供给和需求两方面来论述。从供给方面来看，发展中国家经济落后，人民收入水平低，而低收入只能满足人们的基本生活消费，人民几乎没有储蓄，因此造成发展中国家的低储蓄率；储蓄能力低引起货币资本积累不足，就不可能扩大再生产，生产效率就得不到提高；生产能力低又会带来低产出，低产出必然造成低收入。如此反复，最终形成"低收入—低储蓄—低资本形成—低生产率—低产出—低收入"的恶性循环现象。从需求方面来看，发展中国家经济发展落后，人均收入长期处于较低水平，居民的购买力和消费能力较低；低购买力使生产者扩大投资的积极性下降，导致人们不愿意继

---

①　[印度] 班纳吉，[法] 迪弗洛. 贫穷的本质——我们为什么摆脱不了贫困 [M]. 北京：中信出版社，2013.

续投资，投资不足又会使资本形成不足，资本形成不足使生产规模不能扩大，生产率就会保持现状或者下降；低生产率又会造成低产出和低收入水平。如此反复，最终形成"低收入—低购买力—低投资—低资本形成—低生产效率—低产出—低收入"的恶性循环现象，如图2-1所示。

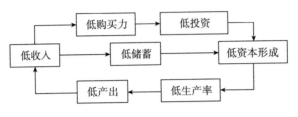

图2-1　贫困恶性循环理论

#### 2.1.4.4　纳尔逊的"低水平收入均衡陷阱理论"

1956年，纳尔逊在《不发达国家的一种低水平均衡陷阱理论》一文中提出"低水平收入均衡陷阱理论"。他研究了发展中国家的人均资本、人均收入、产出增长和人口增长之间的关系。他认为，一个国家的人均收入水平仅能够维持最低生活水平的时候，生活极端贫困，卫生医疗保健很差，人口死亡率高，导致人口增长缓慢，经济增长迟缓。随着人均收入水平的提高、生活条件的改善、医疗事业的发展，人口的死亡率就会降低，人口增长也会大幅提高，人口数量增长又会将人均收入拉回到较低水平。这就是发展中国家难以逾越的"低水平收入均衡陷阱"，如图2-2所示。

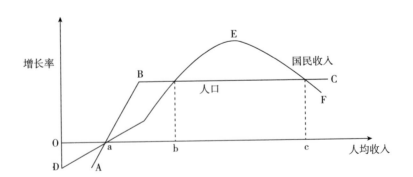

图2-2　低水平收入均衡陷阱理论

由图2-2可知，当人均收入＜a时，国民收入增长率高于人口增长率，人均收入不断提高；a < 人均收入 < b 时，人口增长率高于国民收入增长率，使人均收入降低，又回到 a 点附近。图 2-2 中，a 和 c 都是均衡点，a 点是低水平的均衡点，发展中国家很难摆脱；如果能超过 b 点，就能顺利实现高水平均衡，达到 c 点。图 2-2 表明，在较低人均收入水平上时，国民收入增长率高于人口增长率，人均收入水平就会提高，生活得以改善，生活改善使得人口增长率提高，导致增加的收入被多出来的人口占用，人均收入又回到原来的低水平。因此，必须进行大规模投资，才能迅速提高人均收入，进入国民收入增长率高于人口增长率的阶段。

### 2.1.4.5　莱宾斯坦的"临界最小努力理论"

"临界最小努力理论"是莱宾斯坦于 1957 年在《经济落后与增长》一书中提出的。该理论的研究出发点是"贫困陷阱"，认为发展中国家要打破贫困和低收入之间的恶性循环，必须有足够高的投资率使国民收入增长率超过人口增长率，从而使人均收入实现大幅度提高，这一投资率被称为"临界最小努力"，如果发展中国家的投资率达不到这个"临界最小努力"就很难摆脱落后的困境。他主张发展中国家应冲破贫困陷阱，努力使经济发展达到一定水平，从而实现长期持续增长，如图 2-3 所示。

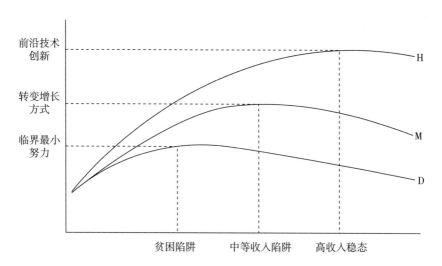

图 2-3　临界最小努力理论

### 2.1.4.6　缪尔达尔的"循环积累因果关系理论"

1957 年，缪尔达尔提出"循环积累因果关系理论"。他认为，社会经济的变动和发展是多种因素共同作用的结果，一个因素的变化会引起其他因素也发生变化，其他因素的变化反过来又会对先前因素起到强化作用，并使经济沿着先前因素发展方向继续发展，呈现出一种累积性循环发展态势。在社会经济动态发展过程中，各种因素在其发展过程中相互联系、相互影响，又互为因果，形成"循环累积因果关系"。在缪尔达尔看来，发展中国家的贫困不仅是一种经济现象，而且是由政治、经济、文化、制度等一系列因素综合作用而产生的结果。在经济循环累积中，又产生两种相反的效应，即回流效应和扩散效应。回流效应指资金和劳动力从不发达地区向发达地区流动，从而使不发达地区投资要素不足，引起不发达地区经济发展缓慢；扩散效应是指资金和劳动力从发达地区向不发达地区流动，充分的生产要素对落后地区的经济具有促进作用。

在发展中国家，由于各种因素综合作用，导致贫困的发生，使得人们生活水平长期处于社会平均水平之下，营养不良，卫生健康得不到保障，教育落后，人口质量下降，生产效率低，又会导致低收入，使得贫困进一步恶化。如此反复，使发展中国家在低收入和贫困因果循环困境中越陷越深，无法摆脱。

### 2.1.4.7　赫尔希曼的"不平衡发展理论"[①]

"不平衡发展理论"是赫尔希曼于 1958 年在《经济发展战略》一书中提出的，与罗森斯坦·罗丹的"大推进理论"相反。他认为发展中国家经济落后，难以对大量项目进行全面投资，经济部门中农业、矿业等"联系效应"较弱，且生产缺乏效率，应该集中有限的资源和力量优先发展进出口产业并以进出口产业代替部门全面投资，以此为动力推动工业全面发展，反对全面投资和各部门均衡增长战略。

### 2.1.4.8　刘易斯的"二元经济模型"

"二元经济理论"是刘易斯（A. Lewis）于 1954 年在《劳动无限供给条件

---

① 陈树文. 平等与效率：论阿瑟·奥肯的抉择理论及其现实意义 [J]. 马克思主义与现实，2008（2）：113–117.

下的经济发展》一文中提出的。他认为，发展中国家由于经济发展落后，市场不成熟、不完善，同时存在着农村中以传统生产方式为主的农业和城市中以制造业为主的现代化工业的二元经济结构，农业发展中存在着边际生产率为零的剩余劳动力，因此要消除二元经济结构，必须把农业剩余劳动力转移到工业中来，如图 2-4 和图 2-5 所示。

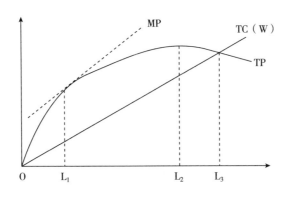

图 2-4　农业剩余劳动力

如图 2-4 所示，在农业剩余劳动力中，TP 线表示农业总产量，TC 线表示劳动总成本，也就是总工资 W。MP 是 TP 线 $L_1$ 点的切线，是第 $L_1$ 个劳动力的边际生产率。总产量随着劳动力的增加而增加，一直增加到 $L_2$ 时，受劳动边际报酬递减作用影响，总产量开始下降，但总产量依然高于总成本，当劳动力增加到 $L_3$ 时，边际生产率为 0，劳动边际报酬逐渐递减，边际生产率小于工资率，总产量小于总成本，但得到工资 W。由此可以看出，$L_2$ 和 $L_3$ 劳动力虽然参加了农业生产，但完全是过剩的，这就是刘易斯所谓的剩余劳动力。

如图 2-5 所示，在农业剩余劳动力转移中，OA 是维持农业部门最低生活水平的实际工资，OW 为工业部门的实际工资，$D_1K_1$、$D_2K_2$、$D_3K_3$ 是企业不同资本和不同规模下的劳动力需求曲线，$WSS^*$ 是工业部门的劳动力供给曲线。在 OW 工资水平下，农业部门的劳动力供给是无限的，供给曲线是一条直线，为 WS。在企业不同资本、规模下，企业总产量为 $OD_1F_1L_1$、$OD_2F_2L_2$、$OD_3F_3L_3$，总成本为 $OWF_1L_1$、$OWF_2L_2$、$OWF_3L_3$，企业利润为 $WD_1F_1$、$WD_2F_2$、$WD_3F_3$，工资不变，劳动力无限供给，剩余劳动力为 $OL_s$，这是刘易斯剩余劳动力的第一阶段。当劳动力数量超过 $L_s$ 时，工业部门劳动力曲线为 $SS^*$，呈向右上方上升趋势，这是刘易斯劳动力转移阶段，劳动力成为稀缺资

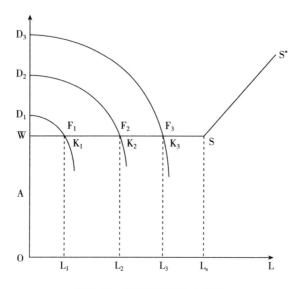

图 2-5　农业剩余劳动力转移

源，工资上升，但利润不一定增加。大多数发展中国家仍然处于第一阶段。由图 2-5 可以看出，刘易斯把工业部门的资本积累看成经济增长和劳动力转移的唯一动力，农业部门的生产只是为工业部门的扩张提供劳动力。

### 2.1.4.9　舒尔茨的"人力资本理论"

"人力资本理论"是 20 世纪 60 年代由美国经济学家奥多·W. 舒尔茨提出的。他将资本分为人力资本和物质资本，物质资本是厂房、设备、机器、土地、原材料及货币等物质产品，而人力资本是对人进行教育、培训等以提高生产者的教育水平、健康素质、管理技能，是体现在劳动者身上的资本。他认为人力资本的积累是社会经济增长的源泉，人力资本投资收益超过物质资本投资收益，现代经济发展已经不能单纯依靠资源和体力，更重要的是提高劳动者的智力、素质和技能。

### 2.1.4.10　"中心—外围理论"

"中心—外围理论"是 1949 年 5 月劳尔·普雷维什（Raul Prebisch）在《拉美的经济发展及其主要问题》的报告中提出的。他认为资本主义的世界体系是"中心—外围"的结构，中心与外围的经济发展水平是不对称的，它们之间具有联系性，但差异性更多，外围的发展中国家照搬和模仿中心发达国家的经济发展路径是行不通的。换句话说，就是世界经济体系是由西方发达国家和广大的外围发展中国家构成。发达国家技术进步、产品多元化、劳动生产率高，是世界经济的中心，代表着大工业国家；发展中国家技术落后、生产率低下、产品单一，主要以初级加工为主，是世界经济体系的外围，代表着非工业国家。

### 2.1.4.11　阿明的"依附理论"①

"依附理论"是阿明在普雷维什的"中心—外围"理论基础上发展而成的。② 他认为发达国家与发展中国家是一种剥削与被剥削、依附与被依附的关系，发达国家是世界经济的中心，发展中国家则处在发达国家的外围区域，经济发展依附于发达国家，必然受到发达国家的控制和剥削。阿明认为，"传统社会被扭曲到无法辨认的程度；它失去了独立性，现在它的主要职能是为世界市场而生产，由于沦入贫困化，这种生产根本没有任何现代化的前景。所以，这种传统社会并不会过渡到现代化；它是一种完完全全的、依附性的、外围的社会，因此走上绝路，它的前进路径都被堵塞了"。③

### 2.1.4.12　罗斯托"经济起飞理论"

罗斯托通过对英美经济增长的历史进行考察后，在 1960 年出版了《经济增长的阶段》一书。在书中罗斯托认为，所有国家从不发达到发达的过渡都要经过五个阶段，即传统社会阶段、起飞准备阶段、"起飞"阶段、成熟阶段、高额群众消费阶段。1971 年，罗斯托在《政治与增长阶段》一书中又补充了第六个阶段，即追求生活质量的阶段。他认为，传统社会阶段生产水平低下，经济增长缓慢，生产主要依靠劳动力，以农业生产占用资源为主导，消费水平低下。起飞准备阶段要求科学技术、工作环境、工作方法、工作态度等都发生革命性改变，为"起飞"阶段准备好一切条件。"起飞"阶段要突破传统经济缓慢发展状态，在较短时间内实现经济结构和生产方式的巨大变革，进入工业化，经济增长由缓慢或者停滞状态进入持续稳定增长状态。成熟阶段工业趋向多样化，新的主导部门逐步代替旧的主导部门，现代技术被应用到一切经济领域，国民收入的 10%～20% 用作投资，生产力不断提高。高额群众消费阶

---

① 周恭伟. 依附理论述评 [J]. 求索，2003 (3)：115-116.

② 马艳. 阿明依附理论述评 [D]. 西安理工大学硕士学位论文，2010.

③ 张敦福. 依附理论的发展历程和新进展 [J]. 山东师范大学学报（社会科学版），2000 (1)：28-31.

段，社会从供给转向需求，从生产转向消费和福利，这个阶段的发展方向有三种可能：一是国家追求在世界上的影响力和在国外的势力；二是借助国家的力量来实现个人和社会的目标，即福利国家；三是消费水平不再是基本生活需求。追求生活质量的阶段是经济进入高速发展后社会所面临的环境污染、交通堵塞、人口拥挤、种族歧视、精神危机等社会问题，人们不满足于物质财富的舒适，而有更高的精神追求和价值标准，追求人生理想和价值。

## 2.1.5 福利经济学的贫困理论

约翰·阿特金森·霍布森（John Atkinson Hobson）主张国家通过强有力的干涉计划缓和社会矛盾，提供更多的社会福利，维护个人自由权利。他认为一切社会问题的根源都是经济问题，国家要发挥积极作用进行一系列的社会改革，制定全面的福利政策，积极投资兴办多种福利事业，实行免费医疗、业余教育、失业救济和老年抚恤等，彻底改变不平等的收入分配和不合理的财富占有现状。同时，主张实现公共利益，个人应当配合国家改革和规划。

# 2.2 国内发展动态

## 2.2.1 西藏反贫困相关研究

### 2.2.1.1 西藏贫困的类型

大多数研究西藏贫困与反贫困的文献都对西藏贫困的类型作了详略不等的介绍。白涛和庄永福（1997）将西藏农牧区的贫困类型分为五种，分别为绝对贫困、相对贫困、区域性贫困、偶发性贫困以及经常性贫困。毛阳海（2011）、图登克珠等（2014）、杨阿维等（2015）则认为西藏贫困类型有环境恶劣型、优质资源短缺型、积弱型三种。与此同时，么菲菲（2015）将西藏贫困归纳为自然资源约束型贫困、制度政策供给不足型贫困、人力资本匮乏型贫困。李继刚（2015）则另辟蹊径，将脆弱性引入贫困，把贫困家庭划分为长期贫困家庭、经历过贫困的家庭和从未经历过贫困的家庭。高星、姚予龙、余成群（2016）则把西藏农牧区贫困类型分为生存环境脆弱型、生产资料缺乏型、人口生育过多型、人口健康缺陷型、多重因素复合型。

### 2.2.1.2　西藏贫困地区分布

白涛等（1997）指出西藏贫困地区基本分布在河谷农区与高原牧区的结合区或江河的交汇处，农业和牧业优势均不明显；贫困地区多靠近主要山脉且按山系呈片状或带状分布；贫困地区多数远离经济中心城镇且基本分布于行政区划或疆域的分界处；贫困地区人口素质普遍较低，先进文化和技术的传播较为困难，生产力水平相对落后。杨红卫（2010）指出西藏贫困地域分布总体呈现大分散、小集中、点多面广的特征，具体主要集中在藏东北那曲东三县及昌都市，藏西南的日喀则南部地区及阿里地区东部，这些地区是贫困的高发区。毛阳海（2011）和达瓦次仁、次仁、由元元等（2014）指出西藏中部（不含那曲市）生存环境差，但农牧民收入高；东部环境好，收入与全区平均水平持平，西部整体贫困，收入低且环境艰苦。孙自保、朱桂丽等（2014）和图登克珠等（2014）指出西藏贫困人口主要分布在边境和人口较少的民族聚居区、地方病高发区、高寒牧区、藏东深山峡谷区以及藏中农牧结合区。高星、姚予龙、余成群（2016）认同这一观点，并进一步指出日喀则市、昌都市、那曲市和山南市是西藏贫困较为集中的地区。

### 2.2.1.3　西藏贫困的特征

杨明（2001）指出西藏贫困指标统计中未考虑物价因素，测算粮食有失误，农户文化素质影响统计工作的准确性。次仁多吉（2003）从文化贫困视角出发，将西藏贫困文化总结为五个方面，即长期宗教影响的宿命观，多子多劳动力的生育观，安贫乐道、得过且过的幸福观，老守田园、安土重迁的乡土观，"等、靠、要"的度日观。赵曦（2004）、陈爱东（2011）、晏小燕（2014）从公共服务视角出发，指出西藏公共服务贫困表现为基础设施建设方面比较匮乏、医疗卫生服务的供给量相对不足、基础教育建设急需进一步提高、基层文化艺术服务及娱乐产品的供给极度短缺。李继刚、毛阳海（2012）研究发现，西藏贫困人口生计资本呈现出脆弱性，对农牧民市场的冲击加重；草场化改革破坏了原有社会关系，社会资本脆弱化；农牧民受到流动性约束，难以应对生产生活冲击。杨龙等（2014）通过对西藏"一江两河"农户多维贫困测量，发现教育贫困发生率高于收入贫困发生率，健康贫困、资产贫困、生活设施贫困、公共服务贫困等存在地区差异，整体表现出严重贫困状况。孙前路等（2014）对西藏11个县150户贫困居民的贫困状况、原因认知、扶贫期望等方面进行调查分析，发现西藏基本脱离了绝对贫困，但相对贫困比例较大；"等、靠、要"思想不是很强烈，对实物需求仍占较大比重，但更需要自我发展技能和就业机会。杨阿维等（2015）指出西藏贫困程度较深、脱贫难度较大；自然灾害频繁、返贫率高；区域发展差距大、贫困人口分布广；贫困代际传递现象严重，具有增收渠道窄、发展成本高、反贫困目标和任务艰巨等特征。杨涛等（2015）通过对那曲市农牧民生活能源消费状况的调查，认为那曲市不存在绝对能源贫困，但相对能源贫困显著。高星等（2016）指出西藏贫困人口收入增长慢，相对贫困人口多，贫困人口占有资源少，生存条件差，贫困家庭生育多，健康状况差，贫困人口分布偏、远、散，脱贫难度大。

### 2.2.1.4　西藏致贫因素分析

普布次仁（1995）、罗莉（2001）、闵庆文等（2001）认为西藏贫困既有与全国其他省份共同的一面，又有其特殊的一面。魏小文等（2012）进一步指出西藏贫困与恶劣的自然条件、滞后的经济发展、落后的教育状况、人口的增长、就业短缺、旧的社会文化等有着密切的联系。次仁多吉（2003）从贫困文化的视角，认为安于现状、"多子多劳动力"的生育观，余钱挥霍的畸形消费观，"等、靠、要"的消极观以及低素质是导致西藏文化贫困的深层原因。徐伍达、张伟宾（2005）认为不能获得生存和发展资源是贫困的直接原因，具体表现为缺少劳动能力、劳动力素质较低、就业机会较少、没有足够的实物或金融资本以及自然环境较恶劣等。周伟等（2005）以山南为例，指出自然因素、区位优势没有转化成区位经济优势，市场经济缺失，分散效应，滞后的知识体系是山南贫困的根源。赵曦等（2005）和杨红卫（2010）认为造成西藏贫困的原因有四点：一是自然条件恶劣，基础设施较薄弱，社会事业较欠缺；二是产业结构单一，服务体系有待健全，市场参与程度较低；三是贫困人口素质较低，思想观念较闭塞保守；四是贫困标准较低，巩固温饱难度较大，贫困与经济发展水平可能出现反向运动现象。冉光荣（2006）指出西藏自然环境恶劣、资源匮乏、疾病横行致使贫困发生，反贫困将是一个长期的、艰巨的、复杂的任务。毛阳海（2006）进一步指出，西藏致贫的重要原因是自然环境恶劣和基础设施条件较差，以及软资源短缺、贫困恶性循环、经济结构不合理等因素。王黎（2010）指出，西藏扶贫开发过程中存在三个方面问题：第一，扶贫开发中资源整合力度不大，资金投入远低于实际需要；第二，产业结构调整没有取得根本突破，农牧民增收长效机制没有建立；第三，在资金管理、部门联动、群众参与、资源整合、社会参与等机制方面需要进一步健全和完善。杜明义等（2010）指出，西藏扶贫开发中存在偏政策反贫，忽视法律反贫；重政府反贫，忽视合力反贫；重开发反贫，忽视发展反贫；重常规反贫，忽视社会保障。李继刚（2013）认为人口的过快增长带来无节制地剥削土地，引发人与环境矛盾，提高贫困发生率；低下的人力资本、落后的意识形态及封闭的信息阻碍脱贫。黄菊英等（2013）和高星等（2016）认为，恶劣的生态环境、频发的灾害，薄弱的基础设施、偏低的受教育水平以及保守的思想等是西藏致贫的主要原因。李继刚等（2014）以牧区草场产权为研究对象，指出畜牧业产权利益矛盾、政府与社会目标冲突、人口增长与草场继承矛盾、维护草场费用过高等造成牧民长期陷入贫困。

### 2.2.1.5　贫困治理路径

普桑（2000）通过对西藏自治区 73 个县、756 个乡镇、6196 个村庄、372855 户、213.78 万人进行了全面的调查分析后，指出西藏农牧区整体相对贫困，收入增长缓慢，生活水平和生活质量低下，收入差距逐年拉大。同时他提出消除贫困的五点措施：第一，大力调整经济结构，把密集型产业向欠发达地区转移，大力发展特色产业为主导产业；第二，加大资金扶贫力度，加大财政投入和放款扶贫贷款，推动农牧区基础设施建设；第三，提高贫困人口的素质，统筹职业教育、科技教育、普通教育、成人教育等资源，提高农牧民文化、技术等素质；第四，鼓励和引导多种所有制经济参与扶贫，拓宽扶贫渠道和扶贫模式；第五，抓住机遇，扩大实现对外开放，积极引进外资和国际组织参与扶贫开发。

## 2.2.2　国家对西藏经济发展的政策支持　❯

1984 年 4 月 27 日，西藏自治区人民政府为了让群众安居乐业，增加实际收入，以利于把西藏的经济搞上去，使人民尽快富起来，对农牧区有关政策进行如下调整：一是牲畜、土地的承包期30年不变；二是继续延长免征农牧业税政策到1990年；三是取消酥油、粮油、肉类计划的收购或变相计划收购；四是任何单位、任何个人不得向群众摊派和提出任何财物要求；五是保障农牧民生产和经营上的自主权；六是县、区办的中学、小学，全部实行寄宿制的"三包政策"，所需经费由国家开支；七是鼓励发展多种经营方式，帮扶各种专业户、重点户；八是跨地区经营，允许农牧民串乡、跨县或到区外从事各种经营活动；九是欢迎区外个体、集体和国营企业来西藏建厂设店。

1984年5月22日，新华社报道，国家近几年来对入不敷出的民族自治地方和少数民族聚居的省、自治区实行了财政补贴政策。1980年，国家实行"划分收支、分级包干"的财政，对新疆维吾尔自治区、内蒙古自治区、西藏自治区、宁夏回族自治区、广西壮族自治区五个自治区，云南省、贵州省、青海省三个少数民族聚居的省的财政收入实行全部留用，出现支大于收的差额由中央财政补贴，补贴数额以1979年的40.13亿元为基数，每年递增10%。

1985年4月11日，国务院发布的《中华人民共和国集体企业所得税暂行条例》规定：在革命老根据地、少数民族地区、边远地区、贫困地区兴办的乡镇集体企业，经营确有困难的，可以在一定期限内或者在一定程度上给予减征、免征所得税的照顾。

1985年4月26日，国务院批转《关于扶持农村贫困户发展生产治穷致富的请示》，该文件中对减轻贫困户负担提出了八点建议。

1992年11月12日，《人民日报》（海外版）报道，国家将投资10多亿元人民币，开发青藏高原东部藏族地区，包括四川省甘孜藏族自治州和阿坝藏族羌族自治州、甘肃省甘南藏族自治州、云南迪庆藏族自治州，共41个县，即将实施以青藏高原东部藏族地区的开发规划，被视为振兴中国西部民族经济、促进西藏稳定的战略之举。

1993年3月9~11日，教育支援西藏工作会议在北京举行，李铁映同志在会议上指出，各省支援西藏教育、办西藏班是党中央、国务院的一项重要决策，是推动西藏现代化建设富有成效的重要举措。

1998年3月7日，江泽民同志在与西藏、新疆代表团一起审议政府工作报告和其他有关报告、议案时强调，要继续高举民族团结和祖国统一的旗帜，进一步维护社会稳定，加快民族地区经济发展和社会进步的步伐。他指出西藏解放以来，经济和社会发展取得了重大成就，这充分说明只有实行民主改革，只有走社会主义道路，坚持改革开放，才能救西藏、发展西藏、繁荣西藏。

2001 年 6 月 25~27 日，中共中央第四次西藏工作座谈会在北京召开，会议提出，西藏经济社会发展要紧抓西部大开发战略和西藏社会局势基本稳定的良好机遇，确保西藏经济加快发展和稳定局势两大任务，确保国家安全和西藏的长治久安。

2016 年 5 月 19 日，制定出台《中共中央、国务院关于打赢脱贫攻坚战的决定》（中发〔2015〕34 号），对打赢脱贫攻坚战做出了安排部署。藏党发〔2016〕11 号文件规定："深入贯彻习近平总书记'治国必治边、治边先稳藏'的重要战略思想和'加强民族团结、建设美丽西藏'的重要指示，坚持'五位一体'总体布局和'四个全面'战略布局，坚持党的治藏方略，坚持依法治藏、富民兴藏、长期建藏、凝聚人心、夯实基础的重要原则，牢固树立并切实贯彻创新、协调、绿色、开放、共享的发展理念，把维护祖国统一、加强民族团结作为着眼点和着力点，把改善民生、凝聚人心作为出发点和落脚点，坚持精准扶贫、精准脱贫的基本方略，采取超常规举措，拿出过硬办法，举全自治区之力，坚决打赢脱贫攻坚战。"

2016 年 7 月 29 日，下发《关于印发〈区（中）直单位行业扶贫（定点扶贫）考评办法〉的通知》，藏党办发〔2016〕30 号文件的目的是进一步加大行业扶贫（定点扶贫）工作力度，提升行业扶贫（定点扶贫）工作水平，确保到 2020 年在全自治区现行扶贫标准下农牧区贫困人口实现脱贫，贫困县全部摘帽，解决区域性整体贫困。定点扶贫主要考评驻村工作队、党支部第一支部书记对口帮扶目标任务落实情况。

2016 年 7 月 29 日，下发《关于印发〈西藏自治区贫困人口脱贫考核办法〉的通知》，其中贫困人口是指 2016 年西藏自治区建档立卡"回头看"核查核实录入扶贫开发建档立卡信息系统的 59 万农牧区贫困人口。紧紧围绕精准扶贫、精准脱贫的基本方略，围绕贫困人口实现脱贫的基本目标，以贫困户为基本单位。适用于贫困户中有劳动力的且经过精准帮扶夯实发展基础、持续稳定增收、提高自我发展能力，并在政府和社会各界帮扶下能够依靠自身努力摆脱贫困的贫困户，包括扶贫户和家庭有劳动能力的"低保户"。对于家庭无劳动力的"低保户"和丧失劳动能力的"五保户"，作为社会兜底保障对象，完善相关社会保障政策，使他们共享改革发展成果，与西藏自治区人民一道共同实现全面小康社会。明确了脱贫标准。贫困户人均纯收入稳定达到扶贫标准以上，实现"三不愁"（不愁吃、不愁穿、不愁住）、"三有"（有技能、有就业、有钱花）、"三保障"（义务教育、基本医疗、社会保障），享有更加和谐的安居乐业环境，享有更加均衡的基础设施条件和基本公共服务，享有更加完善的社会保障体系，享有更高的获得感和幸福指数。

2016年8月12日，下发《关于切实做好建档立卡贫困家庭子女入学的通知》，实现所有学龄段适龄儿童青少年都能接受相应的教育，做到"有学上、上好学"。具体到各个教育阶段的目标是：在学前教育阶段，在双语幼儿园覆盖的前提下，实现覆盖片区内所有建档立卡贫困家庭适龄儿童都能接受学前双语教育；在义务教育阶段，严格按照义务教育法要求，所有建档立卡贫困家庭子女全部接受义务教育，不辍学、不流失；在高中阶段教育，对于考入普通高中或中等职业学校的建档立卡贫困家庭学生给予资助，确保他们完成学业；在高等教育阶段，对于考入区内外高校的建档立卡贫困家庭子女，要加大资助帮扶力度，切实解决好上大学期间的费用，确保他们顺利毕业；各中等职业技术学校、县级职教中心要加大职业技能培训力度，实现未升学的"两后生"① 职业技能培训全覆盖。

2016年8月19日，下发《关于印发〈贫困村（居）退出与贫困县（区）摘帽考核办法〉的通知》，考核对象为西藏自治区5467个贫困村（居）、74个贫困县（区）。考核年限为2016～2020年，每年考核一次。考核时间为每年11月1日至12月31日。牢固树立创新、协调、绿色、开放、共享的发展理念，以提高贫困地区自我发展能力为途径，以正面激励为导向，以退出摘帽实效为依据，科学规范有序促进贫困村（居）退出、贫困县（区）摘帽，确保如期实现西藏自治区脱贫攻坚目标。

2016年11月22日，印发《西藏自治区"十三五"时期脱贫攻坚若干政策》《西藏自治区脱贫攻坚统筹整合财政涉农资金管理暂行办法》《西藏自治区脱贫致富产业发展资金管理暂行办法》《西藏自治区"十三五"时期生态补偿脱贫实施方案》四个脱贫攻坚文件。

---

① "两后生"：指初中、高中毕业后未能继续接受教育的贫困家庭中的富余劳动力。

## 2.2.3　连片特困地区概况 ●

### 2.2.3.1　连片特困地区空间分布

连片特困地区包括六盘山区、秦巴山区、武陵山区、乌蒙山区、滇黔桂石漠化区、滇西边境山区、大兴安岭南麓山区、燕山—太行山区、吕梁山区、大别山区、罗霄山区、西藏地区、四省藏区、新疆南疆三地州 14 个片区，覆盖全国 21 个省（自治区、直辖市）680 个县 10179 个乡镇。截至 2014 年，区划面积达 390 万平方千米，约占全国行政总面积的 40%；户籍人口数达 24243 万人，占全国总人口的 17.7%；生产总值达 38968 亿元，占全国 GDP 的 6.1%。14 个连片特困地区主要分布在深山、石山、高寒及少数民族聚居区，有着交通不便、自然条件恶劣、土地贫瘠等共性。

### 2.2.3.2　连片特困地区农村贫困人口变化分析

按照现行国家农村贫困标准每人每年 2300 元，截至 2015 年，连片特困地区农村贫困人口 2875 万人，全国贫困人口 5575 万人，占全国贫困人口的 51.57%。从 2011~2015 年，14 个连片特困地区农村贫困人口总体呈现下降趋势，贫困人口从 6035 万人减少到 2875 万人，累计减少 3160 万人，平均每年减少 790 万人。

5 年来减贫规模在 400 万人以上的连片特困地区有 3 个，分别是秦巴山区减少 469 万人，减少了 57.55%，滇黔桂石漠化区减少 418 万人，减少了 51.23%，武陵山区减少 414 万人，减少了 52.21%；减贫规模在 300 万~400 万人的有 3 个，分别是乌蒙山区减少 392 万人，减少了 51.24%，六盘山区减少 362 万人，减少了 56.39%，大别山区减少 306 万人，减少了 47.30%；减贫规模在 200 万~300 万人的有 1 个，为滇西边境山区减少 232 万人，减少了 54.72%；减贫规模在 100 万~200 万人的有 3 个，分别为四省藏区减少 118 万人，减少了 57.28%，罗霄山区减少 104 万人，减少了 50.49%，燕山—太行山区减少 101 万人，减少了 45.29%；减贫规模在 100 万人以下的有 4 个，分别为大兴安岭南麓山区减少 70 万人，减少了 54.26%，新疆南疆三地州减少 69 万人，减少了 43.40%，西藏地区减少 58 万人，减少了 54.72%，吕梁山区减少 47 万人，减少了 45.19%，如图 2-6 所示。

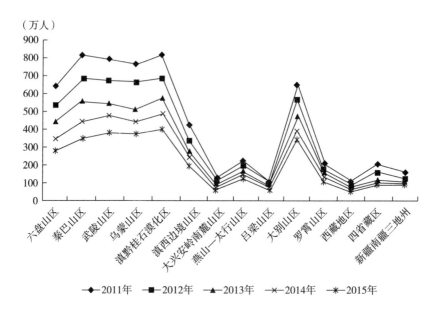

图 2-6　"十二五"时期 14 个连片特困地区农村贫困人口变化趋势

### 2.2.3.3　连片特困地区农村贫困发生率变化分析

截至 2015 年，连片特困地区农村贫困发生率为 13.9%，全国农村贫困发生率为 5.7%，高于全国 8.2 个百分点。

从 2011～2015 年，14 个连片特困地区农村贫困人口发生率下降 20 个百分点以上的有 3 个，分别为四省藏区下降 26.3 个百分点，西藏地区下降 25.3 个百分点，新疆南疆三地州下降 23 个百分点；下降 15～20 个百分点的有 5 个，分别为乌蒙山区下降 19.7 个百分点，六盘山区下降 18.8 个百分点，滇黔桂石漠化区下降 16.4 个百分点，滇西边境山区下降 16.1 个百分点，秦巴山区下降 15.3 个百分点；下降 10～15 个百分点的有 6 个，分别为吕梁山区下降 14.1 个百分点，武陵山区下降 13.4 个百分点，大兴安岭南麓山区下降 13 个百分点，罗霄山区下降 11.6 个百分点，燕山—太行山区下降 10.8 个百分点，大别山区下降 10.3 个百分点，如图 2-7 所示。

### 2.2.3.4　连片贫困地区农村居民人均收入现状分析

2015 年连片特困地区农村常住居民人均可支配收入 7525 元，全国农村常住居民人均可支配收入 11422 元，远低于全国平均水平。14 个连片特困地区

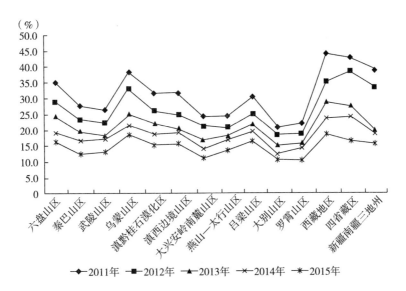

图 2-7　"十二五"时期 14 个连片特困地区农村贫困发生率变化趋势

中，农村常住居民收入超过 8000 元的有 2 个，分别是大别山区和西藏地区，为 9029 元和 8244 元；7000~8000 元的有 7 个，分别是秦巴山区（7967 元）、罗霄山区（7700 元）、武陵山区（7579 元）、滇黔桂石漠化区（7485 元）、大兴安岭南麓山区（7484 元）、燕山—太行山区（7164 元）和新疆南疆三地州（7053 元）；其余 5 个地区居民收入在 6000~7000 元，分别是乌蒙山区（6992 元）、滇西边境山区（6943 元）、四省藏区（6457 元）、六盘山区（6371 元）和吕梁山区（6317 元），如图 2-8 所示。

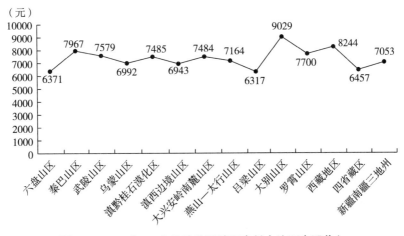

图 2-8　2015 年 14 个连片特困地区农村人均可支配收入

## 2.2.4　相关研究详述 ◉ ▶

### 2.2.4.1　以上相关研究的不足之处

#### 2.2.4.1.1　研究背景的特殊性

西藏贫困问题，涉及六市一地，地域面积广，人口总数较少，但贫困发生率却很高，而且贫困主体全部为藏族；西藏地处"少边穷"地区，集少数民族、边疆地区与连片贫困区于一身，又分为农区、牧区、农牧结合区和城镇，贫困的特征和致贫因素也体现出异质性；对口支援及中央财政转移支付贫困地区的力度远高于其他省份；"一夫一妻"的婚姻制度和计划生育政策部分地区失灵明显。这些都对具体研究对象产生不同的影响。

#### 2.2.4.1.2　贫困治理对象的相对性

文献中均缺乏对贫困户的识别认定规则及标准的描述，均以各地（市）提供的贫困数据为准，贫困识别标准不可靠。现行衡量贫困的标准主要是人均可支配收入是否达到国家或地区制定的贫困线标准以及恩格尔系数。恩格尔系数是指个人或家庭食品消费支出占个人或家庭总支出的比重，恩格尔系数达到59%以上则被认为处于贫困状态，在50%~59%被认为处于温饱状态，在40%~50%被认为处于小康状态，在30%~40%则处于富裕状态，在30%以下处于非常富裕状态。但从研究西藏贫困的文献来看，学者研究均以人均可支配收入是否达到国家或地区制定的贫困线标准作为衡量是否贫困的唯一标准，没有关于恩格尔系数对于西藏贫困的测定，且贫困数据均来源于官方公布的数据。

现行标准以城乡居民人均可支配收入是否达到国家或地区贫困线标准作为划分是否贫困的唯一标准，缺乏对资产的评估与预测。由于城乡二元经济结构体系和制度差异的影响，特别是城乡户籍制度差异，衡量贫困的标准也有所区别。比如同样贫困的城乡家庭，城镇居民的最低生活保障金通常要高于农村，公共服务等方面的待遇也是有所差异的。自改革开放以来，农村的贫困标准随着生活成本的增加和生活质量水平的提高而逐年提高。我国农村贫困标准从1978年的100元、2005年的683元、2011年的2300元提高到2013年的2736元，并随着通货膨胀的加重，该标准逐年提高。中国现行的农村贫困标准主要是根据人们的收入和支出水平，以满足底层的群众基本生存需求的绝对贫困标准计算得出的。该标准下的基本生存需求为：一是满足基本食物需求标准，最低营养为 2100 大卡；二是除满足食物需求外，满足最低限度的社会服务类等非食物需求标准。前者为基本生理贫困线，后者为非生理贫困线，二者合为一体即为贫困标准。

西藏的农牧区贫困识别具有特殊性。第一，西藏的贫困认定以当年家庭人均可支配收入是否达到各地（市）贫困线标准作为唯一识别标准；第二，贫困地区主要是自然经济占主体，存在很大程度上的物物交换（以牦牛换摩托车，以牦牛肉、酥油换糌粑等），不存在货币流通，这种情况下，货币的作用及衡量标准明显缺乏可靠性；第三，地区内部人员流动性较大，除了转移性收入可以被有效衡量外，对于财产性收入、工资性收入和经营性收入缺乏跟踪调查，无法准确估计；第四，西藏农牧区货币主要以现金的形式存放，无法检测金融机构中家庭的资产状况；第五，虽然有些家庭牛羊非常多，但是农牧区存在"惜杀"现象，诸多家庭的牛羊不是用于交换，而是用于自家消费，没有交换自然没有收入，因此也被纳入贫困范围。由此可见，西藏贫困治理的对象是相对贫困。

### 2.2.4.1.3 贫困治理的局限性

以往对于贫困的研究存在潜在的假设，使研究带有一定程度的主观性，即假设贫困者都是自私的，在是否愿意脱贫时会选择利己的一面，即不脱贫会给自己带来更多的收益。

这些研究均缺乏对假设的论证，例如个人与政府的利益博弈会导致贫困群众如何选择自己所处的情境。如果贫困境遇能够给贫困家庭带来更多的获益，老百姓自然会选择不脱贫；如果贫困处境不能给自己带来任何利益，则贫困与不贫困对家庭来说没有任何影响；如果贫困境遇要以付出相应的实物、货币或劳动力等为代价，群众自然甘愿退出贫困以免自己的利益受损。存在大量的贫困家庭不愿意摘帽，其原因之一就是福利经济学中所提到的，国家会通过转移支付来平衡贫富之间的收入差距，使贫困家庭境遇变得更好，致使贫困家庭在脱贫道路上产生利己性和依赖性。

## 2.2.4.2 未来研究趋势

西藏贫困问题原因的结构性，使贫困群众"资本、土地、技术、知识、文化、信息和劳动力"等多个相对独立的空间无法与上层具有优势的精英群体和优先群体进行竞争，造成资源和机会的相对不平等。由于西藏脱贫因素的刚性，导致贫困群众难以通过自身行动实现脱贫。而政府的强势介入在一定程度上可以解决短期贫困，但是不适宜的帮扶措施无法使贫困群众主动甩掉贫困的帽子。

未来一段时间内，西藏的绝对贫困问题能够得到一定程度的解决，但相对贫困问题仍然是社会面临的难题。随着精准扶贫工作的开展，对于西藏贫困治理的研究趋势也会主要集中在贫困的精准识别、精准帮扶和精准治理方面，更侧重于对精准扶贫满意度的评价，并结合民生问题对精准扶贫绩效进行客观度量。

# 第 3 章

# 贫困及精准扶贫概述

## 3.1 贫困概念界定

### 3.1.1 贫困的定义

西方学者认为贫困包括物质生活、精神生活、政治生活三个层面；而中国学者多数把贫困理解为衣、食、住、行等物质层面的困难。中国的贫困主要包括：一是农村尚未解决温饱的贫困人口，解决难度较大；二是虽然已解决温饱问题，但是由于现行贫困标准较低，一旦遇到自然灾害、疾病、突发事件等就容易陷入贫困的返贫人口；三是虽然已经解决温饱，但是与国际贫困标准相比还属于贫困的范畴。

朗特里和布思认为："人们生存需要一定的物质，缺乏获得物质的能力和缺乏经济资源都会使家庭生活质量下降而陷入贫困。"汤森在《英国的贫困：家庭财产和生活标准的测量》一书中将贫困定义为：所有居民中缺乏获得资源、缺乏参加社会活动的机会、缺乏获得生存的食物和基本生活保障能力，即缺乏马斯洛需要层次论的生理、安全和交往能力层面的低等需求的能力，即为贫困。

奥本海默在《贫困真相》一书中认为，"贫困是指物质资源匮乏、情感资源等方面的稀缺"，即马斯洛需要层次论的生理、安全、交往和情感方面的能力，其理论和汤森关于贫困的理论相一致，认为贫困剥夺了人们从事再生产的工具，说明贫困人口在衣、食、住、行方面的生活水平和生活质量低于社会平均水平，致使少部分人占有大量的社会财富，大多数人占有少量的社会财富，且贫富差距随着生产资料占有率和财富分配的不均会逐渐扩大。

欧洲共同体（以下简称"欧共体"）（1989）在针对贫困开展的行动计划中关于贫困的定义为：由于人及其周围的群体资源、物质资源、社会资源非常有限，致使这部分人群被遗忘和排斥在其所在国家可接受、可容纳的最低限度的生活质量和生活方式之外。

世界银行（1990）关于贫困的定义为："人们在生产生活方面缺乏保障，个人及家庭生活水平达不到最低生活标准。"阿玛蒂亚·森（2001）认为，"贫困亚文化会形成贫困家庭内部及贫困区域内的代际流动"。他认为贫困的实质就是能力的缺乏，并指出用能力和收入来衡量贫困，即贫困是基本能力的剥夺和机会的丧失，而不仅是低收入；收入是获得能力的重要手段，能力的提高会使个人获得更多的收入，良好的教育和健康的身体不仅能直接提高生活质量，而且还能提高个人获得更多收入及摆脱贫困的能力；应该用人们能够获得的生活和个人能够得到的自由来理解贫困和剥夺。阿玛蒂亚·森所说的自由是一个人免受痛苦，诸如饥饿、营养不良等，可以避免的疾病、过早的死亡，以及能够认识多少字和有尊严地生活的能力，人们在所处的社会条件下拥有多大的可行能力，去享受他们根据自身的理由而珍视的那种生活，阿玛蒂亚·森把它称为实质自由。早期研究贫困的学者主要是探索导致贫困的原因，一方面是资源的稀缺，另一方面是机会能力的缺失。他们对于贫困现象的描述仅依靠物质和精神方面的体现，对于贫困家庭内部呈现出的传承性和隔代出现未做深入的研究。

国家统计局农村社会经济调查总队（1990）指出，"贫困是物质资料缺乏所导致的生活困难等，人们由于在生产领域资源稀缺和生活方面物质资料匮乏而导致生活低于社会平均水平"。

《中国农村贫困标准》课题组和《中国城镇居民贫困问题研究》课题组在各自研究贫困问题时，给出贫困的概念：贫困是个人或家庭为维持某些必要的生活资料和服务，由于其自身物质生活不能达到一定时期内社会可接受的最低生活标准，而使自身陷入困难境地。

狭义的贫困注重物质资料的满足，是指个人及其家庭生活在贫困线以下，仅能够维持吃、穿、住方面的基本生活需求，对于生活质量没有要求，即处于马斯洛需要层次论的生理、安全和社会交往层面，也是作为高等动物最基本的生活满足。

广义的贫困则是指人们在物质、精神和社会等方面面临的生活资源匮乏，以至于个人及其家庭生活水平远低于社会平均水平的总称。广义的贫困包括狭义的贫困，在要求能够满足基本生理需求外，更加注重精神层面的需求。

## 3.1.2　贫困的分类 ❯

### 3.1.2.1　根据物质资源占有情况来划分，贫困可以分为绝对贫困、中等贫困和相对贫困

绝对贫困通常指满足不了吃、穿、住、行方面的基本生存需要而陷入饥饿状态，健康、饮水、教育、医疗得不到保障；中等贫困主要指能够满足基本生活需要；相对贫困指一个家庭的收入低于一定比例的平均国民收入。在发达国家不存在绝对贫困，但存在贫困；在发展中国家，极端贫困较为普遍。

#### 3.1.2.1.1　绝对贫困

所谓绝对贫困被又称作"生存贫困"，是指在一定的生产力发展水平下，个人或家庭处于社会平均生产和生活基本生存需求水平之下的一种贫困状况。立足于马斯洛需要层次论的生理需求层次理论，将低于维持基本生存水平称为陷入绝对贫困。绝对贫困有下列特征：第一，维持生存的食品、住房、衣服等必需品的缺乏而导致生存受到威胁；第二，在生产方面，由于缺乏生产的基本资料和物质基础，难以继续扩大再生产，甚至难以维持简单的再生产；第三，在消费方面，由于收入极低，不能满足人类在衣食住行等方面的基本消费，导致生活处于温饱线之下。绝对贫困也就是人们所说的"食不果腹、衣不遮体、住不避寒"的生活状况。

#### 3.1.2.1.2　中等贫困

人们的饮食习惯不是固定的，而是随着人们生活水平的提高不断发生变化的，但是这种饮食习惯具有一定的惯性。在比较不同社会的贫困时，用"特性"来说明的基本需要明显不同于用具体商品来说明的基本需要。"特性"能够为基本需要提供更为具体的基础，但由于人们的消费偏好不同，人们从基本需要到最低成本饮食习惯的转换，不仅取决于能够消费的食品价格，

还取决于人们的消费习惯。

### 3.1.2.1.3 相对贫困

相对贫困是相对绝对贫困而言的，一般在一定区域的一定时期内出现，而且呈现出较大的差异。相对贫困是指个人或家庭相对于同时代同一区域的人群而言，其收入与其他成员相比，远低于社会平均水平。将低收入群体10%~20%的家庭收入与当时其他家庭的收入比较，并采用量化方法进行衡量。相对贫困有下列特征：首先，相对贫困实际上是社会上多数人对于低生活水平的一种主观判断。以贫困划分标准来看，有的国家以全国人均收入的一定比例作为贫困标准，有的国家则以中位收入水平的一定比例作为贫困标准。其次，相对贫困具有动态性。随着经济的发展和生产力的进步，人们生活质量也随之发生改变，贫困标准也会随之发生变化。最后，相对贫困具有长期性。相对贫困是相对绝对贫困而言的，社会各阶层和阶层内部收入差距长期存在，相对贫困必将长期普遍存在。

## 3.1.2.2 根据物质资料的丰富程度来划分，贫困分为生存型贫困、温饱型贫困、发展型贫困

### 3.1.2.2.1 生存型贫困

生存型贫困是指物质资料难以维持和满足人类生产活动的最基本的营养摄入量等生理需要的一种状况。也就是说，由于缺乏最基本的营养水平将会损伤人的身体健康状况，甚至危及人的生命。生存型贫困直接面向人类生命体的存活，对人的生存问题构成巨大威胁，人们将解决食物和衣物作为其生活中的主要问题和目标，如非洲的一些国家。[①]

### 3.1.2.2.2 温饱型贫困

温饱型贫困是指食物和衣物在正常条件下能够得到满足，但在经济、文化等发展方面还很困难，生活水平很低，抵御灾害能力很弱，没有获得当时社会认可的一种状况。温饱型贫困虽然摆脱了生存威胁，但生活状况依然不稳定，缺乏长期稳定的物质生活资料保障，扩大再生产所需的生产资料得不到满足。[②]

① 闫潇潇.贫困概念的当代解读 [J].甘肃高师学报，2015（3）：130-133.
② 谭贤楚，朱力.贫困类型与政策含义：西部民族地区农村的贫困人口——基于恩施州的实证研究 [J].未来与发展，2012（1）：109-113.

### 3.1.2.2.3　发展型贫困

发展型贫困是指吃饭、穿衣等基本生存问题能够得到解决，为了追求更好的社会生活和进一步发展而面临的一种发展缓慢的状况。发展型贫困已经彻底摆脱了贫困对生存的威胁，但由于社会仍然处于发展中，生产力水平低下，教育、医疗等社会保障体系不健全，精神生活、政治参与权利等没有得到充分保障，人类陷入一种发展型贫困状况。[①]

## 3.1.2.3　根据人类需求匮乏来划分，贫困分为物质贫困和精神贫困

### 3.1.2.3.1　物质贫困

物质贫困是指缺乏生存机能需要或生活必需的物质生活资料以及享有国家或社会提供的公共产品和社会服务。生活资料包括衣、食、住、行、用等个人生活必需品及家庭生产生活所需的自然环境和生态环境；公共产品和社会服务包括水、电、路、科教、文卫、邮电、通信等基础设施。[②]

### 3.1.2.3.2　精神贫困

精神贫困是指在思想道德、知识文化、能力、价值取向、价值观念等方面滞后或匮乏，从而影响精神生活需求的满足，影响物质生活资料获取的一种生存状况。精神贫困一般表现为安于现状、不思进取，听天由命、无所作为，思想保守、观念落后，懒惰散漫、好逸恶劳，依赖性强，"等、靠、要"思想严重，缺乏竞争意识，社会责任意识淡薄等。精神贫困更多表现为价值、道德、观念等精神层面的虚无和迷茫。[③]

## 3.1.2.4　根据贫困内涵演进来划分，贫困分为能力贫困、收入贫困、权利贫困

### 3.1.2.4.1　能力贫困

能力贫困指一个人或一个家庭缺乏获取生活资料、提高自身能力、创造收入的机会能力的一种状况。能力贫困主要包括缺乏获取知识的能力、缺乏辨别机会的能力、缺乏承受风险的能力、缺乏获取资源的能力、缺乏科学技

---

①③　闫潇潇 . 贫困概念的当代解读 [J]. 甘肃高师学报，2015（3）：130-133.

②　汤夺先 . 试论城市少数民族流动人口的物质生活贫困问题 [J]. 西南民族大学学报（人文社会科学版），2010（4）：50-55.

术运用的能力、缺乏获取公平的能力等。①

#### 3.1.2.4.2 收入贫困

收入贫困指一个人或一个家庭因收入较少而无力购买生活必需品，无法维持自身或家庭基本生活需求的一种状况。收入是一种最直观、应用最广的衡量贫困的指标，也是各国通用的衡量方法，它便于测量、统计和监测贫困群体，也是各国减贫的主要指标。②

#### 3.1.2.4.3 权利贫困

权利贫困是指一个人或一个家庭因政治、经济、社会、文化权利等基本人权的缺乏而导致的贫困。权利贫困包括易受外部冲击、遭受不利因素打击、缺乏法律保护、地位低无发言权、无政治权利、受社会排斥而孤立无助。③

### 3.1.2.5 按照区域层面来划分，贫困分为国际贫困、国家贫困、地区贫困

#### 3.1.2.5.1 国际贫困

国际贫困是指世界范围内的贫穷的区域。按国际区域层面来看，国际贫困包括撒哈拉沙漠以南的非洲、东亚、南亚、拉丁美洲等国际区域的贫困。

#### 3.1.2.5.2 国家贫困

国家贫困是指经济社会发展贫穷的一系列国家。按国家层面来看，国家贫困包括不发达国家、发展中国家、低收入国家等国家层面的贫困。

#### 3.1.2.5.3 地区贫困

地区贫困是指一国内比较贫穷落后的地区。按地区规模层面来看，地区贫困包括连片贫困地区、贫困县、贫困乡、贫困村、贫困社区等。

不同的视角对贫困的分类划分也不同。除以上几种视角外，还有其他分类方法。按照贫困因素范围来划分，《中国农村贫困标准》课题组（1990）将贫困分为狭义贫困和广义贫困，认为狭义贫困仅指经济意义上的贫困，而广义贫困除包含经济贫困之外，还包括人口平均寿命、婴儿死亡率、文盲人数、社会环境等社会方面的因素。④

① 杨国涛，周慧洁，李芸霞. 贫困概念的内涵、演进与发展述评 [J]. 宁夏大学学报（人文社会科学版），2012（6）：139-143.
② 梁树广，黄继忠. 基于贫困含义及测定的演进视角看我国的贫困 [J]. 云南财经大学学报，2011（1）：55-61.
③ 郭熙保. 关于贫困概念的演进与思考 [J]. 皖西学院学报，2005（6）：12-67.
④ 国家统计局. 中国农村贫困标准研究 [J]. 统计研究，1990（6）：37-42.

按照贫困的时间长短来划分，陈爱民等（2006）将贫困分为长期贫困和短期贫困，认为长期贫困具有"世袭"和遗传的特征，表现为一种原始贫困，短期贫困是由于不可抗拒的天灾或者突发事件造成的短期贫困现象。长期贫困与落后的社会文化、低素质、生存环境、财产拥有量、分配不公平等因素有关，短期贫困与自然灾害，政治、经济、文化中心的转移，交通运输方式变化，战争等因素有关。①

按照城乡二元结构来划分，都阳等（2007）认为，随着社会结构变迁和经济发展，贫困的区域不再是单一的农村贫困，城市贫困也进入了研究者和政策制定者的视野，是在经济体制改革影响下，国有经济重组造成失业持续不断，农村人口迁移城市导致的贫困现象。② 康晓光（1995）认为生活质量是由制度、区域、个人等因素决定的，他将贫困分为制度性贫困、区域性贫困、阶层性贫困。制度性贫困是指不同的群体和个人之间由于政治权利、社会保障制度、分配制度、社会服务制度、财政制度、就业制度等因素的不平等分配造成的贫困；区域性贫困是指不同的区域之间由于自然条件、资源禀赋和经济社会发展等差异导致的不同群体和个人的贫困；阶层性贫困是指不同的群体和个人由于自身受教育水平、身体素质、劳动技能、社会网络支持等因素差异导致的贫困。③ 1995 年，康晓光进一步提出了结构性贫困、区域性贫困和阶层性贫困。④

吴国宝（1996）从扶贫战略研究的角度进行分类，把贫困分为资源或条件制约型贫困和能力约束型贫困。资源或条件约束型贫困是指由于土地、资金、交通、能源、通信等基础设施方面的原因导致的贫困；能力约束型贫困是指一个人或者家庭由于缺乏正常的体力、智力、劳动技能、教育等所引起的贫困。⑤

叶普万（2006）从动态和历史演进的角度把贫困分为四种类型，即古典贫困（老式贫困）、稀缺中的贫困（经济不发展而导致的贫困）、经济高速发展的贫困、富裕中的贫困。古典贫困是由于饥荒或者生产能力不足而引起的

---

① 陈爱民，王卓，张衍等. 贫困的认识与中国反贫困报告 [R]. 反贫困与国际区域合作会议，2006.

② 都阳，Albert Park. 中国的城市贫困：社会救助及其效应 [J]. 经济研究，2007（12）：24-33.

③ 康晓光. 90 年代我国的贫困与反贫困问题分析 [J]. 战略与管理，1995（8）：64-71.

④ 参见康晓光《90 年代我国的贫困与反贫困战略》。

⑤ 吴宝国. 对中国扶贫战略的简评 [J]. 中国农村经济，1996（8）：29-33.

贫困；稀缺中的贫困是由于经济不发达而导致的贫困；经济高速发展的贫困主要是由于经济高速发展，大量的农村劳动力涌入城市，使城市就业水平下降和下层劳动者收入水平下降从而导致的贫困；富裕中的贫困是发达国家中的贫困，技术进步引起产业结构升级、失业增加等。此外，他还从静态角度把贫困分为制度性贫困和非制度性贫困。制度性贫困包括体制性贫困和观念性贫困；非制度性贫困包括资源匮乏型贫困、生态恶劣型贫困、资源富饶型贫困、灾害导致型贫困和能力衰弱型贫困。①

# 3.2　贫困标准

## 3.2.1　贫困线

国际贫困标准（International Poverty Line Standard）是一种收入比例法，立足于相对贫困理论提出的贫困标准为："一地区域或国家在一定时期内，社会中位收入的1/2即为这个区域或国家的贫困线。"例如，某国社会中位收入（平均收入）为8500元/年，则贫困线为4250元，即年人均纯收入低于4250元就被纳入贫困人口。后来该计算法得到推广，用以确定国际贫困标准线。

提出国际贫困标准的初衷是要使社会救助制度乃至社会保障制度的发展符合20世纪60年代以来世界经济发展迅速国际化的趋势。汤森指出："经济的快速国际化已经使得在各民族国家之间，将他们确定基本收入需求的方法论和实践，以及实际上向贫困者支付的津贴比率作一比较变得更为重要，同时，他提出将'第一世界'和'第三世界'贫困的定义统一起来。这种统一的二元进程（在富国之间和在富国与穷国之间）在最近才开始，它对长期以来各民族国家已经确立的不统一的贫困标准以及今后科学地确定社会需求具

---

① 叶普万. 贫困概念及其类型研究述评［J］. 经济学动态，2006（7）：124-127.

有深远的意义。"① 正是受到上述发展趋势的影响，为了便于进行国际比较，在 20 世纪 70 年代中期，经济合作与发展组织对其成员国的社会救助标准做了一次调查。调查结果发现，大多数成员国的个人社会救助标准大约相当于个人社会中位收入的 2/3，于是提出以此作为制定贫困线的基准。并据此推算出两口之家（一对夫妇）的社会救助的标准相当于个人社会中位收入。② 1979 年，贝克曼参考上述数据，计算出一整套系统的国际贫困标准。他以英国政府的社会救助量度表为基础，为不同人口规模的家庭制定出不同的贫困标准，即单身救助对象的贫困标准相当于个人社会中位收入的 50%，两口之家的贫困标准相当于个人社会中位收入或两口之家的社会中位收入的 50%，三口之家的贫困标准相当于三口之家的社会中位收入的 50%，以此类推。

国际贫困标准不需要进行特别的调查，只要知道社会平均收入或社会中位收入，乘以 50%，就可以求得贫困线。因此，也可以减少行政费用。

据莫泰基在《香港贫穷和社会保障》一书中用国际贫困标准计算中国香港的公共援助标准，我们来推算西藏定日县的公共援助标准。从 2013 年西藏定日县经济人口普查数据推算，定日县家庭规模的中位数是 4.8 人，以家庭为单位计算的月收入中位数是 1395.62 元，先以上述 2 个中位数计算平均收入，即：

$$1395.62÷4.8≈290.75（元）$$

再将这个平均数乘以 3，就约等于五口之家的收入中位数：

$$290.75×3=872.25（元）$$

最后，将五口之家的收入中位数乘以 50%，即得五口之家的贫困线：

$$872.25×50\%≈436.13（元）$$

国际贫困标准问世之后，主要是用作国际比较。奥本海默在《贫困真相》一书中论及欧洲的贫困时谈道："欧共体中央统计局于 1985 年进行的最新调查公布了欧共体各国的贫困比率的比较。它采用了两种方法来度量贫困：第一种方法使用了国别贫困线，即按照各成员国现行的生活标准来度量贫困；第二种方法使用了欧共体通用的贫困线。"用两种不同的方法得到的统计结果

---

① 汤森（Townsend）. 贫困的国际分析（The International Analysis of Poverty）［M］. 纽约：哈维斯特·惠特谢夫（Harvester Wheatsheaf）出版社，1993.

② 莫泰基. 香港贫穷和社会保障［M］. 香港：中华书局（香港）有限公司，1993.

有着极大的差别。

若用第一种方法，即用欧洲各国本国的贫困线来考察贫困比率，贫困线被界定为本国平均家庭消费支出的 50%，并根据家庭规模进行调整，这样得出的结论是："在 1985 年葡萄牙的贫困比率情况最糟，将近 1/3 的人口生活在贫困之中。随后是爱尔兰、西班牙和希腊，贫困人口在 18.4% ~ 19.5%。英国在较为富裕的国家中贫困比率是最高的，达 18.2%。法国和意大利的贫困人口在 15% 左右。比利时、丹麦、德国和荷兰的贫困比率最低，占人口的 6% ~ 11%。"

若用第二种方法，即用欧洲共同体通用的贫困线来考察贫困比率，贫困线被界定为欧共体的平均家庭消费支出的 50%，并根据家庭规模进行调整，这样得出的结论是："1985 年，欧共体边缘的国家贫困比率最高：葡萄牙有 69.5% 的人陷于贫困，西班牙是 32.4%，爱尔兰是 25.6%，希腊是 20.9%。在欧共体中央和北面的国家贫困比率最低：比利时、丹麦、荷兰和德国都在 1% ~ 7%。""尽管英国相对比较富裕，但比起它的欧洲伙伴，其高贫困比率令人震惊。在欧共体中它的贫困比率排在第五位（15.8%）。"①

在欧洲，为了打造统一的欧洲劳动市场，欧洲联盟倾向于将其成员国的社会保障标准也统一起来，贫困线标准自然也被统一起来。奥本海默写道："统一的欧洲市场的发展将带来经济和社会的重大变化，这些变化又将导致欧洲共同体内出现新的贫困和不公平的问题。以这种剧烈变化的眼光来看问题，为了估计我们和我们的欧洲伙伴究竟有多少共同的感受和不同的趋向，并测定在我们的社会中欧洲自由市场的影响究竟有多大，考虑与左邻右居有关的贫困问题就变得更重要了。""与统一市场的发展相联系，尝试使各成员国之间标准更为一致，现在开始考虑使用一种欧共体通用的贫困定义是适时的。"

同时，从 20 世纪 70 年代中期以来，在欧洲，人们对贫困的看法发生了变化。奥本海默指出，1989 年欧洲共同体进行的一次调查发现，人们更有可能将贫困解释为社会不公平的结果，而不是懒惰或丧失意志力的结果。与 1976 年的一个类似的调查相比较，这是一个实质性的变化。这一变化在那些有着很强烈的信念认为是懒惰导致贫困的国家中表现得尤其明显。

譬如在英国，1976 年 40% 的被调查者认为贫困是由于懒惰，但 1989 年只有 18% 的人这样认为。在爱尔兰和卢森堡，1976 年分别有 30% 和 31% 的人认

---

① 奥本海默. 贫困真相 [M]. 伦敦：儿童贫困关注小组，1993.

为贫困是由于懒惰，但 1989 年分别只有 14% 和 25% 的人这样认为。这种观念上的变化，使这种建立在相对贫困概念基础上的测量贫困线的方法得以走向实际运用。①

国际上通常采用一些特定的福利指标如恩格尔系数、居民消费价格指数（CPI）、人均国民生产总值等作为界定标准来划贫困线。目前，中国是以年人均纯收入能否达到维持正常的生活所需的最低生活费用支出来衡量贫困人口，即用绝对贫困线来划分贫困人口。贫困线用来确认贫困区域、贫困家庭和贫困人口，并在此基础上计算贫困率，即贫困人口占总人口的比例。

贫困线是在一定时期的一定区域内，个人及家庭为了获取日常物质需要和非物质需要所必须支付的全年费用，依据贫困标准来划定贫困线，一般以货币收入量来衡量。日常物质和非物质需要包括吃、穿、住、行、用的支出，也包括精神文化层面消费的支出。如果不能维持基本生存所需，即被认为是实际贫困，国家根据其人均纯收入状况与全国人均纯收入水平作比较，制定出能够保障基本生活所需的生存标准，以货币收入量进行衡量。这一货币标准实质是物化的一般等价物，而这一物质标准对于贫困人口而言，满足不了自身及家庭的基本生活需要，因此，处于社会群体的底层。相对贫困理论主要用于测量人口内部贫困收入差距与不平等，特别是从贫困比例、贫困程度和贫困深度的角度研究，这些都是相对于绝对贫困进行的更深层次的研究。由于相对贫困测量标准不一，而且在测量过程中受多种因素综合影响，量化评价比较复杂，在具体实际操作过程中，通常采用一个或几个与贫困相关的因素，这些经济指标可以量化并进行分析用来表示贫困的程度。② 测量绝对贫困，立足于货币贫困线的这一硬性指标，根据年人均纯收入划分为贫困人口与非贫困人口，因此，贫困线的制定成为判断贫困与非贫困的关键环节，是国家制定扶贫开发决策的依据所在。

1985 年，以物质财富收入或粮食产出量作为贫困标准，即每个家庭年人均纯收入不足 200 元和人均粮食拥有量不高于 200 公斤口粮作为国家贫困线，当时全国总人口为 10.59 亿人，而各省市申报的贫困人口达到 1.02 亿人，占全国农村总人口的 12.2%。20 世纪 80 年代中后期，国家对于集中连片特困区域采取相应的扶贫政策，以县为基本扶贫单位，根据贫困程度划分为国家级

① 奥本海默. 贫困真相 [M]. 伦敦：儿童贫困关注小组，1993.
② 王碧玉. 中国农村反贫困问题研究 [M]. 北京：中国农业出版社，2006.

贫困县、省级贫困县，并对这些贫困区域给予特殊的优惠政策，投入资金、技术、物资和其他农牧业发展脱贫等优惠政策帮助脱贫。

1991 年，在原定贫困县的基础上，"八五"初期又公布了第二批扶贫对象，贫困标准参考 1990 年家庭人均纯收入低于 300 元，增加 256 个专项贷款县，专项贷款为 5 亿元，随着物价和通货膨胀率的变化，到 1992 年，国家将贫困标准提升至 320 元。

1993 年，公布了第三批扶贫对象，在制定"八七"扶贫攻坚计划时，调整了对贫困县的认定条件和标准，确定该时期的 592 个国家级扶贫县，其标准为家庭人均纯收入不足 400 元为扶贫对象。但考虑到历史、经济、民族等社会因素，贫困县标准提高到"七五"时期的 700 元。①

随着购买力水平的进一步提高，到 2007 年，我国的贫困标准提升到 785 元。当时的美元购买力评价约为人均每天 0.57 美元，折合人民币 4.16 元，而当时的中国人均每天仅有 2.15 元，在当时的世界银行对 75 个国家购买力抽样调查中，中国是最低的。2010 年，这一标准上调至 1274 元。而以这一贫困标准进行衡量，当时的中国贫困人口仅有 2688 万人，贫困发生率不到 3%。事实上，1274 元的贫困标准不及社会平均中位收入的 1/2，也远低于当时的通货膨胀，人们的购买力水平非常低。2011 年 11 月 29 日，中央扶贫开发工作会议决定将中国的贫困标准由 1274 元提高到 2300 元，扶贫开发模式也由"整村推进"转变为集中连片开发。根据 2300 元的贫困标准，中国还有 1.28 亿的贫困人口，占农村总人口的 13.4%，占全国总人口近 1/10。

从图 3-1 可以看出，西藏 2000 年实行的贫困线和国家一样，都是 625 元，从 2001 年开始，西藏贫困线调整为 1300 元，一直持续到 2006 年增加为 1700 元，到 2011 年达到 2300 元。而国家贫困线只是根据消费价格指数做了微小调整，直到 2011 年才调整为 2300 元。西藏的贫困线一般要比国家贫困线高，这是因为西藏的物价水平高于全国平均水平，且西藏处于高原地区，对食物热量的需求量要高于全国其他地区平均 800 大卡。

从图 3-2 可以看出，西藏贫困人口由 2001 年的 148 万人减少到 2004 年的 86 万人。随着 2005 年贫困线调整，贫困人口扩大到 96.4 万人，随后贫困人口数量从 2005 年的 96.4 万人减少至 2010 年的 50.2 万人。自 2011 年国家将扶贫标准提高到 2300 元后，西藏的贫困人口陡然增加到 83.3 万人，占西藏

---

①　陈浩. 反贫困新论 [M]. 北京：中国财政经济出版社，2001.

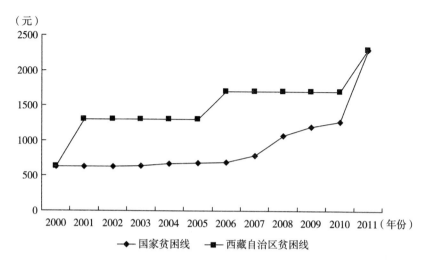

**图 3-1　2000~2011 年国家贫困线和西藏自治区贫困线变化趋势**

资料来源：根据历年《西藏国民经济和社会发展统计公报》整理。

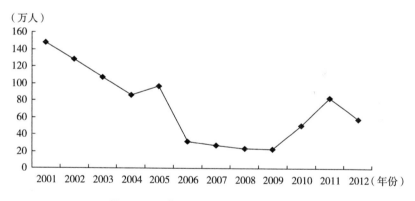

**图 3-2　西藏自治区历年贫困人口数量**

农牧区总人口的 34.42%，贫困发生率为全国最高。截至 2012 年西藏贫困人口减少到 58.3 万人，占西藏总人口的 19.42%。而 2012 年全国按照 2010 年的标准还有 1.28 亿贫困人口，占总人口的 9.34%，西藏贫困人口比例超过全国贫困人口比例 10 个百分点。虽然贫困人口数量随着贫困线提高有所增加，但贫困人口的生活质量和生活水平却逐年提高。

## 3.2.2　贫困的测量方法 ❯

### 3.2.2.1　标准预算法

这种方法最早由英国的朗特里（Seebohm Rowntree）在 1901 年采用。他把贫困定义为家庭的可支配收入不能支付家庭人口基本生存所需的食品、衣着、住房和燃料的最低费用。他所采取的方法为：首先确定满足基本生存需要所需的食品清单，并根据最小必需营养和最小成本标准，确定最小食品费用，然后在这个基础上加上生存所必需的衣着、住房和燃料的费用。具体的操作方法为：首先要求确定一揽子基本消费品（以向量 $X_0$ 表示），内容包括社会公众最起码的生活水准和必需品的种类和数量，然后根据市场价格（用向量 P 表示）来计算拥有这些生活必需品需要的现金量，该金额就是贫困线，从而将贫困线设定为生存标准，即 $(1+B)$ $PX_0$。其中，B 是考虑到价格、浪费等因素而做的调整，或是对 $X_0$ 中未包括的项目所做的调整。这一测量方法有一定的透明度，容易被接受和理解。但是，因为这一系列消费物品往往很难选择和确定，致使预算标准建立的难度较大，而且价格在不同时间不同地区的变化幅度较大，因此很难反映地区间的差异。

### 3.2.2.2　恩格尔系数法

1965 年，美国社会安全局的经济学家欧珊斯基（Orshansky）在朗特里（Seebohm Rowntree）研究的基础上对其方法加以改善，建立了美国的贫困线。其所采用的方法为：首先按照与朗特里类似的方法确定不同家庭规模的最低食品费用，并确定划分穷人和非穷人的恩格尔系数（国际上通常以 60% 为标准），然后用最低食品费用除以家庭的恩格尔系数 1。这一方法至今为许多国家和国际组织所采用，在应用范围上要比标准预算法更广。但是，这一方法有明显的不足。首先，该方法适用于绝对贫困，没有考虑到相对贫困，由此方法计算得出的贫困标准往往偏低；其次，恩格尔系数在国际上通常被认为是 60%，但是把它作为世界上任何一个国家或地区的标准过于粗疏；最后，以食品收入比率定义贫困线有时是非常武断的，因为相同的食品收入比率并不一定反映相同的资源禀赋（或收入），反映的只是类似的饮食偏好。

### 3.2.2.3　国际贫困标准法

国际贫困标准法实际上是一种收入比例法，国际经济合作与发展组织（OECD）提出，以一个国家或地区中等收入或社会中位收入的 50%~60% 作为这个国家或地区的贫困线。国际上，通常情况下，恩格尔系数在 60% 以上表示贫困，50%~60% 表示温饱，40%~50% 表示小康，20%~40% 表示富裕，20% 以下表示最富裕。

这一方法简单明了、容易操作，扶贫对象得到的救助金可以与平均收入水平同步增长，并且容易进行国际比较。但是，50%~60% 这一比例往往脱离实际，不一定适用于每一个国家，特别是发展中国家。

### 3.2.2.4　扩展性线性支出系统模型法

扩展性线性支出（ELES）是在英国计量经济学家 R. Stone 于 1954 年提出的线性支出系统（LES）的基础上修改而成的，由经济学家 Liuch 于 1973 年提出。ELES 把消费者对各类商品或服务的消费支出看作收入和价格的函数。该函数以支出来反映需求量，将人的消费需求分为两部分，即基本需求和根据个人偏好选择的超额需求。由于每个人对同一商品的需求是不同的，但为了维持最低的生活标准，他们的基本需求是一致的，因此，可将利用扩展线性支出系统计算出基本消费需求的货币形式作为贫困线。扩展线性支出系统的模型为：

$$p_i q_i = r_i p_i + b_i \left( I - \sum_{j=1}^{n} p_j r_j \right) \tag{3-1}$$

其中：$p_i$ 代表第 i 种商品的价格；$q_i$ 代表对第 i 种商品的需求量，由两部分组成，即基本需求量和非基本需求量；$r_i$ 代表对第 i 种商品或服务的基本需求量；I 代表收入；$b_i$ 代表第 i 种商品或服务的边际消费倾向，满足 $0 \leqslant b_i \leqslant 1$，且 $0 \leqslant \sum_{i=1}^{n} b_i \leqslant 1$。从而计算出以货币形式表示的贫困线，用 PL 表示：

$$PL = \sum_{j=1}^{n} p_j r_j, \text{并令 } a_i = r_i p_i - b_i \sum_{j=1}^{n} p_j r_j \tag{3-2}$$

经过公式（令 $y_i = p_i q_i$）变换可得到：

$$y_i = a_i + b_i \tag{3-3}$$

运用最小二乘法可以求出 $a_i$ 和 $b_i$ 的估计值。从而计算出贫困线：

$$r_i p_i = a_i - b_i \sum_{j=1}^{n} p_j r_j \tag{3-4}$$

对式（3-2）两边分别求和，得到：

$$\sum_{i=1}^{u} a_i = \sum_{i=1}^{u} r_i p_i - \sum_{i=1}^{u} b_i \sum_{j=1}^{u} p_j r_j = \sum_{i=1}^{u} r_i p_i (1 - \sum_{i=1}^{u} b_i) \tag{3-5}$$

所以，得到：

$$PL = \sum_{j=1}^{u} p_j r_j = \sum_{i=1}^{u} a_i / (1 - \sum_{i=1}^{u} b_i) \tag{3-6}$$

### 3.2.2.5 马丁法

马丁法是由在世界银行工作的经济学家马丁先生提出的一种计算贫困线的方法。他提出了计算贫困程度的两条贫困线：一条是低贫困线，即食品贫困线加上最基本的非食品必需品支出；另一条是高贫困线，是达到食物贫困线的一般家庭的支出。食物贫困线通过一组食物组合，在一定的价格水平上获得食物能量需求来决定。非食物贫困线是指那些刚好有能力达到营养需求的家庭在非食品商品上的支出多少。其基本步骤是：①计算食物贫困线。首先，国家统计局根据中国预防医学科学院的推荐，选择日摄入热量2100千卡作为我国人民维持基本生活需要的必需营养标准；其次，根据家庭抽样调查数据，计算中国农村人口维持生存必需营养标准的实际食品消费结构，即平均食品消费清单；最后，根据低收入户对应的消费价格，计算出最低食品费用支出，即食物贫困线。②计算非食物贫困线。在已知食物贫困线基础上，利用回归模型计算出那些没有能力满足必需营养需求标准的住户的最低非食品支出，就是绝对贫困人口的最低非食物贫困线。根据国际惯例，以非食物支出60%的恩格尔系数计算。马丁法回归模型表达式为：

$$S = a + b \ln(\mu / x_1) + \varepsilon \tag{3-7}$$

其中：S表示食物支出占总消费支出的比重；$\mu$表示家庭的人均生活费支出；$x_1$表示食物贫困线；$\varepsilon$表示随机误差项；a为截距，表示人均消费支出刚好等于食物贫困线时贫困户的食品支出占总消费支出的比重。③将最低的食物贫困线和非食物贫困线相加，就可得出一定时期内我国人口绝对贫困标准。

## 3.2.3 贫困程度和贫困深度的度量[①] ●

### 3.2.3.1 贫困发生率（Head Count Ratio）

贫困发生率，是从贫困现象的社会存在面和发生率角度来认识和理解贫

---

① 王碧玉. 中国农村反贫困问题研究 [M]. 北京：中国农业出版社，2006.

困程度，是指低于贫困线的人口占全部人口的比例。该方法首先由朗特里于
1901 年提出，其公式为：

$$H = q/n \tag{3-8}$$

其中：H 为贫困发生率；q 为贫困人口数；n 为全部人口数。

### 3.2.3.2　贫困距指数（Poverty-gap Index）和收入差距比率（Income-gap Ratio）

贫困距（Poverty-gap）是指贫困人口收入与贫困线之间的差距的总和。
该方法是由 Batchelder 于 1971 年提出的。其表达式为：

$$I_G = \sum_{i=1}^{q} (z - y_i) \tag{3-9}$$

贫困距经过适当的修正和标准化后，即为贫困人口与贫困线差距的百分
比，称作收入差距比率（Income-gap Ratio），通常用 I 表示。

假设有 n 个收入分别为 $y_1$，$y_2$，…，$y_n$，并且按照收入大小给予升序排
列，z 表示贫困线，q 表示贫困人口数量，$g_i$ 表示贫困距（$g_i = z - y_i$），可以
得到：

$$I = \frac{1}{qz} \sum_{i \leqslant q} g_i = \frac{1}{q} \sum_{i \leqslant q} \left( \frac{g_i}{z} \right) = \frac{1}{q} \sum_{i \leqslant q} \left( \frac{z - y_i}{z} \right) \tag{3-10}$$

如果以 m 表示穷人的平均收入的话，则有：

$$I = \frac{z - m}{z} \tag{3-11}$$

### 3.2.3.3　收入不平等指数

贫困发生率解决了贫困人口的比例，但是没有解决贫困的程度（贫困人
口收入水平与贫困线的差距）；收入差别比例虽然解决了这一问题，但是仍然
没有说明收入在贫困人口中是如何分配的。这就需要建立一种贫困指数来反
映贫困人口收入分配的不平等。基于这个考虑，洛沦兹（Lorenz）和基尼
（Gini）相继提出了收入不平等指数，其表达为：

$$G = \frac{1}{2q^2 m} \sum_{i=1}^{q} \sum_{j=1}^{q} |y_i - y_j| \tag{3-12}$$

通过式（3-8）到式（3-12）我们可以看出，H、I、G 分别说明了贫困
人口数、贫困人口的平均收入与贫困线的差距和贫困人口的收入不平等状况，

即阐明了贫困的广度（Extent of Poverty）、贫困的强度（Severity of Poverty）和贫困人口的收入分配（Distribution or Incidence of Poverty）。

### 3.2.3.4 森的贫困指数

森（Sen）于 1976 年提出了贫困评价指数，并指出贫困指数需要满足以下两个公理：单调性公理（Monotonicity Axiom），即在其他条件不变的情况下，贫困线以下人口收入的增长必定会降低整个社会的贫困程度。转移性公理（Transfer Axiom），即其他条件既定，贫困线以下的人向任何高于其收入水平的人进行单纯的收入转移，都一定会增加整个社会的贫困程度。

基于以上两个条件，森为克服以前贫困评价指标的缺点，提出了以下表达式：

$$P_s = H[I+(1-I)G] \tag{3-13}$$

### 3.2.3.5 加权贫困距指数（FGT 指数）

森提出贫困指数之后，卡瓦尼（Kakwani）、福斯特（Foster）等学者认为森的贫困指数 $P_s$ 对收入转移不敏感，即不满足转移敏感性公理（Transfer Sensitivity Axiom）[①]，并且对贫困成员内部不同的贫困程度也不敏感。

为克服森的贫困指数的缺点，福斯特（Foster）等人于 1984 年提出了 FGT 指数：

$$P_\alpha = \frac{1}{nz^\alpha} \sum_{i=1}^{q} g_i^\alpha \tag{3-14}$$

其中：$g_i = z - y_i$；$\alpha$ 表示贫困转移的敏感度，$\alpha$ 越大，转移敏感度就越强。

根据式（3-3-7），我们容易得出：当 $\alpha = 0$ 时，$P_0 = \frac{q}{n}$，即为贫困发生率；当 $\alpha = 1$ 时，$P_1 = \frac{1}{nz} \sum_{i=1}^{q} g_i$，即为收入差距比率；当 $\alpha = 2$ 时，$P_2 = \frac{1}{nz^2} \sum_{i=1}^{q} g_i^2$，显然比 $P_1$、$P_2$ 多了一个贫困距权重，因此满足了转移敏感性原理，并可以分析贫困人口内部的贫困差异。

---

① 转移敏感性公理，即贫困成员的收入水平越高，从他们那里进行相同水平的收入转移时，对全社会贫困程度的影响就越小。

### 3.2.3.6　分解的收入不平等指数（Decomposed Income Inequality Index）

近年来，国际上在分析贫困问题时，对收入不平等的分解的讨论也比较激烈。主流的观点认为，收入不平等可分解为穷人之间的不平等（Inequality among the Poor）、富人之间的不平等（Inequality among the Non-poor）以及穷人与富人相比较的不平等（Between-groups Inequality）。[①]

假设社会共有两个组别：第一组是穷人，指收入（用 y 表示）在贫困线（用 z 表示）以下的人，即要求 y≤z；第二组是富人，指收入在贫困线之上的人，即要求 y>z。根据上述对收入不平等的分解方法，基尼系数（Gini Coefficient）可分解为相应的三个部分，用公式表示为：

$$G_{yo} = P_p S_{yp} + P_r S_{yr} G_{yr} + G^b \tag{3-15}$$

其中：$G_{yi}$ 表示收入 y 的基尼系数，并且当 i=（o：全部人口；p：穷人；r：富人）时，$P_i$ 表示各组人口比例；$S_{yi} = P_i \mu_{yi}/\mu_{yo}$，表示第 i 组收入分配占总收入的比例；y 代表收入；$\mu$ 代表平均收入；$G^b$ 表示组间的不平等。可知 $S_{yr} = 1 - S_{yp}$，并且 $P_r = 1 - P_p$。

### 3.2.3.7　贫困测量的其他方法（因子分析法）

包括多维贫困指数 MPI 法、因子分析方法等。出发点是为科学地测量贫困，必须建立一套综合的指标体系，以全面、准确地反映贫困的本质特征。针对不同贫困地区的特点，可以选取一系列具有代表性的指标来进行分析。

# 3.3　扶贫模式

2014 年 1 月，中央办公厅、国务院办公厅《关于创新机制扎实推进农村扶贫开发工作的意见》中制定了精准扶贫机制，开始实施贫困识别和建档立

---

① Shlomo Yitzhaki. Do We Need a Separate Poverty Measurement? [J]. European Journal of Political Economy, 2002, 18（1）: 61-85.

卡工作。2014 年国务院对全国精准扶贫工作进行顶层设计、总体布局及工作机制规制；2015 年 10 月，中国共产党第十八届中央委员会第五次全体会议确定实施精准扶贫、精准脱贫内容；2015 年 11 月，中央扶贫开发工作会议明确"到 2020 年，完成 7000 万贫困人口实现精准脱贫的目标"。西藏于 2015 年 1 月开始为贫困群众建立贫困户明白卡，并在家庭贫困台账中逐笔记录。西藏各级政府"十三五"期间的主要工作之一就是要保证实现项目安排精准、资金使用精准、脱贫成效精准；创新金融服务方式，各行政村、自然村建设"三农金融服务点"，在偏远地区设立"马背银行"①，帮助当地居民摆脱贫困。

2015 年 10 月 20 日，陈全国同志在《全力打好西藏扶贫开发攻坚战》中指出："搞好扶贫开发是实现中华民族伟大复兴中国梦的首要前提，是全国同步建成全面小康社会的关键，是实现西藏长治久安的重要保障。落实精准扶贫要摸清底子、瞄准对象，确定目标、明确任务，突出重点、抓住关键，精准扶贫、到户到人，加强领导，打赢脱贫攻坚战。"②

2016 年 10 月 14 日，吴英杰书记在山南市调研时指出："把中央关心、全国支援和各族人民群众自力更生、艰苦奋斗结合起来，继承和弘扬'两路精神''老西藏精神'和'隆子精神'，狠抓易地搬迁，深化产业扶贫，强化帮扶协调，以更大的决心、更明确的思路、更精准的举措，众志成城实现脱贫攻坚③。"

精准扶贫一般包括精准识别、精准帮扶和精准治理。精准识别包括贫困户的进入和退出、贫困村的退出；精准帮扶做到因户施策和因村施策；精准治理参照国家"五个一批"工程，帮助脱贫和巩固脱贫成效。精准脱贫是在精准扶贫的基础上，利用产业政策、教育事业、生态补偿、社会保障、易地搬迁等手段，实现建档立卡贫困户人均纯收入达到脱贫线、基本生活质量能够得到保障的脱贫目标。

### 3.3.1　生活救济式扶贫模式　❯

生活救济是对于低收入和低生活水平的贫困人口采取的一种救助措施，直接为穷人提供营养、基本卫生、教育以及其他生活方面的补助，以满足穷

---

① 李毅. 精准扶贫研究综述 [J]. 昆明理工大学（社会科学版），2016（8）：68-77.
② 陈全国. 全力打好西藏扶贫开发攻坚战 [N]. 西藏日报，2015-10-20.
③ 蒋翠莲. 吴英杰在山南调研、听取工作汇报 [N]. 西藏日报，2016-11-16.

人的基本生活需求。① 从 20 世纪 50 年代中期开始，国家在制定各项经济社会发展战略时首先把保障全体人民基本生活，使绝大多数人民免于饥饿作为基本出发点。到 20 世纪 70 年代末，在广大农村开始实行家庭联产承包责任制，使农民的基本生活发生了重大改变，家庭作为生产和消费的基本单位，承担起农业生产的责任，农户自主经营、自负盈亏，农业生产积极性大幅提高。但在乡、村一级仍存在一些无生产生活能力的弱势群体，贫困地区此时的基层组织救济能力被大大削弱，集体经济薄弱和群体生活水平不高，大部分救济责任只能由国家来承担，依靠国家救济扶贫。

### 3.3.2 开发式扶贫模式

开发式扶贫是将贫困地区干部群众生产自觉性和积极性调动起来，结合国家扶贫相关政策，开发当地优势资源，发展当地经济，增强贫困地区的自我发展能力和抗风险能力，稳定地解决当地贫困人口的温饱问题，是实现贫困地区脱贫致富的根本出路。② 改"输血式扶贫"为"造血式扶贫"，充分调动全社会力量，整合各种资源。开发式扶贫被认为是当前最具潜力的扶贫开发模式，也是脱贫致富的根本途径。

### 3.3.3 移民搬迁扶贫模式

当前大部分集中连片贫困人口居住在"老、少、边、穷"等资源禀赋较差、资金投入高和脱贫效果差的地区。在这些生计脆弱的区域，贫困人口长期处于贫困状态，就地解决贫困问题难度非常大。国家鼓励和支持居住在生存条件极其恶劣地区的贫困农牧户通过移民搬迁和易地开发的方式，进行转移脱贫，以解决当地群众的温饱问题。主要采取三种移民搬迁方式：插户移民，即投亲靠友的方式，政府补助一部分资金；政府集中搬迁安置的方式；个人申请搬迁，政府解决户籍迁入、迁出问题以及补助资金的方式。

### 3.3.4 结对帮扶+东西协作模式

从 20 世纪 80 年代开始，国家扶贫开发工作将国家机关的定点扶贫工作

---

① 参见汪三贵《反贫困与政府干预》。
② 王金艳. 当代中国农村扶贫开发模式论析 [J]. 2008（4）：102-106.

纳入总体部署中，积极动员辖区内外企事业单位结对帮扶当地或跨区域（跨区域主要体现为援藏干部对当地贫困户的结对帮扶）的贫困群众。在各区域内部部门定点结对帮扶过程中，提出一系列有利于贫困地区经济社会发展和贫困人口脱贫的优惠政策，充分发动干部带动贫困群众发展生产，解决贫困。在区域外，实行东西部协作，比如西部大开发战略、对口援疆、援藏工程、"一带一路"倡议等。

### 3.3.5　区域瞄准扶贫模式 ●

在农村扶贫过程中采取区域瞄准扶贫模式，即中央将资金定点、定向、定项投向不同的国家级贫困县、省级贫困县，而不是投向单个家庭或个人。贫困人口更多的是从各类区域发展项目中获益，只有少量信贷和补贴资金能够直接到户。而当前的精准扶贫，普遍采取精准扶贫到户、到人的精准扶贫模式。

### 3.3.6　科技扶贫模式 ●

从 1986 年开始，国家根据扶贫开发的总体要求和贫困地区的发展需要，适时提出科技扶贫的目标、措施和实施办法，加强对贫困地区的农业技术指导，有利于解决"三农"问题，充分发挥科技在扶贫开发中的带动作用。

### 3.3.7　整村推进模式 ●

整村推进式扶贫是在短期内贫困地区可以利用当地较大规模的资金和资源，使本地区的生产生活、基础设施和公共服务方面有较大的改善，贫困区域能够获得更大的收益，从而使贫困人口从地域整体上摆脱贫困。综合生产能力和抵御风险能力有所提高，从而增强可持续生计能力。

### 3.3.8　小额信贷模式 ●

小额信贷是通过特殊的制度设计，解决扶贫开发中的资金问题，是近几年国际上通行的一种向贫困人口提供信贷支持的扶贫措施，这种扶贫措施能够对贫困人口自身潜力进行有效的开发。

# 第 4 章

# 西藏贫困概述

## 4.1　西藏农牧区贫困的经济发展状况

### 4.1.1　西藏三大产业发展状况 ▶

西藏自治区成立之初，经济总量非常小，人均收入处于较低水平，综合实力非常弱。经过近 60 年的发展，无论是经济总量还是人均收入水平，都有较大幅度的提升。西藏自治区成立之后，西藏经济总量实现了三次跨越，全自治区生产总值从 3 亿元出头增长到 2017 年的 1310.63 亿元。第一次跨越是 1965～1981 年，用了 16 年的时间，实现全自治区生产总值突破两位数，达到 10.40 亿元；第二次跨越是 1981～1999 年，用了 18 年的时间，全自治区生产总值突破三位数关口，达到 105.98 亿元；第三次跨越是 1999～2016 年，用了 17 年的时间，全自治区生产总值突破四位数，达到 1151.41 亿元。

产业结构不断优化。历史上西藏经济结构单一，生产方式落后，属于典型的农牧业经济，国民经济中第一产业的比重过高，第三产业比重过低，三次产业发展极不平衡。改革开放以后，西藏产业结构不断优化，实现了由"一三二"到"三一二"再到"三二一"的重大转变。2017 年，实现全自治区生产总值 1310.63 亿元。其中，第一产业增加值为 122.80 亿元，增长 4.3%；第二产业增加值为 514.51 亿元，增长 11.9%；第三产业增加值为

673.32 亿元,增长 9.7%。人均地区生产总值为 39259 元,增长 8.0%。在全自治区生产总值中,第一、第二、第三产业增加值所占比重分别为 9.4%、39.2%、51.4%,与 2016 年相比,第一产业比重提高 0.2 个百分点,第二产业提高 1.7 个百分点,第三产业下降 1.9 个百分点。

2017 年,全自治区全年完成全社会固定资产投资总额为 2051.04 亿元,比 2016 年增长 23.9%。按产业分:第一产业投资完成 78.21 亿元,比 2016 年下降 19.6%;第二产业投资完成 413.44 亿元,增长 40.2%;第三产业投资完成 1559.38 亿元,增长 23.4%。全年完成民间投资 245.21 亿元,下降 7.3%。

在固定资产投资中,农林牧渔业投资完成 121.93 亿元,增长 25.4%;采矿业投资完成 21.00 亿元,下降 57.6%;制造业投资完成 81.04 亿元,增长 105.2%;电力、燃气、水的生产和供应业投资完成 300.66 亿元,增长 49.0%;建筑业投资完成 11.25 亿元,增长 177.8%;批发和零售业投资完成 33.62 亿元,增长 121.6%;交通运输、仓储和邮政业投资完成 590.18 亿元,增长 7.6%;住宿和餐饮业投资完成 26.74 亿元,增长 18.6%;信息传输、软件和信息技术服务业投资完成 9.44 亿元,下降 19.5%;金融业投资完成 1.82 亿元,下降 66.8%;房地产业投资完成 187.01 亿元,增长 43.7%;租赁和商务服务业投资完成 20.97 亿元,增长 15.1%;科学研究和技术服务业投资完成 6.05 亿元,下降 21.8%;水利、环境和公共设施管理业投资完成 285.75 亿元,增长 41.9%;居民服务、修理和其他服务业投资完成 20.17 亿元,增长 116.8%;教育投资完成 60.83 亿元,增长 26.6%;卫生和社会工作投资完成 31.29 亿元,增长 53.0%;文化、体育和娱乐业投资完成 35.67 亿元,增长 28.7%;公共管理、社会保障和社会组织投资完成 165.27 亿元,增长 11.4%。

### 4.1.1.1 第一产业发展状况

西藏的农业面积不大,仅占土地面积的 0.2%,农作物分布具有区域性、斑块性和主体性的特点。很多作物的分布上限为世界作物种植高度上限的最新纪录。西藏的小麦多分布于海拔 3000～4000 米,冬小麦最高种植上限达 4200 米,青稞种植上限高达 4760 米,油菜、土豆种植上限可达 4600 米,豌豆、荞麦种植上限达 4400 米,而喜温的作物玉米、蚕豆、向日葵等种植上限可以达 3800 米,而水稻在西藏的种植上限可达 2300 米。

2016 年全国第九次森林资源连续清查结果显示,西藏的森林面积达 1491

万公顷，森林覆盖率达 12.14%，居全国第五位；森林总蓄积量为 228254 万立方米，居全国第一位，活立木蓄积量居全国之首。

西藏是全国五大牧区之一，草场面积为 12.4 亿亩，各类牲畜存栏 2300 万头，年产羊毛 9000 吨，牛羊绒 1400 吨，牛羊皮 400 万张。约占西藏面积 1/2 的藏北草原，是西藏主要的草原，它的面积约为 60 万平方千米，当地人称之为"羌塘"，藏语"羌塘"即是"北方草原"的意思。从牧业的草、畜分布来看，西藏的天然草场面积有 12.4 亿亩，占全国天然草场面积的 1/4，为西藏土地面积的 2/3，天然季节性草场（放牧草场）的分布上限可达海拔 5500 米，而西藏的多种牲畜生存活动于广阔的高原和山体，藏羊的活动上限达 5800 米，牦牛的活动上限则高达 6000 米。

西藏自治区成立之初，农业发展较为缓慢。改革开放以后，西藏先后实现了免征免购，取消了农牧业税，实行"土地归户使用　自主经营　长期不变""牲畜归户　私有私养　自主经营　长期不变"和"草场公有　承包到户　自主经营　长期不变"的政策，极大地调动了农牧民的生产积极性。全自治区农林牧渔业产值由 1965 年的 2.32 亿元增加到 2017 年的 122.80 亿元，增长了近 52 倍。2017 年，西藏农作物种植面积 255.29 千公顷，比 2016 年减少 2.61 千公顷。其中，青稞面积为 137.81 千公顷，比 2016 年增加 5.58 千公顷；小麦面积为 33.75 千公顷，减少 2.80 千公顷；油菜籽面积为 19.51 千公顷，减少 2.97 千公顷；蔬菜面积为 23.30 千公顷，增加 0.28 千公顷。2017 年实现粮食总产量 103.20 万吨，比 2016 年增长 0.8%。其中，青稞为 78.10 万吨，增长 7.3%；油菜籽为 5.92 万吨，下降 4.2%；蔬菜为 72.73 万吨，增长 2.9%。2017 年末牲畜存栏总数达 1756.39 万头（只、匹），比 2016 年末减少 46.61 万头（只、匹）。其中，牛存栏数为 592.62 万头，减少 1.71 万头；羊存栏数为 1105.25 万只，减少 25.11 万只。全年猪牛羊肉产量达 30.03 万吨，比 2016 年增长 3.2%；奶类产量为 42.27 万吨，增长 11.5%。

#### 4.1.1.2　第二产业发展状况

西藏自治区成立之初，建有能源、采矿、机械修理和农产品加工等少量小型工业企业。工业增加值仅有 0.09 亿元，在 GDP 中仅占 2.8%。"文革"期间，工业出现盲目铺摊子现象，建立一批"小而全"的企业，但大部分处于亏损状态。改革开放后，西藏及时关停并转了一批长期亏损的企业，把工业发展重点调整到轻工业、手工业和水电上来，鼓励发展乡镇企业、私营和个体工业，引导发展采矿业、民族手工业和加工业，工业经济逐渐步入正轨。①
2017 年，全年全部工业实现增加值 103.02 亿元，比 2016 年增长 10.4%。规模
以上工业增加值增长 14.2%。在规模以上工业中，分经济类型看，国有控股企
业增长 47.7%，股份制企业增长 14.3%，外商及港澳台商投资企业增长
13.5%。分门类看，采矿业增长 10.6%，制造业增长 5.3%，电力、热力、燃
气及水的生产和供应业增长 36.3%。

2017 年，全年规模以上工业中，黑色金属矿采选业下降 23.4%，有色金
属矿采选业增长 12.1%，农副食品加工业增加值比 2016 年下降 15.5%，食品
制造业下降 26.8%，酒、饮料和精制茶制造业增长 16.4%，医药制造业增长
8.1%，非金属矿物制品业增长 1.9%，电力、热力生产和供应业增长 36.4%。
六大高耗能行业增加值增长 40.3%，占规模以上工业增加值的比重为 48.8%。
能源消费总量 466.22 万吨标准煤，比 2016 年增长 6.6%。

2017 年，全年规模以上工业企业实现利润总额 25.23 亿元，比 2016 年增
长 43.2%。国有控股企业扭亏为盈，实现利润总额 4.27 亿元。其中，股份制
企业实现利润 18.66 亿元，增长 36.7%。外商及港澳台商投资企业实现利润
6.70 亿元，增长 79.7%；集体企业亏损 0.15 亿元。规模以上工业企业产品销
售率达 95.4%。

2017 年，全年规模以上工业企业完成水泥产量 642.14 万吨，比 2016 年
增长 5.9%；发电量为 50.24 亿千瓦时，增长 7.9%；啤酒为 17.86 万吨，增
长 8.5%；中成药（藏医药）为 2253.00 吨，增长 10.1%；自来水为 13659.00
万吨，下降 4.0%；包装饮用水为 68.70 万吨，增长 28.6%；铬矿石为 6.06
万吨，下降 10.8%。

2017 年，全年完成建筑业增加值 411.49 亿元，按可比价计算比 2016 年
增长 12.2%。全年房地产开发投资 40.36 亿元，房地产开发施工房屋面积为
229.85 万平方米，竣工房屋面积为 43.57 万平方米，商品房销售面积为 53.25
万平方米，销售额达 35.28 亿元。

### 4.1.1.3　第三产业发展状况

"十一五"期间，西藏实现了乡乡通宽带、村村通电话，99.7%的乡镇和

---

① 西藏自治区统计局，国家统计局西藏调查总队．辉煌 50 年（1965～2015）［M］．拉萨：拉萨奥
兰广告公司，2015.

81.2%的行政建制村通公路，解决 88 万人用电，153 万人安全饮水等问题，15 万户农牧民用上了沼气，广播电视覆盖率分别达到 90.3%和 91.4%，乡镇通邮率达到 85.7%。2017 年，全自治区全年接待国内外旅游者 2561.43 万人次，比 2016 年增长 10.6%。其中，接待国内旅游者 2527.08 万人次，增长 10.7%；接待入境旅游者 34.35 万人次，增长 6.7%。旅游总收入 379.37 亿元，增长 14.7%；旅游全年社会消费品零售总额为 523.32 亿元，比 2016 年增长 13.9%。按销售单位所在地分，城镇消费品零售额为 438.01 亿元，增长 14.2%；乡村消费品零售额为 85.30 亿元，增长 12.6%。按消费形态分，商品零售额 435.50 亿元，增长 13.7%；餐饮收入为 87.82 亿元，增长 15.1%。在限额以上批发和零售业零售额中，增长较快的有：石油及制品类增长 23.5%，服装、鞋帽、针纺织品类增长 22.2%，书报杂志类增长 31.3%，饮料类增长 44.3%，五金、电料类增长 28.7%，文化办公用品类增长 2.6 倍。

2017 年，西藏自治区完成货运周转量 1380516.12 万吨/千米，比 2016 年增长 9.8%。其中，公路运输为 1058247.00 万吨/千米，增长 12.0%；铁路运输为 304738.30 万吨/千米，增长 1.1%；民航运输为 4139.41 万吨/千米，增长 67.5%；管道 13391.41 万吨/千米。全年客运周转量为 1068908.01 万人/千米，增长 31.7%。其中，公路运输为 266614.00 万人/千米，增长 12.3%；铁路运输为 180977.80 万人/千米，增长 12.9%；民航运输为 621316.21 万人/千米，增长 50.2%。2017 年末公路总通车里程 89343 千米，比 2016 年增加 7246 千米，其中含铺装路面总里程 21449 千米。

2017 年，邮政业务总量为 3.44 亿元，增长 10.1%。快递业务总量为 567.51 万件，下降 22.7%；快递业务收入为 2.05 亿元，下降 1.1%。电信业务总量为 46.10 亿元，增长 39.8 %。移动电话交换机容量达到 2820 万户，建设通信光缆总长度达 16.21 万千米。2017 年末电话用户总数 337.6 万户，其中，固定电话用户 47.3 万户；移动电话用户 290.3 万户，2017 年新增 6.0 万户，移动电话普及率上升至 86.1 部/百人。固定互联网宽带接入用户 61.2 万户，比 2016 年增加 21.1 万户，其中，固定互联网光纤宽带接入用户 55.4 万户，比上年增加 29.7 万户；移动宽带用户 207.5 万户，增加 33.4 万户。移动互联网接入流量 2420.9 万 GB，比 2016 年增长 110.7%。固定宽带家庭普及率达 65.7%，其中农村地区宽带用户 5.9 万户，比 2016 年增加 1.6 万户。西藏自治区行政村宽带覆盖率达 85.0%。

## 4.1.2　西藏城乡居民生活状况 ●

西藏自治区统计局根据人口抽样调查资料推算，2017 年末西藏常住人口总数为 337.15 万人，比 2016 年净增加 6.61 万人。其中，城镇人口 104.14 万人，占总人口的 30.9%；乡村人口 233.00 万人，占总人口的 69.1%。人口出生率为 16.00‰，死亡率为 4.95‰，自然增长率为 11.05‰。

西藏自治区成立之后，国民经济实现又好又快发展，人民收入水平不断提高，消费水平不断升级，生活质量明显改善。改革开放后，西藏免征农业税，全面实行"三个长期不变"政策，不断深化城镇工资改革，加强对城乡居民的生产生活补贴和保障，使居民收入不断提升。2017 年，西藏居民人均可支配收入为 15457 元，增长 13.3%。其中，城镇居民人均可支配收入为 30671 元，比 2016 年增长 10.3%；农村居民人均可支配收入为 10330 元，增长 13.6%。西藏自治区居民人均消费支出 10320 元，比 2016 年增长 10.7%。其中，城镇居民人均消费支出为 21088 元，增长 8.5%；农村居民人均消费支出为 6691 元，增长 10.2%。2017 年末城镇居民人均自有住房面积为 28.6 平方米，农牧民人均自有住房面积为 33.9 平方米。

2017 年，西藏自治区城镇登记失业率为 2.68%，城镇新增就业人口为 5.46 万余人。2017 年底，全自治区参加企业职工基本养老保险人数为 17.78 万人，城乡居民社会养老保险人数为 162.75 万人，工伤保险人数为 29.64 万人，失业保险人数为 14.50 万人，生育保险人数为 26.33 万人；参加城镇基本医疗保险人数为 68.88 万人。

2017 年，西藏自治区城镇居民共有 32944 人享受政府最低生活保障，发放低保救助金 1.88 亿元。农村居民有 22.68 万人享受政府最低生活保障，发放低保救助金 3.33 亿元。2017 年末西藏自治区各类社会福利机构共有 91 个，公办儿童福利院 10 所，集中收养 5711 人；供养"五保户"14662 人。西藏自治区销售福利彩票 26.81 亿元，筹集福利彩票公益金 7.53 亿元。

2017 年，西藏自治区居民消费价格总水平比 2016 年上涨 1.6%。其中，城市上涨 1.6%，农村上涨 1.7%。服务价格上涨 1.2%，消费品价格上涨 1.8%。从居民消费价格构成大类看，食品烟酒类、衣着类、居住类、生活用品及服务类、交通和通信类、教育文化和娱乐类、医疗保健类、其他用品和服务类，分别比 2016 年上涨 2.0%、2.3%、1.6%、0.6%、0.8%、1.1%、

2.7%、0.4%。商品零售价格上涨 1.4%。农业生产资料价格上涨 1.6%。工业生产者出厂价格上涨 10.0%。西藏自治区实有市场主体 22.69 万户，同比增长 19.2%；2017 年新增市场主体 5.4 万户，同比增长 14.1%。

## 4.1.3　西藏社会事业发展 ◍〉

西藏科教文卫事业发展良好，但是存在许多问题和不足。由于起步较晚、底子较薄、基础较差、欠账较多，相对于教育、卫生等其他公共服务事业，文化事业建设还处于初步发展阶段。公共文化服务体系建设现状与提高群众思想文化素质的要求，以及形成经济建设、政治建设、文化建设、社会建设全面发展的"四位一体"总体布局的目标与全面建设小康社会的目标要求仍有较大的差距。

2014 年 9 月 1 日，西藏农牧区各学校开始对学生执行新的"三包"标准，这是西藏近 30 年来第 14 次提高"三包"标准，惠及 52 万名西藏农牧区中小学生。2014 年秋季学期起，西藏"三包"经费标准达到二类区每生每学年 2800 元，三类区每生每学年 2900 元，四类区及边境县每生每学年 3000 元。其中 90% 的资金都用于学生伙食。除了"三包"中的一日三餐之外，西藏从 2012 年春季学期开始，已在西藏自治区 74 个县、区的所有农牧区义务教育学校全面启动了农村义务教育学生营养改善计划工作。目前，农村义务教育学生营养膳食补助标准为每生每天 3 元，各地结合实际，因地制宜地注重肉、蛋、奶、蔬菜、水果的科学搭配，合理制定营养膳食标准，改善了学生营养结构。2014 年，春季营养改善计划资金惠及学生 20.6 万余人，政策覆盖面达 100%。"十二五"期间，西藏自治区小学入学率达到 98.94%，初中毛入学率达到 96.24%。2017 年，西藏普通高等教育院校年内招生 10515 人，其中，研究生 706 人，普通本专科生 9809 人；在校生 37447 人，其中，研究生 1804 人，普通本专科生 35643 人；毕业生 10015 人，其中，研究生 579 人，普通本专科生 9436 人。中等专业学校 11 所，招生 7462 人，在校生 19300 人，毕业生 5599 人。中学 132 所，其中，十二年一贯制学校 3 所，九年一贯制学校 4 所，高级中学 26 所，完全中学 5 所，初级中学 94 所，高中招生 20587 人，在校生 58758 人，毕业生 18339 人；初中招生 41960 人，在校生 124571 人，毕业生 38038 人。小学 806 所，招生 58283 人，在校生 315122 人，毕业生 45601 人。特殊学校招生 146 人，在校生 877 人。2017 年末幼儿园 1239 所，在园幼儿 106346 人，西藏自治区小学学龄儿童入学率达 99.5%。

"十二五"期间，文化新闻出版广播影视事业全面发展。完成了 543 个乡（镇）综合文化站建设；建成了 5451 个农家书屋和 1787 个寺庙书屋；持续实施新闻出版"东风工程"建设，西藏自治区新闻出版基础设施条件得到了有效的提升。社会保障事业进一步发展，参加城乡居民基本养老保险人数为 130.54 万人，农村居民有 32.9 万人享受农村最低生活保障。

截至 2017 年末，西藏自治区共有电视台 2 座，广播电视台 6 座，广播电台 1 座。广播、电视人口综合覆盖率分别达 96.2% 和 97.3%。西藏自治区共有卫生机构 1506 个，其中医院病床床位为 152 所、卫生院 678 个，疾病预防控制中心（卫生防治机构）82 个，妇幼保健院、所、站 54 个。实有病床床位 16113 张，其中医院 11759 张。卫生技术人员 16479 人，其中执业/执业（助理）医师 7553 人。每千人病床数和卫生技术人员数分别达到了 4.78 张和 4.89 人。孕产妇住院分娩率达 85%，碘缺乏病、地方性氟中毒、大骨节病和鼠疫等地方病得到了有效控制。

# 4.2 西藏贫困现状

根据《中国农村扶贫开发纲要（2011—2020 年）》精神，遵循"集中连片、突出重点、全国统筹、区划完整"的原则，国家以 2007~2009 年连续 3 年人均县域的 GDP、财政一般预算收入、农牧民人均纯收入等这些与贫困程度高度相关的指标为基本划分依据，综合考虑对民族地区、革命老区、边疆地区和贫穷区域加大扶持力度的要求，在全国范围内共划分了 11 个集中连片特殊困难地区，同时将已明确实施特殊扶持政策的西藏地区、四省藏区、新疆南疆三地州也纳入进来，形成了 14 个片区，680 个县，作为新阶段扶贫攻坚的主战场。已明确实施特殊扶持政策的西藏分县名单如表 4-1 所示。

表 4-1　已明确实施特殊扶持政策的西藏自治区分县名单

| 分区 | 省(自治区)名 | 地(市)名 | 县名 |
|---|---|---|---|
| 西藏地区（74） | 西藏自治区（74） | 拉萨市（8） | 城关区、墨竹工卡县、当雄县、林周县、曲水县、尼木县、堆龙德庆县、达孜县 |
| | | 昌都市（11） | 昌都县、芒康县、八宿县、江达县、左贡县、贡觉县、类乌齐县、丁青县、洛隆县、察雅县、边坝县 |
| | | 山南市（12） | 乃东县、扎囊县、贡嘎县、浪卡子县、琼结县、曲松县、加查县、洛扎县、桑日县、措美县、隆子县、错那县 |
| | | 日喀则市（18） | 日喀则市、江孜县、白朗县、南木林县、谢通门县、亚东县、萨迦县、拉孜县、昂仁县、仁布县、康马县、仲巴县、吉隆县、定日县、定结县、聂拉木县、萨嘎县、岗巴县 |
| | | 那曲市（11） | 色尼区、比如县、班戈县、嘉黎县、聂荣县、申扎县、索县、安多县、尼玛县、巴青县、双湖办事处 |
| | | 阿里地区（7） | 普兰县、日土县、札达县、革吉县、改则县、噶尔县、措勤县 |
| | | 林芝市（7） | 林芝县、工布江达县、米林县、察隅县、波密县、墨脱县、朗县 |

## 4.2.1　西藏贫困人口分布及特征 ❯

　　从表 4-2、图 4-1、图 4-2 可以看出，2010~2016 年，全国贫困人口数量从 16567 万人减少到 4335 万人，累计减少 12232 万人，减贫率为 73.83%，年均减贫 2038.67 万人，年均减贫率为 12.31%。西藏贫困人口从 117 万人减少到 34 万人，累计减少 83 万人，减贫率为 70.94%，年均减贫 13.83 万人，年均减贫率为 11.82%。

　　从贫困发生率来看，2010~2016 年，全国贫困发生率从 17.2% 下降到 4.5%，下降了 12.7 个百分点，年均减贫率为 2.12%，西藏贫困发生率从 49.2% 下降到 13.2%，下降了 36 个百分点，年均减贫率为 6%。西藏贫困发生率远高于全国贫困发生率，从 2012 年高于全国 32 个百分点下降到 2016 年高于全国 8.7 个百分点，差距逐渐缩小。西藏自治区各地（市）贫困人口及贫困类型分布如图 4-3 和图 4-4 所示。

表 4-2　2010~2016 年全国和西藏自治区贫困人口数量及其贫困发生率

| 年份 | 全国 | | 西藏自治区 | |
|---|---|---|---|---|
| | 贫困人口（万人） | 贫困发生率（%） | 贫困人口（万人） | 贫困发生率（%） |
| 2010 | 16567 | 17.2 | 117 | 49.2 |
| 2011 | 12238 | 12.7 | 106 | 43.9 |
| 2012 | 9899 | 10.2 | 85 | 35.2 |
| 2013 | 8249 | 8.5 | 72 | 28.8 |
| 2014 | 7017 | 7.2 | 61 | 23.7 |
| 2015 | 5575 | 5.7 | 48 | 18.6 |
| 2016 | 4335 | 4.5 | 34 | 13.2 |

资料来源：2016 年中国农村贫困监测报告［M］. 北京：中国统计出版社，2016.

图 4-1　2010~2016 年全国和西藏自治区贫困人口数量

资料来源：2016 年中国农村贫困监测报告［M］. 北京：中国统计出版社，2016.

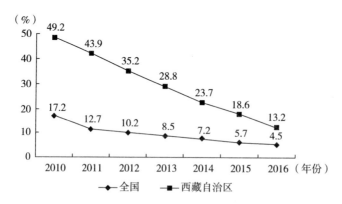

图 4-2　2010~2016 年全国和西藏自治区贫困发生率

资料来源：2016 年中国农村贫困监测报告［M］. 北京：中国统计出版社，2016.

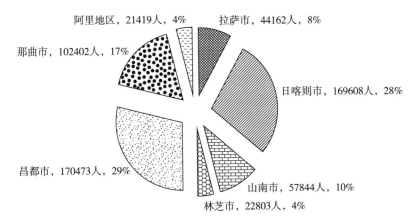

**图 4-3　西藏自治区各地（市）贫困人口分布**

资料来源：西藏自治区发展和改革委员会《西藏自治区"十三五"建档立卡贫困人口易地扶贫搬迁规划》.

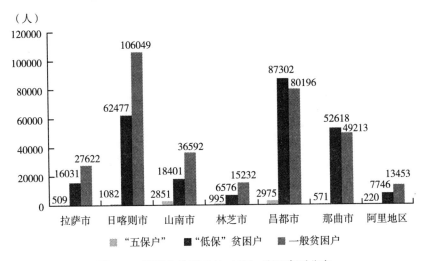

**图 4-4　西藏自治区各地（市）贫困类型分布**

资料来源：西藏自治区发展和改革委员会《西藏自治区"十三五"建档立卡贫困人口易地扶贫搬迁规划》.

### 4.2.1.1　民族地区贫困人口数量

从表 4-3 可以看出，民族地区农村贫困人口和全国农村贫困人口数量均有所减少，2011~2015 年，民族地区农村贫困人口从 3917 万人减少到 1813 万人，累计减少 2104 万人，减贫率达 53.17%，年均减贫率达 13.29%；全国农村贫困人口数量从 12238 万人减少到 5575 万人，累计减少 6663 万人，减贫率达 54.45%，年均减贫率为 13.61%。

表 4-3  2011~2015 年全国及民族地区农村贫困人口规模

| 地区 | | 2011 年 | | 2012 年 | | 2013 年 | | 2014 年 | | 2015 年 | |
|---|---|---|---|---|---|---|---|---|---|---|---|
| | | 数量（万人） | 占比（%） | 数量（万人） | 占比（%） | 数量（万人） | 占比（%） | 数量（万人） | 占比（%） | 数量（万人） | 占比（%） |
| 民族地区 | 内蒙古自治区 | 160 | 4.08 | 139 | 4.45 | 114 | 4.45 | 98 | 4.44 | 76 | 4.19 |
| | 宁夏回族自治区 | 77 | 1.97 | 60 | 1.92 | 51 | 1.99 | 45 | 2.04 | 37 | 2.04 |
| | 广西壮族自治区 | 950 | 24.25 | 755 | 24.19 | 634 | 24.75 | 540 | 24.49 | 452 | 24.93 |
| | 贵州省 | 1149 | 29.33 | 923 | 29.57 | 745 | 29.08 | 623 | 28.25 | 507 | 27.96 |
| | 云南省 | 1014 | 25.89 | 804 | 25.76 | 661 | 25.80 | 574 | 26.03 | 471 | 25.98 |
| | 青海省 | 108 | 2.76 | 82 | 2.63 | 63 | 2.46 | 52 | 2.36 | 42 | 2.32 |
| | 西藏自治区 | 106 | 2.71 | 85 | 2.72 | 72 | 2.81 | 61 | 2.77 | 48 | 2.65 |
| | 新疆维吾尔自治区 | 353 | 9.01 | 273 | 8.75 | 222 | 8.67 | 212 | 9.61 | 180 | 9.93 |
| 合计 | | 3917 | 100 | 3121 | 100 | 2562 | 100 | 2205 | 100 | 1813 | 100 |
| 全国 | | 12238 | 32.01 | 9899 | 31.53 | 8249 | 31.06 | 7017 | 31.42 | 5575 | 32.52 |

资料来源：2016 中国农村贫困监测报告 [M]. 北京：中国统计出版社，2016.

从时间维度来看，2011~2015 年民族地区农村贫困人口数量总体呈现下降趋势，内蒙古自治区（以下简称内蒙古）从 160 万人减少到 76 万人，累计减少 84 万人，减贫率为 52.5%，年均减贫率为 13.13%；宁夏回族自治区（以下简称宁夏）从 77 万人减少到 37 万人，累计减少 40 万人，减贫率为 51.95%，年均减贫率为 12.99%；广西壮族自治区（以下简称广西）从 950 万人减少到 452 万人，累计减少 498 万人，减贫率为 52.42%，年均减贫率为 13.11%；贵州省从 1149 万人减少到 507 万人，累计减少 642 万人，减贫率为 55.87%，年均减贫率为 13.97%；云南省从 1014 万人减少到 471 万人，累计减少 543 万人，减贫率为 53.55%，年均减贫率为 13.39%；青海省从 108 万人减少到 42 万人，累计减少 66 万人，减贫率为 61.11%，年均减贫率为 15.28%；西藏自治区从 106 万人减少到 48 万人，累计减少 58 万人，减贫率为 54.72%，年均减贫率为 13.68%；新疆维吾尔自治区（以下简称新疆）从 353 万人减少到 180 万人，累计减少 173 万人，减贫率为 49.01%，年均减贫率为 12.25%。从农村贫困人口减贫率来看，青海省减贫率最高，新疆减贫率最低；从农村贫困人口脱贫数量来看，贵州省脱贫人数最多，宁夏脱贫人数最少。

从空间维度来看，2015 年民族各省区贫困人口数量差异较大，民族各省区农村贫困人口数量分别为内蒙古 76 万人、宁夏 37 万人、广西 452 万人、贵州省 507 万人、云南省 471 万人、青海省 42 万人、西藏 48 万人、新疆 180 万人，民族地区农村贫困发生率分别为 4.19%、2.04%、24.93%、27.96%、25.98%、2.32%、2.65% 和 9.93%。

### 4.2.1.2 民族地区贫困发生率

2011~2015 年民族地区贫困发生率从 26.5% 下降到 12.1%；从表 4-4 可以看出，全国农村贫困地区贫困发生率从 12.7% 下降到 5.7%，民族地区农村贫困发生率较全国高出一倍多。

从时间维度来看，2011~2015 年各省区农村贫困发生率总体呈现下降趋势，内蒙古农村贫困发生率从 12.2% 下降到 5.6%，下降了 6.6%；宁夏农村贫困发生率从 18.3% 下降到 8.9%，下降了 9.4%；广西农村贫困发生率从 22.6% 下降到 10.5%，下降了 12.1%；贵州省农村贫困发生率从 33.4% 下降到 14.7%，下降了 18.7%；云南省农村贫困发生率从 27.3% 下降到 12.7%，下降了 14.6%；青海省农村贫困发生率从 28.5% 下降到 10.9%，下降了 17.6%；西藏农村贫困发生率从 43.9% 下降到 18.6%，下降了 25.3%；新疆农村贫困发生率从 32.9% 下降到 15.8%，下降了 17.1%。

从空间维度来看，2015 年民族各省区农村贫困发生率差异较大，内蒙古、宁夏、广西、青海省四个省区的贫困发生率低于民族地区农村贫困发生率；贵州省、云南省、西藏、新疆四个省区的贫困发生率高于民族地区农村贫困发生率；除内蒙古农村贫困发生率低于全国农村贫困发生率外，其余七省区的贫困发生率均高于全国。

表 4-4　2011~2015 年全国及民族地区农村贫困发生率　　　单位：%

| 地区 | | 2011 年 | 2012 年 | 2013 年 | 2014 年 | 2015 年 |
|---|---|---|---|---|---|---|
| 民族地区 | 内蒙古自治区 | 12.2 | 10.6 | 8.5 | 7.3 | 5.6 |
| | 宁夏回族自治区 | 18.3 | 14.2 | 12.5 | 10.8 | 8.9 |

| 地区 | | 2011 年 | 2012 年 | 2013 年 | 2014 年 | 2015 年 |
|---|---|---|---|---|---|---|
| 民族地区 | 广西壮族自治区 | 22.6 | 18.0 | 14.9 | 12.6 | 10.5 |
| | 贵州省 | 33.4 | 26.8 | 21.3 | 18.0 | 14.7 |
| | 云南省 | 27.3 | 21.7 | 17.8 | 15.5 | 12.7 |
| | 青海省 | 28.5 | 21.6 | 16.4 | 13.4 | 10.9 |
| | 西藏自治区 | 43.9 | 35.2 | 28.8 | 23.7 | 18.6 |
| | 新疆维吾尔自治区 | 32.9 | 25.4 | 19.8 | 18.6 | 15.8 |
| 全国 | | 12.7 | 10.2 | 8.5 | 7.2 | 5.7 |

资料来源：2016 中国农村贫困监测报告［M］. 北京：中国统计出版社，2016.

### 4.2.1.3 民族地区贫困居民人均收入

如表 4-5 所示，从时间维度来看，从 2011~2015 年民族地区各省区农村居民人均收入增长数量均高于全国贫困地区农村居民人均收入。内蒙古农村居民人均收入从 6642 元增长到 8201 元，累计增长 1559 元，增长率为 23.47%；宁夏农村居民人均收入从 5410 元增长到 7255 元，累计增长 1845 元，增长率为 34.10%；广西农村居民人均收入从 5231 元增长到 7927 元，累计增长 2696 元，增长率为 51.54%；贵州省农村居民人均收入从 4145 元增长到 7171 元，累计增长 3026 元，增长率为 73.00%；云南省农村居民人均收入从 4722 元增长到 7070 元，累计增长 2348 元，增长率为 49.72%；青海省农村居民人均收入从 4608 元增长到 7933 元，累计增长 3325 元，增长率为 72.16%；西藏农村居民人均收入从 4904 元增长到 8244 元，累计增长 3340 元，增长率为 68.11%；新疆农村居民人均收入从 5442 元增长到 7341 元，累计增长 1899 元，增长率为 34.90%。从农村居民人均纯收入增长绝对数量来看，增长最多的是西藏和青海省；从农村居民人均纯收入的增长率来看，增长最快的是贵州省和青海省。"十二五"期间，在国家重点加大对贵州省贫困山区、党中央和兄弟省份对口支援西藏的帮扶下，脱贫成效显著。

从空间维度来看，2015 年民族各省区农村居民人均收入差异不大，民族各省区农村居民人均收入均高于全国农村居民收入平均水平。内蒙古和西藏收入水平相对其他民族省份要高，均达到 8000 元以上；其他六个省区的农村居民人均收入也达到了 7000 元以上。

**表 4-5  2011~2015 年全国及民族地区农村人均收入**　　　　单位：元

| 地区 | | 2011 年 | 2012 年 | 2013 年 | 2014 年 | 2015 年 |
|---|---|---|---|---|---|---|
| 民族地区 | 内蒙古自治区 | 6642 | 7611 | 6545 | 7375 | 8201 |
| | 宁夏回族自治区 | 5410 | 6180 | 5840 | 6555 | 7255 |
| | 广西壮族自治区 | 5231 | 6007 | 6252 | 7044 | 7927 |
| | 贵州省 | 4145 | 4753 | 5557 | 6381 | 7171 |
| | 云南省 | 4722 | 5417 | 5616 | 6314 | 7070 |
| | 青海省 | 4608 | 5364 | 6462 | 7283 | 7933 |
| | 西藏自治区 | 4904 | 5719 | 6553 | 7359 | 8244 |
| | 新疆维吾尔自治区 | 5442 | 6394 | 5986 | 6635 | 7341 |
| 全国 | | — | 4732 | 5519 | 6221 | 6948 |

注：2011~2012 年数据是农村居民人均纯收入，2013~2015 年数据是农村居民人均可支配收入。

资料来源：2016 中国农村贫困监测报告 [M]. 北京：中国统计出版社，2016.

2015 年，西藏自治区 74 个县（区）均为贫困县，日喀则市、昌都市和那曲市的贫困人口多、贫困面广、贫困程度深。西藏自治区共有贫困村 5369 个，贫困村占比高达 98.21%，主要集中在日喀则市、昌都市、那曲市 3 地（市）。按照 2013 年农民人均纯收入 2736 元（相当于 2010 年 2300 元不变价）的国家农村扶贫标准，截至 2015 年底，全自治区共有农牧区建档立卡贫困户 148695 户，588711 人（未纳入建档立卡"低保户"8408 人），占农牧区总人口的 25.2%。其中，一般贫困户 77586 户，328357 人，贫困人数占比 55.78%；"低保"贫困户 62951 户，251151 人，贫困人数占比 42.66%；"五保"贫困户 8158 户，9203 人，贫困人数占比 1.56%。日喀则市、昌都市、那曲市集中了西藏自治区 75.2% 的贫困人口，多种致贫因素叠加，是西藏脱贫攻坚的主战场。

如表 4-6 所示，2015 年西藏共识别录入扶贫开发建档立卡信息系统贫困人口 148695 户，588711 人。根据西藏自治区建档立卡贫困人口分布、脱贫难易程度等因素综合分析，日喀则市、昌都市、那曲市贫困人口占西藏自治区贫困人口的 75%，林周县、南木林县、浪卡子县等 36 个贫困县贫困人口占西藏自治区贫困人口的 60% 以上，西藏自治区政府将日喀则市、昌都市、那曲市作为西藏自治区脱贫攻坚的主战场，将林周等 36 个贫困县确定为西藏自治区脱贫攻坚重点县。

表 4-6　2015 年西藏自治区贫困人口构成

| 地区 | 总户数 | 总人数 | 一般贫困户数（户） | 占比（%） | 一般贫困户人数（人） | 占比（%） | "低保"贫困户数（户） | 占比（%） | "低保"贫困户人数（人） | 占比（%） | "五保"贫困户数（户） | 占比（%） | "五保"贫困户人数（人） | 占比（%） |
|---|---|---|---|---|---|---|---|---|---|---|---|---|---|---|
| 拉萨市 | 11235 | 44162 | 6554 | 58.34 | 27622 | 62.55 | 4227 | 37.62 | 16031 | 36.3 | 454 | 4.04 | 509 | 1.15 |
| 日喀则市 | 42362 | 169608 | 24857 | 58.68 | 106049 | 62.53 | 16518 | 38.99 | 62477 | 36.84 | 987 | 2.33 | 1082 | 0.64 |
| 山南市 | 18980 | 57844 | 9864 | 51.97 | 36592 | 63.26 | 6324 | 33.32 | 18401 | 31.81 | 2792 | 14.71 | 2851 | 4.93 |
| 林芝市 | 6631 | 22803 | 3873 | 58.41 | 15232 | 66.8 | 1851 | 27.91 | 6576 | 28.84 | 907 | 13.68 | 995 | 4.36 |
| 昌都市 | 36277 | 170473 | 15936 | 43.93 | 80196 | 47.04 | 18028 | 49.69 | 87302 | 51.21 | 2313 | 6.38 | 2975 | 1.75 |
| 那曲市 | 26718 | 102402 | 12718 | 47.6 | 49213 | 48.06 | 13503 | 50.54 | 52618 | 51.38 | 497 | 1.86 | 571 | 0.56 |
| 阿里地区 | 6492 | 21419 | 3784 | 58.29 | 13453 | 62.81 | 2500 | 38.51 | 7746 | 36.16 | 208 | 3.2 | 220 | 1.03 |
| 合计 | 148695 | 588711 | 77586 | 52.18 | 328357 | 55.78 | 62951 | 42.33 | 251151 | 42.66 | 8158 | 5.49 | 9203 | 1.56 |

资料来源：西藏自治区扶贫规划办《西藏自治区"十三五"脱贫攻坚规划》。

#### 4.2.1.4 西藏城乡收入差距

改革开放以来，西藏城乡居民收入水平一直处于上升趋势。居民可支配收入是居民家庭可以用于自由支配的收入，反映一定时期内（通常为一年）居民家庭收入高低程度和人民生活水平的重要民生指标。如表 4-7 所示，从西藏城乡居民人均可支配收入与全国比较而言，1978~1992 年，西藏城镇人均可支配收入均高于同期全国水平，2003 年之后，西藏城镇居民人均可支配收入均低于同期全国水平，且绝对差距较大。1978~1988 年，西藏农村居民人均纯收入均高于同期全国水平，但增速较慢；1989 年之后，西藏农村居民人均纯收入均低于同期全国水平；2017 年，西藏农村居民人均可支配收入①首次超过万元。

从西藏城乡居民人均可支配收入与同期消费支出来看，1994 年之前，城镇居民人均消费支出高于其可支配收入，其收入主体主要是工资性收入，转移性收入相对较少，入不敷出。而农村居民借助农牧业生产，改革开放以来，人均纯收入与消费之间处于一个比较科学的态势，收入不仅能够维持家庭消费支出，还能略有结余。1994 年之后，养老金、退休金标准提高及社会救助收入的大幅增长是拉动城镇居民人均可支配收入增长的主要因素。1994 年中央召开的第三次西藏工作座谈会，以"一个中心、两件大事、三个确保"作为新时期西藏工作指导方针，进一步把增加农牧民收入尤其是增加现金收入放在农牧区工作的中心位置，极大地促进了农村居民收入的增长。

表 4-7　西藏自治区城乡居民人均可支配收入分配格局　单位：元

| 年份 | 人均可支配收入 | | | | 居民人均消费支出 | |
|---|---|---|---|---|---|---|
| | 全国城镇 | 西藏自治区城镇 | 全国农村 | 西藏自治区农村 | 西藏自治区城镇居民 | 西藏自治区农村居民 |
| 1978 | 343 | 575 | 134 | 174 | — | — |
| 1985 | 739 | 1002 | 398 | 535 | 1182 | 309 |
| 1986 | 900 | 1045 | 424 | 490 | 1387 | 296 |
| 1987 | 1002 | 1252 | 463 | 517 | 1478 | 374 |
| 1988 | 1181 | 1401 | 545 | 571 | 1519 | 382 |

---

① 居民可支配收入：由于历史原因，以前农村收入统计中，只统计人均纯收入，不统计可支配收入，因为统计过程中不计算自给自足（比如自家种植的农作物产出供自家消费的粮食）收入。近年的年鉴中对于农村居民收入统计部分以可支配收入统计。

| 年份 | 人均可支配收入 | | | | 居民人均消费支出 | |
|------|------|------|------|------|------|------|
| | 全国城镇 | 西藏自治区城镇 | 全国农村 | 西藏自治区农村 | 西藏自治区城镇居民 | 西藏自治区农村居民 |
| 1989 | 1374 | 1504 | 602 | 553 | 2078 | 412 |
| 1990 | 1510 | 1643 | 686 | 580 | 2329 | 484 |
| 1991 | 1701 | 2032 | 709 | 615 | 2721 | 554 |
| 1992 | 2027 | 2122 | 784 | 651 | 2825 | 594 |
| 1993 | 2577 | 2392 | 922 | 703 | 3083 | 591 |
| 1994 | 3496 | 3392 | 1221 | 814 | 3700 | 694 |
| 1995 | 4283 | 4074 | 1578 | 875 | 3981 | 762 |
| 1996 | 4839 | 5123 | 1926 | 971 | 4023 | 873 |
| 1997 | 5160 | 5230 | 2090 | 1081 | 4744 | 939 |
| 1998 | 5425 | 5540 | 2162 | 1154 | 4169 | 981 |
| 1999 | 5854 | 6109 | 2210 | 1253 | 4579 | 1030 |
| 2000 | 6280 | 6567 | 2253 | 1326 | 4737 | 1144 |
| 2001 | 6860 | 7251 | 2366 | 1399 | 4992 | 1223 |
| 2002 | 7703 | 7906 | 2476 | 1515 | 8278 | 1365 |
| 2003 | 8472 | 8207 | 2622 | 1685 | 9112 | 1272 |
| 2004 | 9422 | 8352 | 2936 | 1854 | 8895 | 1483 |
| 2005 | 10493 | 8567 | 3255 | 2070 | 9040 | 1532 |
| 2006 | 11760 | 9107 | 3587 | 2426 | 7515 | 1874 |
| 2007 | 13786 | 11337 | 4140 | 2777 | 7888 | 1950 |
| 2008 | 15781 | 12713 | 4761 | 3164 | 8324 | 2149 |
| 2009 | 17175 | 13795 | 5153 | 3519 | 9421 | 2397 |
| 2010 | 19109 | 15258 | 5919 | 4123 | 11028 | 2381 |
| 2011 | 21810 | 16496 | 6997 | 4885 | 11393 | 2755 |
| 2012 | 24565 | 18362 | 7917 | 5697 | 12958 | 3098 |
| 2013 | 26467 | 20394 | 8896 | 6553 | 14001 | 3874 |
| 2014 | 28844 | 22016 | 9892 | 7359 | 15009 | 4498 |
| 2015 | 31195 | 25457 | 11422 | 8244 | 17466 | 5412 |
| 2016 | 33616 | 27802 | 12363 | 9094 | 18775 | 5952 |
| 2017 | 36396 | 30671 | 13432 | 10330 | 21088 | 6691 |

注：1978~2010 年全国城镇和全国农村数据来自《收入分配与收入流动性：中国经验与理论》（2012 年第一版），西藏自治区城镇和农村数据参见：西藏辉煌 50 年 1965~2015 ［R］. 拉萨：拉萨奥兰广告公司，2015.

4.2.1.4.1 西藏城乡居民收入结构及其变化

（1）西藏城乡居民收入结构。首先，西藏农村居民人均可支配收入中家庭经营性收入逐年下降，但依然是居民人均可支配收入的主体。其次，随着地区经济的整体发展，农村居民外出务工或从事其他行业，使工资性收入有所提高。最后，由于精准扶贫工作的开展和农村最低养老金标准的提高，农牧民的转移性收入有了大幅提高。2017 年，"三包"教育经费对转移性净收入增长的贡献达到 52.8%。

西藏农村居民收入结构持续优化，经营性收入是农村居民最大的收入来源，占农村居民人均可支配收入的 57.6%，工资性收入比重较低，农村主要还是依靠农牧业生产经营取得收入。转移净收入和财产性收入增长，主要原因是农村最低基础养老金标准提高和精准扶贫对于低收入群体的帮扶力度加大，使西藏农村居民转移净收入增长；土地流转带来的转让承包土地经营权收入增加，以及村集体经济的发展，使西藏农村居民财产净收入增长，如表4-8所示。

表4-8 西藏自治区城乡居民人均可支配收入结构比例变化

| 年份 | 农村 | | | 城镇 | | |
|---|---|---|---|---|---|---|
| | 工资性收入比重（%） | 家庭经营性收入比重（%） | 财产性和转移性收入比重（%） | 工资性收入比重（%） | 家庭经营性收入比重（%） | 财产性和转移性收入比重（%） |
| 2009 | 17.1 | 69.4 | 13.5 | 89.0 | 2.5 | 8.5 |
| 2010 | 17.7 | 69.6 | 12.7 | 88.9 | 2.4 | 8.7 |
| 2011 | 16.4 | 71.1 | 12.5 | 87.5 | 2.7 | 9.8 |
| 2012 | 17.2 | 70.5 | 12.3 | 87.4 | 2.8 | 9.8 |
| 2013 | 18.5 | 69.3 | 12.2 | 86.9 | 3.2 | 9.9 |
| 2014 | 17.2 | 66.6 | 16.2 | 76.4 | 2.9 | 20.7 |
| 2015 | 22.7 | 59.9 | 17.4 | 80.7 | 2.9 | 16.4 |
| 2016 | 24.2 | 57.6 | 18.2 | 80.6 | 2.6 | 16.8 |

注：2009 年以前城镇居民人均可支配收入构成的官方统计数据缺失。

（2）西藏城乡居民收入绝对差距扩大。西藏城乡居民内部存在较大的收入差距。2016 年，西藏农村居民低收入群体人均可支配收入为 4713 元，中低收入群体为 7916 元，中等收入群体为 11371 元，中高等收入群体为 18258 元，高等收入群体为 41028 元，高收入群体与低收入群体绝对差距为 36315 元；2017 年，西藏城镇居民人均可支配收入中，最低收入群体人均可支配收入为 7180 元，贫困户为 3452 元，低收入户为 11767 元，中等偏下户为 19011 元，中等收入户为 27758 元，中等偏上户为 39057 元，高收入户为 52134 元，最高收入户为 70842 元，高收入群体与低收入群体绝对差距为 63662 元。西藏城乡居民人均可支配收入群体主要集中在中低收入群体，所以居民人均可支配收入总体水平较低。低收入群体庞大，致使西藏居民收入水平居全国倒数第一，西藏自治区居民收入水平比全国低 10516.7 元。[①]

从西藏城乡居民人均可支配收入绝对差距来看，以历年当年价格计算其收入绝对差距，从 1978 年城乡居民人均可支配收入相差 390 元，到 2017 年相差 20341 元，西藏城乡居民之间存在收入绝对差距，并且呈现逐年扩大的趋势。但在这 40 年间，有些年份较上一年绝对差距有所缩小。1983~1985 年，从 1983 年的 522 元减少至 1985 年的 449 元；1996~1997 年，从 1996 年的 4055 元减少至 1997 年的 4050 元；2003~2005 年，从 2003 年的 6367 元减少至 2005 年的 6333 元。从整个趋势来看，收入绝对差距缩小幅度比增加幅度小很多，增加幅度从 1978 年的 390 元扩大到 2017 年的 20341 元，差距扩大了近 52 倍，以至于城乡收入分配绝对差距进一步扩大，如图 4-5 所示。

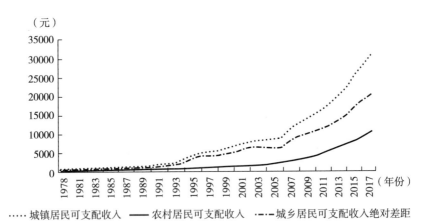

图 4-5　西藏自治区城乡居民人均可支配收入绝对差距

---

　　① 国家统计局西藏调查总队：《西藏统计年鉴 2018》。2017 年农村居民分层收入缺失，故以 2016 年数据进行说明。

（3）西藏自治区城乡居民收入相对差距缩小。从西藏城乡居民收入相对差距来看，以历年当年价格计算其收入相对差距，1978～2017 年西藏城乡居民人均可支配收入相对差距较大。1985 年，西藏城乡居民人均可支配收入相对差距最小，城乡之比为 1.84∶1；1996 年西藏城乡居民人均可支配收入相对差距最大，城乡之比为 5.16∶1。近十年来，西藏城乡居民收入相对差距趋势有所减小，但是绝对差距仍然较大。

总体而言，改革开放以来，西藏城乡居民人均可支配收入相对差距大致呈现倒 "U" 形增长态势。现阶段，城乡相对收入差距逐渐缩小。从增速来看，西藏农村居民人均可支配收入增速快于城镇居民人均可支配收入。从城乡收入等级分层数据、城乡居民收入比来看，近十年来，西藏城乡居民收入差距逐渐缩小，如图 4-6 所示。

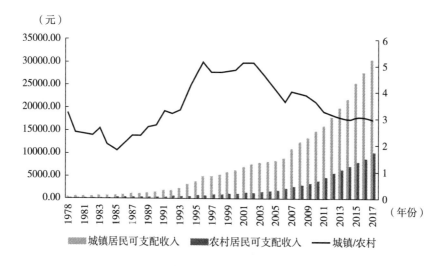

**图 4-6　西藏自治区城乡居民人均可支配收入相对差距**

#### 4.2.1.4.2　西藏各地（市）城乡居民收入差距分析

（1）西藏各地（市）之间城乡收入相差较大。2006 年以来，城镇居民人均可支配收入均高于农村居民人均可支配收入。拉萨市、那曲市和阿里地区城镇居民人均可支配收入高于西藏自治区水平，昌都市、林芝市、日喀则市和山南市城镇居民人均可支配收入则低于西藏自治区水平；占据区位优势的拉萨市人均可支配收入均高于其他地（市），如表 4-9 所示。

表4-9 2006~2017年西藏自治区各地（市）居民人均可支配收入差距

单位：元

| 西藏自治区各地（市） | | 2006年 | 2008年 | 2009年 | 2010年 | 2011年 | 2012年 | 2013年 | 2014年 | 2015年 | 2016年 | 2017年 |
|---|---|---|---|---|---|---|---|---|---|---|---|---|
| 昌都市 | 城镇 | 8341 | 10958 | 11659 | 12992 | 14114 | 15914 | 17728 | 19256 | 22374 | 24335 | 27160 |
| | 农村 | 2146 | 2817 | 3144 | 3645 | 4311 | 4938 | 5872 | 6616 | 7311 | 8083 | 9650 |
| 山南市 | 城镇 | 8953 | 12167 | 12982 | 14326 | 15342 | 17213 | 19304 | 20797 | 23811 | 25894 | 28483 |
| | 农村 | 2519 | 3292 | 3676 | 4314 | 5163 | 6033 | 7072 | 8006 | 8991 | 9908 | 11295 |
| 拉萨市 | 城镇 | 10298 | 13874 | 15114 | 16487 | 17569 | 19451 | 21324 | 23057 | 26908 | 29383 | 32321 |
| | 农村 | 2817 | 3722 | 4199 | 4990 | 6003 | 7063 | 8243 | 9258 | 10378 | 11448 | 12994 |
| 林芝市 | 城镇 | 7866 | 11353 | 12261 | 13672 | 14929 | 16422 | 18156 | 19526 | 22387 | 24452 | 26946 |
| | 农村 | 3136 | 4078 | 4562 | 5389 | 6407 | 7468 | 8577 | 9582 | 10703 | 11812 | 13407 |
| 日喀则市 | 城镇 | 8893 | 12112 | 13249 | 14829 | 16505 | 18234 | 20173 | 21694 | 25078 | 27338 | 30345 |
| | 农村 | 2205 | 2869 | 3203 | 3724 | 4454 | 5143 | 6001 | 6717 | 7402 | 8135 | 9518 |
| 那曲市 | 城镇 | 10957 | 12727 | 13037 | 14839 | 16232 | 18698 | 20768 | 22314 | 26154 | 28324 | 31252 |
| | 农村 | 2479 | 3204 | 3577 | 4063 | 4838 | 5561 | 6369 | 7134 | 7862 | 8638 | 9782 |
| 阿里地区 | 城镇 | 8728 | 12843 | 16410 | 17289 | 19299 | 20341 | 21791 | 23406 | 27451 | 29936 | 32930 |
| | 农村 | 2096 | 2684 | 2987 | 3438 | 4167 | 5431 | 6366 | 7107 | 7903 | 8695 | 9843 |

注：1978~2005年各地（市）城镇居民人均可支配收入统计数据缺失，1978~2005年各地（市）农村居民人均可支配收入（除拉萨外）数据缺失，故数据从2006年开始，2007年各地（市）城镇居民人均可支配收入和农村居民人均可支配收入数据缺失。

资料来源：西藏自治区统计局、国家统计局西藏调查总队：《西藏统计年鉴 2007~2018》。

（2）西藏各地（市）内部城乡居民人均可支配收入绝对差距不断扩大。阿里地区城乡居民人均可支配收入差距最大，2006～2017 年，城乡居民人均可支配收入从相差 6632 元扩大到相差 22922 元；林芝市城乡居民人均可支配收入差距最小，2006～2017 年，城乡居民人均可支配收入从相差 4730 元扩大到相差 8809 元，如图 4-7 所示。

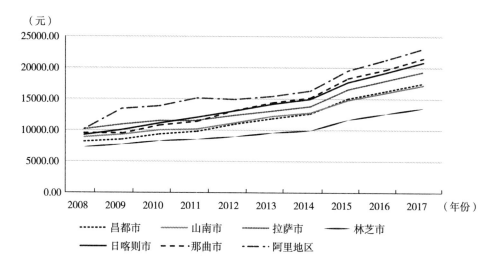

**图 4-7　西藏自治区各地（市）城乡居民人均可支配收入差距**

注：2007 年数据缺失。

（3）西藏自治区各地（市）城乡恩格尔系数差异。改革开放之初，全国基尼系数为 0.317，2000 年基尼系数越过 0.4 的警戒线，并逐年攀升，到了 2004 年超过了 0.465，自此之后，国家统计局不再公布基尼系数。因此，西藏城乡收入差距水平无法得到官方的准确估量。本部分就采用恩格尔系数来衡量西藏城乡居民生活水平的差距，不再用基尼系数来衡量城乡收入差距。恩格尔系数是用来衡量一个国家或地区居民的生活质量高低的一个客观标准。根据 2013～2017 年《西藏统计年鉴》中食品支出占城乡居民总支出的比重计算西藏各地（市）恩格尔系数。一般认为，恩格尔系数在 0.59 以上为贫困，0.50～0.59 为温饱，0.40～0.50 为小康，0.30～0.40 为富裕，低于 0.30 为最富裕。恩格尔系数越小，说明生活质量越高，但也不排除看病、教育等大额支出占比过高而处于贫困的情况。总体而言，西藏各地（市）居民的生活质量并不高，昌都市的农村居民、日喀则市和那曲市的城镇居民均处在温饱线上，只有山南市、林芝市整体处于富裕水平，如表4-10所示。

表4-10    2012~2016年西藏自治区各地（市）恩格尔系数

| 地区 | 拉萨市 | | 昌都市 | | 山南市 | | 日喀则市 | | 那曲市 | | 阿里地区 | | 林芝市 | |
| --- | --- | --- | --- | --- | --- | --- | --- | --- | --- | --- | --- | --- | --- | --- |
| | 农村 | 城镇 | 农村 | 城镇 | 农村 | 城镇 | 农村 | 城镇 | 农村 | 城镇 | 农村 | 城镇 | 农村 | 城镇 |
| 2012年 | 0.49 | 0.45 | 0.53 | 0.55 | 0.49 | 0.41 | 0.55 | 0.52 | 0.46 | 0.59 | 0.65 | 0.53 | 0.56 | 0.51 |
| 2013年 | 0.45 | 0.43 | 0.59 | 0.53 | 0.50 | 0.40 | 0.55 | 0.53 | 0.53 | 0.59 | 0.58 | 0.52 | 0.56 | 0.51 |
| 2014年 | 0.44 | 0.41 | 0.34 | 0.41 | 0.35 | 0.38 | 0.47 | 0.54 | 0.75 | 0.56 | 0.57 | 0.51 | 0.38 | 0.34 |
| 2015年 | 0.44 | 0.39 | 0.53 | 0.43 | 0.32 | 0.35 | 0.23 | 0.55 | 0.76 | 0.56 | 0.52 | 0.43 | 0.40 | 0.36 |
| 2016年 | 0.41 | 0.38 | 0.52 | 0.43 | 0.39 | 0.34 | 0.23 | 0.55 | 0.48 | 0.51 | 0.47 | 0.45 | 0.38 | 0.37 |

资料来源：根据《西藏统计年鉴》（2013~2017）统计数据计算得出。

4.2.1.4.3    西藏城乡居民人均可支配收入与西部省份的比较

西藏地区城镇化水平较低、工业基础较差、实体经济发展较落后，农村人口占西藏自治区总人口的70%左右，造成西藏自治区居民人均可支配收入水平整体较低，位居全国倒数第一。1978年西藏城市和农村居民人均可支配收入均居西部第一位，经过近四十年的缓慢发展，到2017年西藏城乡居民人均可支配收入将居西部第七位，增速低于西部其他地区，如表4-11所示。

4.2.1.4.4    西藏人均可支配收入与全国其他省（自治区、直辖市）的比较

从全国范围来看，西藏人均可支配收入水平位远低于全国平均水平。一般来说，人均可支配收入水平越高，生活水平就会越高。因此，可以推断，西藏居民生活水平处于全国较低水平，如表4-12所示。

## 4.2.2    西藏自治区内五类贫困区

西藏贫困人口分布在气候条件较为恶劣、生产生活条件较差的区域，农牧业生产发展存在很多制约因素，最终使该区域人群走向贫困。一些研究西藏贫困的学者也从政治学的视角出发，对西藏农牧区贫困做了深刻的分析，得出结论：西藏农牧民贫困主要是由于农牧业生产条件较差，人力资本低下等因素所导致的。目前，西藏农牧区人地矛盾突出、灾害频发、高寒缺氧、科技普及难度大、市场化发育程度不高、融资能力较弱、人力资本积累程度

表4-11 1978~2017年西部十二省、自治区、直辖市城乡居民人均可支配收入

单位：元

| 西部各省、自治区、直辖市 | | 1978年 | 1993年 | 2000年 | 2010年 | 2011年 | 2012年 | 2013年 | 2014年 | 2015年 | 2016年 | 2017年 |
|---|---|---|---|---|---|---|---|---|---|---|---|---|
| 内蒙古自治区 | 城镇 | 301 | 1883 | 5129 | 17698 | 20408 | 23150 | 25497 | 28350 | 30594 | 32975 | 35670 |
| | 农村 | 131 | 829 | 2038 | 5530 | 6642 | 7611 | 8596 | 9976 | 10776 | 11609 | 12584 |
| 广西壮族自治区 | 城镇 | 289 | 2895 | 5834 | 17064 | 18854 | 21243 | 23305 | 24669 | 26416 | 28234 | 30502 |
| | 农村 | 120 | 885 | 1865 | 4543 | 5321 | 6008 | 6791 | 7565 | 9467 | 10360 | 11325 |
| 重庆市 | 城镇 | — | 2781 | 6176 | 17532 | 20250 | 22968 | 25216 | 25147 | 27239 | 29610 | 32193 |
| | 农村 | 126 | 748 | 1892 | 5277 | 6480 | 7383 | 8332 | 9490 | 10505 | 11549 | 12638 |
| 四川省 | 城镇 | 338 | 2408 | 5894 | 15461 | 17899 | 20307 | 22367 | 24381 | 26205 | 28335 | 30727 |
| | 农村 | 127 | 698 | 1904 | 5087 | 6129 | 7001 | 7895 | 8803 | 10247 | 11203 | 12227 |
| 贵州省 | 城镇 | 261 | 2300 | 5121 | 14143 | 16495 | 18701 | 20667 | 22548 | 24580 | 26743 | 29080 |
| | 农村 | 109 | 580 | 1374 | 3472 | 4145 | 4753 | 5434 | 6671 | 7387 | 8090 | 8869 |
| 云南省 | 城镇 | 328 | 2639 | 6325 | 16065 | 18576 | 21075 | 23236 | 24299 | 26373 | 28335 | 30996 |
| | 农村 | 131 | 675 | 1479 | 3952 | 4722 | 5417 | 6141 | 7456 | 8242 | 9020 | 9862 |
| 陕西省 | 城镇 | 310 | 2102 | 5124 | 15695 | 18245 | 20734 | 22858 | 24366 | 26420 | 28440 | 30810 |
| | 农村 | 134 | 653 | 1470 | 4105 | 5028 | 5763 | 6503 | 7932 | 8689 | 9396 | 10265 |
| 甘肃省 | 城镇 | 408 | 2003 | 4916 | 13189 | 14989 | 17157 | 18965 | 20804 | 23767 | 25668 | 27763 |
| | 农村 | 101 | 551 | 1429 | 3425 | 3909 | 4507 | 5108 | 5736 | 6936 | 7457 | 8076 |

续表

| 西部各省、自治区、直辖市 | | 1978年 | 1993年 | 2000年 | 2010年 | 2011年 | 2012年 | 2013年 | 2014年 | 2015年 | 2016年 | 2017年 |
|---|---|---|---|---|---|---|---|---|---|---|---|---|
| 青海省 | 城镇 | 198 | 2079 | 5170 | 13855 | 15603 | 17566 | 19499 | 22307 | 24542 | 26757 | 29169 |
| | 农村 | 113 | 673 | 1491 | 3863 | 4609 | 5364 | 6196 | 7283 | 7933 | 8664 | 9462 |
| 宁夏回族自治区 | 城镇 | 346 | 2171 | 4912 | 15345 | 17579 | 19831 | 21833 | 23285 | 25186 | 27000 | 29472 |
| | 农村 | 116 | 667 | 1724 | 4675 | 5410 | 6180 | 6931 | 8410 | 9119 | 9852 | 10738 |
| 新疆维吾尔自治区 | 城镇 | 319 | 2423 | 5645 | 13644 | 15514 | 17921 | 19874 | 23214 | 24692 | 28240 | 30775 |
| | 农村 | 119 | 778 | 1618 | 4643 | 5442 | 6394 | 7297 | 8742 | 9425 | 10183 | 11045 |
| 西藏自治区 | 城镇 | 575 | 922 | 6448 | 14980 | 16196 | 18028 | 20023 | 22016 | 25457 | 27802 | 30671 |
| | 农村 | 174 | 706 | 1331 | 4123 | 4885 | 5697 | 6578 | 7359 | 8244 | 9094 | 10330 |

注: 1979~1992年、1994~1999年、2001~2009年数据缺失。

资料来源: 2017中国农村贫困监测报告 [M]. 北京: 中国统计出版社, 2017.

表 4-12　2017 年部分省、自治区、直辖市居民人均可支配收入排名

| 地区 | 居民人均可支配收入（元） | 收入排名 | 地区 | 居民人均可支配收入（元） | 收入排名 |
|---|---|---|---|---|---|
| 上海市 | 58987.96 | 1 | 河北省 | 21484.13 | 17 |
| 北京市 | 57230.00 | 2 | 吉林市 | 21368.32 | 18 |
| 浙江省 | 42045.69 | 3 | 黑龙江省 | 21205.79 | 19 |
| 天津市 | 37022.33 | 4 | 陕西省 | 20635.21 | 20 |
| 江苏省 | 35024.09 | 5 | 四川省 | 20579.82 | 21 |
| 广东省 | 33003.29 | 6 | 宁夏回族自治区 | 20561.66 | 22 |
| 福建省 | 30047.75 | 7 | 山西省 | 20420.01 | 23 |
| 辽宁省 | 27835.44 | 8 | 河南省 | 20170.03 | 24 |
| 山东省 | 26929.94 | 9 | 新疆维吾尔自治区 | 19975.10 | 25 |
| 内蒙古自治区 | 26212.23 | 10 | 广西壮族自治区 | 19904.76 | 26 |
| 重庆市 | 24152.99 | 11 | 青海省 | 19001.02 | 27 |
| 湖北省 | 23757.17 | 12 | 云南省 | 18348.34 | 28 |
| 湖南省 | 23102.71 | 13 | 贵州省 | 18384.34 | 29 |
| 海南省 | 22553.24 | 14 | 甘肃省 | 16011.00 | 30 |
| 江西省 | 22031.45 | 15 | 西藏自治区 | 15475.30 | 31 |
| 安徽省 | 21863.30 | 16 | | | |

较低、转移就业难度大、农牧民受自然条件和人文条件的约束较强，陷入贫困具有一定的必然性。

基于西藏自治区 7 地（市）不同的自然环境、地形地貌、经济基础、致贫原因和特殊区情，将西藏自治区划分为地方病高发贫困区、灾害频发贫困区、深山峡谷贫困区、高寒纯牧贫困区、边境特殊贫困区五类贫困区。

（1）地方病高发贫困区。在 7 地（市）均有分布，涉及 54 个县（区）、168 个乡、491 个行政村，贫困县（区）占西藏自治区总县（区）数的 72%，贫困人口占西藏自治区贫困总人数的 55%。包括拉萨市林周县、墨竹工卡县、达孜县和尼木县 4 个县；日喀则市谢通门县、萨嘎县、昂仁县、定结县、定日县、仲巴县、白朗县和南木林县 8 个县（区）；山南市乃东区、扎囊县、桑

日县、加查县、贡嘎县、措美县、隆子县、错那县、曲松县和洛扎县 10 个县（区）；林芝市工布江达县、米林县、墨脱县、波密县、察隅县和朗县 6 个县；昌都市卡若区、丁青县、类乌齐县、洛隆县、江达县、左贡县、贡觉县、芒康县、察雅县、边坝县和八宿县 11 个县（区）；那曲市色尼区、巴青县、嘉黎县、索县、尼玛县、聂荣县、申扎县和班戈县 8 个县（区）；阿里地区噶尔县、札达县、普兰县、日土县、革吉县、措勤县和改则县 7 个县。该区域碘缺乏病、地方性氟中毒、大骨节病等地方病分布范围广，人口和社会发展问题较突出，资源环境约束较大，劳动力素质较低，因病致贫问题较严重，是扶贫攻坚任务最重、难度最大的片区之一。

（2）灾害频发贫困区。在 7 地（市）均有分布，共涉及 69 个县（区），贫困县占西藏自治区总县数的 93.2%，贫困人口占西藏自治区贫困总人数的 90.4%。包括阿里地区普兰县、噶尔县、措勤县、革吉县、札达县、日土县、改则县 7 个县；昌都市边坝县、芒康县、江达县、察雅县、丁青县、贡觉县、左贡县、卡若区、洛隆县、八宿县 10 个县（区）；拉萨市当雄县、墨竹工卡县、曲水县、林周县、达孜县、尼木县 6 个县；林芝市巴宜区、米林县、察隅县、朗县、墨脱县、波密县 6 个县（区）；那曲市色尼区、比如县、索县、嘉黎县、班戈县、双湖县、巴青县、申扎县、尼玛县、安多县、聂荣县 11 个县（区）；日喀则市桑珠孜区、江孜县、拉孜县、昂仁县、仁布县、萨迦县、白朗县、谢通门县、亚东县、岗巴县、康马县、定结县、仲巴县、萨嘎县、南木林县、吉隆县、聂拉木县、定日县 18 个县（区）；山南市乃东区、措美县、琼结县、浪卡子县、错那县、贡嘎县、曲松县、加查县、隆子县、桑日县、洛扎县 11 个县（区）。该区域气候条件差，自然环境脆弱，农牧业生产和生活等受灾害影响较严重，灾害防治较困难，生态建设和扶贫开发投入较高、见效较慢，是西藏区域发展和扶贫攻坚任务最重、难度最大的片区之一。

（3）深山峡谷贫困区。包括昌都市卡若区、芒康县、类乌齐县、丁青县、察雅县、贡觉县、左贡县、边坝县、洛隆县、江达县、八宿县 11 个县（区），林芝市巴宜区、米林县、波密县、墨脱县、察隅县、朗县 6 个县（区），那曲市的比如县、索县、嘉黎县 3 个县，约 24.6 万贫困人口。贫困县占西藏自治区总县（区）数的 27.03%，贫困人口占西藏自治区贫困总人口的 36.14%、占西藏自治区总人口的 10.23%。该区域产业发展滞后、交通闭塞、信息不畅、人口居住较集中、人地矛盾较突出、生态环境较脆弱、基础设施较落后、地方病高发、生存条件较恶劣、自然灾害频发、生态建设任务较艰巨。

（4）高寒纯牧贫困区。包括阿里地区改则县、革吉县、措勤县、日土县、普兰县、札达县、噶尔县 7 个县，那曲市尼玛县、双湖县、申扎县、班戈县、安多县、聂荣县、色尼区、巴青县 8 个县（区），山南市浪卡子县、措美县 2 个县，日喀则市仲巴县、康马县、岗巴县、萨嘎县 4 个县和拉萨市当雄县，约 15.1 万贫困人口。贫困县占西藏自治区总县数的 29.73%，贫困人口占西藏自治区贫困总人数的 22.24%、占西藏自治区总人口的 6.30%。该区域自然条件差，以畜牧业生产为主、产业结构单一，生态环境脆弱，贫困人口居住较分散，劳动力技能较缺乏，生产方式较落后，公共服务水平较低。

（5）边境特殊贫困区。包括林芝市的米林县、墨脱县、察隅县、朗县 4 个县，山南市的浪卡子县、洛扎县、隆子县、错那县 4 个县，日喀则市的亚东县、定日县、定结县、吉隆县、聂拉木县、仲巴县、康马县、萨嘎县、岗巴县 9 个县，阿里地区的普兰、噶尔县、札达县、日土县 4 个县，约 10.7 万贫困人口，贫困县占西藏自治区总县（区）数的 28.4%，贫困人口占全区贫困总人数的 15.80%。该区域地处偏远、人口稀少、交通不便、信息闭塞、劳动力素质较差，环境资源开发条件受限，固边维稳和生态建设的任务繁重，返贫问题突出。

## 4.2.3　西藏贫困家庭面临的困境

### 4.2.3.1　收入分配困境

西藏贫困人口识别主要根据其人均纯收入是否达到 2300 元/年的贫困标准。大部分贫困家庭的物资供应依靠自给自足，对于货币的需求并不是很明显。比如，牧区的居民会用自产的牦牛肉和酥油去换糌粑，这种以物易物的市场交换方式普遍存在。所以，以货币收入衡量贫困的标准在部分地区失效，以至于贫困人口数量被扩大化。而西藏农牧民正常生活的前提条件是生产能够满足家庭消费，贫困家庭的低收入意味着消费受限，生活质量得不到保障。由于土地肥沃程度不高，农牧业生产产出较劳动力投入产出的水平低。因此，农牧民会脱离生产，走向乞讨或等待被救助。西藏大学《西藏农牧区贫困代际问题调查问卷》调查结果统计，整个西藏自治区贫困人口享受政府补贴的占到 82.6% 以上，农牧民脱离生产的一个原因在于政府的再分配，使贫困家庭即使不从事生产，基本生活也能得到保障。"等、靠、要"的思想已经形成，使农牧民在意识形态领域产生了依赖，比如萨嘎达瓦节期间，日喀则市的部分村子在农闲时会出现"季节性乞讨"现象。

### 4.2.3.2 城镇化困境

2017 年，西藏的城镇人口为 104.15 万人，乡村人口为 233.33 万人，大多数居民居住在农牧区。根据笔者对农牧区民生调查的抽样结果，西藏农牧民进城务工人员仅占总人口的 7.63%，远低于全国农村进城务工人员占总人数 18.46%的水平①。农牧区人口相对过剩，城镇的劳动力需求不足。收入差距、城乡差距和地区差距越来越大，农牧区发展落后、农牧业生产率水平低、农民收入增长缓慢等问题日益突出。严格的户籍制度、就业制度和财政制度是形成城乡二元经济社会结构分化的主要原因。城镇社会保障能否满足农牧区贫困人口的需求，是农牧民实现城镇化的重要保障。所以，短时期内农牧民很难实现城镇化。

### 4.2.3.3 人口流动障碍

西藏城乡结合区是农牧民劳动力流动人口的主要聚居区，原因有：一是房租较为便宜，可以节约生活成本；二是生活用品价格比较低，特别是农副产品；三是流动人口基本习惯了农村的生活，城乡结合区是城市和乡村的一个过渡区域，这一区域符合流动人口的生活习惯；四是靠近建筑工地、建材、科技园区和学校，便于自身就业和子女接受教育。

西藏存在季节性争夺劳动力现象。首先，每年冬季，西藏的农业生产由于日照和水分不足等原因不适宜生产劳作，闲置的剩余劳动力部分外出务工或从事其他作业，劳动力供给增加。其次，行业的季节性限制，使劳动力需求不断发生变化。如建筑行业进入冬季以后由于气温过低，建筑材料不易凝固，不得不停止劳作等，对建筑工人的需求量就会减少。这种由于季节性生产争夺劳动力的现象，使得农牧民外出务工的积极性大大降低。

西藏人口流动在流入地存在钟摆式流动现象。每天早上 8 点左右出门前往工作地点，人群从居住地开始在整个城市散播开来。到了晚上都回到临时居住地休息。这种早出晚归的生活节奏模式使流动人口形成了一种钟摆式的生活模式。

---

① 中国进城务工人员已超过 2.4 亿 "农民荒" 问题突出 [EB/OL]. 人民网，2011-10-27.

西藏流动人口相对复杂。既有汉族，又有藏族、回族、纳西族等少数民族，而且人口素质水平有高有低，流动人口主要从事于商品零售与批发、服务业、建筑等行业，各个民族宗教信仰和风俗习惯各不相同，一定程度上增加了融合的复杂性。西藏自治区在 2010 年 11 月 26 日通过了《西藏自治区流动人口服务管理条例》，从自治区到村（居）委会，从政府到共青团、妇联，发动所有的群体力量来对流动人口加以管理，但是这些新进入的人群，既没有固定工作，也没有规律的生活，导致当地公共服务赶不上人口变化的需求。城镇化过程中，由于各自原有生活习惯、宗教信仰和文化差异等复杂性，造成流动人口在聚居地的个性化差异，学历、知识、性格、人际关系等不同的个性特质，构成了流动人口管理的社会复杂性。

在西藏现代化过程中，生活习惯、交通不便和文化差异是影响农牧民人口流动的主要原因。经济政策产生的边缘化作用促使外来人口流入，带动当地经济发展，但也给当地经济发展带来了不稳定的因素，比如流动人口融入难问题、当地居民对外来人口的排斥、外来人口从事生产经营活动对当地居民的挤出、流动人口流入所带来的一系列社会问题等。一定程度上弱化了农牧民人口流动的动机和意识，使这些贫困人口难以去尝试。农牧民的劳动力水平相对比较低，在城镇中很难适应城镇的工作环境，特别是在城镇中工作，早上喝酥油茶的习惯会被改变、自由的农牧业生产方式也逐渐被紧张而规律的工作所替换，这是农牧民融入城镇生活最难适应的问题。对于具备低技能的农牧区劳动力来说，在城镇工作是一个各民族共同劳动的过程，企业也很难改变农牧民自由懒散的生产状态。因此，对于该类劳动力的雇佣率非常低。

#### 4.2.3.4　就业困境

西藏从 1985 年开始，实施对接受义务教育阶段教育的农牧民子女包吃、包住、包学习费用的"三包"政策，先后 12 次提高补助标准，惠及 51.04 万人。2007 年，西藏在全国率先实现 9 年免费义务教育，2012 年又在全国率先实现 15 年免费教育（学前教育 3 年、小学 6 年、初中 3 年、高中 3 年）。西藏自治区基础教育设施得到基本改善，师资队伍也适应和满足了教育发展需求，并且公共财政对教育的资金支持力度也较高，小学、初中和高中的入学比例也都较高。但西藏人口相对稀少、居住分散的现实情况，使西藏农牧民教育事业发展依旧落后，基础教育的普及率仍不能达到 100%。

尽管西藏一直在教育上狠下功夫，但受"路径依赖"的影响，西藏的劳动力素质依旧偏低，大量劳动力滞留在低层次经济领域，这不利于就业的增加。西藏接受职业教育与高等教育的人口数量占比太低，应用型人才、专业技术人员非常稀缺；相比而言，在农牧区，职业教育和高等教育人才非常匮乏，主要依靠"两后生"支撑村内文明进步。有些村支部书记和村委会主任只有小学文化水平，完全不懂汉语和现代化信息技术，一定程度上限制了村子向外宣传和发展的空间。由于基层农牧民缺乏技术和知识指导，导致自身生活水平低下，民生状况改善困难重重。

西藏农牧区人口居住分散、人口综合素质偏低、产业结构的实质内涵尚未达到经济服务化的高度化状态，影响着农牧民的就业和收入水平，进而影响着农牧民的消费和居住水平。西藏农牧区还出现了经济越落后人口的增长率就越高的现象，产生了人口身体素质进一步下滑的贫困陷阱。而西藏农牧区生存环境较恶劣、生产条件较差、经济发展较缓慢、教育较落后、医疗卫生条件较差的实际情况，以及人口的高出生率，又使得许多家庭生活困难，没有能力给予子女良好的教育，使得西藏基础性社会保障的任务变得艰巨，就业压力增大。

### 4.2.3.5　因病致贫困境

西藏的地方病有先天性心脏病、克山病、鼠疫、布鲁氏菌病和大骨节病，并且大骨节病发病率居全国之首。西藏有 386 个自然村都是大骨节病的重灾区，总人口约为 116.2 万人，占西藏总人口的 1/3 以上，成为西藏致贫返贫的主要原因之一。[①]

### 4.2.3.6　生存困境

由于地质条件、生态脆弱等因素的影响，交通工程建设极其困难；紫外线强度高、昼夜温差大等因素，使交通硬件设施的使用寿命远低于中国其他地区；地震、泥石流、雪灾、山体滑坡等自然灾害频发，道路维护成本非常高。另外，西藏地域广阔，人口稀少，物资以输入为主，故而物流业发展只能将运输成本反弹到单趟运输物资上，导致运输成本较高。

随着公路、铁路和航空运输设施建设不断增加，运输能力有了很大提高。截至 2016 年，西藏公路总里程达 7.8 万千米，比"十一五"末增加 33.7%。

---

① 西藏自治区扶贫开发领导小组办公室 . 西藏自治区"十二五"时期扶贫开发计划 [Z]. 2012.

乡镇、行政村公路通达率分别达到 99.7% 和 99.2%。但西藏很多乡村道路设施差，农村道路里程长，道路状况复杂，路面狭窄，弯道多，坡度大，铺装路面比例低，很多道路未设置警示标志、警示桩、隔离墩等安全设施，从而导致交通安全事故频发。西藏既是地震、泥石流、滑坡等灾害的重灾区，同时还存在雪灾、大雾、风暴、冰冻等极端天气，很多农村道路在雨季、雪季容易因雪崩、坍塌、泥石流事件而导致交通不畅。

西藏农牧区所占面积广，人口比重大，部分农牧区还地处我国边界。西藏农牧区经济发展水平相对滞后，自然地理条件更加恶劣，这使得农牧区应对公共安全问题面临专业人才短缺、物资储备不足、技术手段落后等困难，同时受地形、地貌因素制约非常严重，增加了公共产品的供给难度，使群众长期陷于穷困之中。

## 4.2.4 西藏贫困代际传递现状分析 ⊙

### 4.2.4.1 西藏贫困代际传递现状

由于西藏的贫困主体主要为农牧民，所以，研究西藏贫困代际传递发生情况也是针对西藏农牧区进行的调查。西藏农牧区贫困代际传递相关数据，来源于西藏农牧区家庭问卷入户调查①。分别对拉萨市、日喀则市、昌都市、山南市、那曲市和林芝市的个别县域进行了走访，由于阿里地区人口较少，且路途较远，因此未进行入户调查。调查结果显示：农牧区贫困代际传递发生率为 60.03%，贫困未发生代际传递发生率为 9.29%，返贫率为 30.68%。

表 4-13 西藏自治区各市贫困代际传递发生率情况 单位：%

| 地区 | 拉萨市 | 日喀则市 | 昌都市 | 山南市 | 那曲市 | 林芝市 |
|---|---|---|---|---|---|---|
| 贫困代际发生传递发生率 | 33.6 | 54.3 | 62.1 | 45.8 | 56.2 | 48.2 |
| 贫困未发生代际传递发生率 | 42.3 | 14.8 | 13.8 | 28.4 | 32.1 | 32.3 |
| 返贫率 | 24.1 | 31.9 | 24.1 | 26.8 | 11.7 | 19.5 |

资料来源：西藏大学《西藏农牧区贫困代际问题调查问卷》调查结果统计。

① 入户调查不包括各级政府集中供养的"五保户"调查。

如表4-13所示，就贫困代际发生传递而言，资源禀赋相对较好的地区贫困发生率较低。拉萨市贫困代际传递发生率最低，为33.6%；昌都市贫困代际传递发生率最高，达到62.1%；就返贫率而言，那曲市返贫率最低，为11.7%，而日喀则市返贫率最高，达到31.9%，说明那曲市农牧民能够采取有效的措施防止贫困的代际传递，日喀则市巩固脱贫的难度非常大。因此，农业区较牧业区而言，更容易返贫。

#### 4.2.4.1.1 家庭人口规模

如表4-14所示，西藏地区间发生贫困代际传递的家庭人口规模有较大的差异，拉萨市贫困家庭人口规模平均5.85人、日喀则市贫困家庭人口规模平均8.63人、那曲市贫困家庭人口规模平均7.92人、林芝市贫困家庭人口规模平均6.37人、昌都市贫困家庭人口规模平均7.62人、山南市贫困家庭人口规模平均6.43人。整个农牧区贫困代际家庭人口规模平均为7.90人，返贫家庭人口规模为7.17人，而全国平均家庭人口规模为3.35人。

表4-14　贫困代际传递家庭的人口规模地区比较

| 地区 | 拉萨市 | 日喀则市 | 昌都市 | 山南市 | 那曲市 | 林芝市 |
|---|---|---|---|---|---|---|
| 家庭人口规模（人） | 5.85 | 8.63 | 7.62 | 6.43 | 7.92 | 6.37 |

注：此报告的家庭人口规模均按常住人口登记。

大多数农牧民认为，家庭越是贫困就越需要更多的人口来承担家庭负担，家庭生育率就会大幅提高。但他们往往忽略了贫困家庭的物质承受能力，子女在未成年之前和老弱之后都会给家庭带来巨大的支出，而他们一生中能够从事生产的时间仅有三四十年，非生产时间往往以物质资源消耗者的身份置于家庭中。这种情况证实了"马尔萨斯陷阱"，家庭人口数量不能超过社会资源的可承载能力和农牧业发展水平，否则多增的人口会以战争或其他消极方式被排斥或被消灭。在社会主义国家，政府以救济的形式避免贫困人口的非自然消失，使农牧民基本物质生活能够得到保证的同时，产生所谓的"收入性贫困"，即以家庭人均纯收入达不到2300元的贫困标准，他们就会被纳入贫困救助范围。西藏农牧区贫困代际家庭人口规模平均为7.90人，而2014年全国平均家庭人口规模只有3.35人，说明家庭人口规模对贫困代际传递有一定的影响。

### 4.2.4.1.2　就业结构

西藏农牧区贫困家庭人口多，劳动力少，家庭负担重，人力资本投资利用率低。发生贫困代际传递的家庭，农牧民转移就业集中在青壮年阶段，转移就业比重占转移就业总人口的 80.6%，18 岁以下和 50 岁以上的劳动力外出务工人口比重较小。转移就业的农牧民，从事建筑业的占到 30.5%，从事第三产业的占 34.42%。总体而言，从事这些行业劳动强度大，收入也相对较低。在一些农牧区，还存在一妻多夫或一夫多妻家庭，这种家庭劳动力分工相对合理，一定程度上降低了贫困的发生率。

### 4.2.4.1.3　养老模式

发生贫困代际传递的农牧区家庭养老基本依靠子女养老，也有近亲属养老的情况发生。随着西藏农牧民家庭观念日益变化，家庭养老依旧占主导地位，但逐渐开始弱化。一方面，由于传统的尊老敬老和家庭观念出现淡化的趋势，导致靠传统的道德亲情、血缘维系的家庭养老观念也逐步淡化；另一方面，农牧区农牧民剩余劳动力逐步外流，农牧区"空巢"老人家庭数量逐年上升，家庭保障功能由此开始弱化，留守家庭贫困程度加深。

### 4.2.4.1.4　家庭受教育状况

西藏农牧区人力资本投资偏重于男性，女性则投资较少甚至不投资。在多数农牧区，大量的家庭劳动和农牧工作都是由妇女承担。2011 年，西藏劳动力总数 65% 以上都是妇女，创造了农牧业总产值的 50% 以上，在农牧区贫困人口中，妇女贫困问题比较突出，在教育、就业、保健、婚姻、迁移等方面，对妇女的投资远比对男子的投资要低。由于掌握技术能力有限，男性即使得到教育和培训，所从事的行业差异化程度还是较低。

西藏农牧区发生贫困代际传递家庭的父辈平均受教育年限为 1.07 年，子辈的平均受教育年限为 5.42 年；陷入返贫境遇家庭的父辈平均受教育年限为 1.75 年，子辈的平均受教育年限为 5.71 年。[①] 西藏农牧区贫困家庭平均受教育年限仅为 5.51 年，其中小学文化程度以下人口占到贫困人口的 62.32%。国务院扶贫办政策法规司苏国霞同志介绍，"贫困地区教育事业的发展水平、贫困家庭子女受教育的程度都明显低于全国平均水平。在建立的国家贫困人口档案中，超过 50% 的人只有小学以下文化水平，22.3% 的家庭自认为是家庭缺乏技术而导致贫困"。所以，发生贫困代际传递的家庭受教育程度普遍很

---

① 根据西藏大学《西藏农牧区贫困代际传递问题调查问卷》调查结果统计。

低，基本维持在小学水平，教育水平对农牧民发生贫困代际传递的影响显著。

### 4.2.4.2 西藏农牧区贫困代际传递总体特征

西藏农牧民贫困人口分布偏、远、散，贫困代际传递家庭多分布于偏僻、边远、边境的山区或高寒地带，远离城镇和交通干线，这些地区基础设施条件差，道路不便，医疗、教育、能源、供电、通信等公共服务得不到保障，生产和生活条件简陋、落后，因此贫困程度深，难以在短期内脱贫。

#### 4.2.4.2.1 封闭程度高，农牧民收入较低

由于西藏农牧区自然资源、人力资本、金融资产、物质条件和社会资本不足，导致农牧区贫困家庭生计脆弱性较高，可持续生计差，并且海拔与脆弱性之间存在较强的正相关关系。贫困代际传递通常表现为家庭内部父辈贫困境遇经一代或数代延续给子辈的一种社会现象，但也有由于子辈贫困，而将此种消费负担全部或大部分转嫁到父辈身上而导致的贫困代际逆传递现象。但总体而言，个人或其家庭风俗、生活习惯、信仰和观念等引起了子辈与父辈之间单向或双向继承这种亚健康状况的一种恶性循环。西藏农牧区农牧民家庭是以藏族为主体的相对较封闭的区域，家庭观念和宗教信仰较强，形成了代际传递封闭程度高的特点。同时，发生贫困代际传递的家庭和返贫家庭的收入都长期处于较低水平，而且各地区的收入差距较大。

#### 4.2.4.2.2 地区生计脆弱，贫困家庭其他收入较少

西藏农牧民转移就业人口主要是21～40岁的青壮年劳动力，这部分劳动力人口占转移就业总人口的近80%。由于父辈主要收入来源于农牧业生产和政府补贴，而政府补贴是按照土地面积或牲畜数量等进行分配的，代际差异较小。如表4-15所示，林芝市农牧民贫困家庭务工收入要高于其他市，那曲市农牧民贫困家庭务工收入最低，主要原因在于那曲市是纯牧区，家庭主要收入来源于畜牧业和虫草收入，所以对于劳动力的需求量大，一般贫困家庭本身劳动力不足，外出务工的可能性就非常小。

表4-15　西藏自治区各市农牧民务工收入比较

| 地市 | 拉萨市 | 日喀则市 | 昌都市 | 山南市 | 那曲市 | 林芝市 |
|---|---|---|---|---|---|---|
| 人均务工收入（元） | 743.83 | 433.26 | 478.45 | 698.17 | 363.5 | 1023.11 |

资料来源：西藏大学《西藏农牧区代际问题调查问卷》调查结果统计。

#### 4.2.4.2.3 贫困代际传递发生率高

西藏农牧区贫困代际传递家庭的人均纯收入非常少，且代际传递率较高。[1] 如图 4-8 所示，西藏各市中，拉萨市贫困代际传递发生率最低，33.60%的贫困家庭会发生代际传递，而昌都市最高，62.10%的贫困家庭会发生代际传递。一方面，由于子承父业无法摆脱贫困；另一方面，受资源禀赋等客观因素的影响，使其长期处于贫困状态。

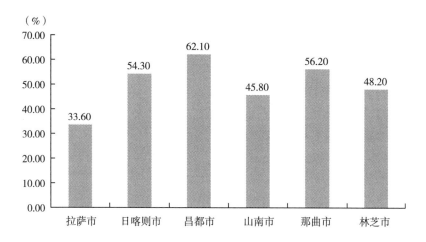

**图 4-8　西藏自治区各市贫困代际传递发生率**

资料来源：西藏大学《西藏农牧区贫困代际传递问题调查问卷》调查结果统计。

#### 4.2.4.2.4 贫困代际传递周期短

贫困代际传递周期是指在贫困代际传递发生家庭中，每隔数代出现贫困的代际传递所隔时间段。如表 4-16 所示，西藏农牧民家庭贫困代际传递周期较短，其中，拉萨市农牧民家庭发生贫困代际传递周期最长，为 3.08 代，而昌都市农牧民家庭贫困代际传递周期最短，为 1.78 代。

**表 4-16　西藏自治区各市贫困代际传递周期**

| 地市 | 拉萨市 | 日喀则市 | 昌都市 | 山南市 | 那曲市 | 林芝市 |
|---|---|---|---|---|---|---|
| 传递周期（代） | 3.08 | 2.36 | 1.78 | 2.97 | 2.52 | 2.64 |

资料来源：西藏大学《西藏农牧区贫困代际传递问题调查问卷》调查结果统计。

---

[1]　根据西藏大学《西藏农牧区贫困代际传递问题调查问卷》调查结果统计。

### 4.2.4.3 西藏农牧区贫困代际传递的类型

西藏农牧区贫困代际传递与其他民族地区的贫困代际传递既有相似之处，又有差异。其相似之处表现为：主要是正向传递，即父辈传递给子辈；都使家庭处于贫困状态；都是发生在家庭或家族内部之间。不同之处体现在：贫困代际传递的主体是藏族；贫困代际传递发生区域的环境比较封闭；贫困代际传递发生率较中国其他省份高。

#### 4.2.4.3.1 "自愿贫困代际传递"型

"自愿贫困代际传递"不仅包括农牧民自愿处于贫困状态，不愿意摘掉贫困的帽子，还包括被迫甘于维持贫困处境的农牧民。一方面，西藏农牧区劳动力转移数量少，受政府救助、宗教等因素影响，农牧民被固守在农业生产领域和宗教事务上，不愿从原有的生活状态转移出来；另一方面，西藏农牧民收入主要来源于农林牧业，工资性收入、财产性收入占人均纯收入的比重虽逐年上升，但是绝对数量仍然较少。西藏自治区农牧民收入结构如表4-17所示。

**表4-17　西藏自治区农牧民收入结构**

| 年份 | 农牧民人均纯收入（元） | 农牧民纯收入年增长量（元） | 农牧民工资性收入（元） | 农牧民工资性收入年增长量（元） | 农牧民工资性收入增量占纯收入增量比重（%） |
|---|---|---|---|---|---|
| 2001 | 1399 | 73 | — | — | — |
| 2002 | 1515 | 116 | 205 | — | — |
| 2003 | 1685 | 170 | — | — | — |
| 2004 | 1854 | 169 | 530 | — | — |
| 2005 | 2070 | 216 | 565 | 35 | 16.20 |
| 2006 | 2426 | 356 | 568 | 3 | 0.84 |
| 2007 | 2777 | 351 | 612 | 44 | 12.54 |
| 2008 | 3164 | 387 | 760 | 48 | 12.40 |
| 2009 | 3519 | 354 | 753 | -7 | -1.94 |
| 2010 | 4123 | 604 | 891 | 138 | 22.85 |
| 2011 | 4885 | 762 | 1008 | 117 | 15.35 |
| 2012 | 5697 | 812 | 1202 | 194 | 23.89 |
| 2013 | 6553 | 856 | 1475 | 273 | 31.89 |
| 2014 | 7359 | 806 | 1571 | 96 | 11.91 |

资料来源：西藏自治区统计局、国家统计局西藏调查总队：《西藏统计年鉴2001~2015》。

### 4.2.4.3.2 周期性贫困代际传递型

西藏民主改革以前，农牧民生产生活主要依附于官僚、地主、贵族阶层，家庭几乎没有收入。民主改革之后，社会历史发生根本性变化，农牧民才拥有了自己的土地和牛羊，生活状况有所好转。从近几十年来看，西藏农牧区贫困代际传递发生的周期较短，最长隔 4 代贫困就会再次发生①，且易发生三代人之间连续性代际传递。同时，贫困代际传递率与贫困发生周期呈现负相关关系，即贫困代际传递率越高，贫困发生周期越短。那曲市代际传递率与贫困周期虽然出现不一致，但是由于该地区返贫率较低，其贫困周期比日喀则地区贫困周期要长。

### 4.2.4.3.3 结构性返贫困型

（1）收入结构状况。总体而言，西藏农牧民工资性收入增量占人均纯收入的比重与全国相比低很多。2014 年，西藏自治区农村居民有 235.78 万人，占西藏总人口的 74.25%，而西藏农牧民每年转移就业人口仅占西藏农牧民总人口的 1%~2%，转移就业时间也不稳定，具有较大的随意性，通常是根据家庭最近的收支情况决定是否外出务工。如果家庭当前的消费资金不足，会选择短期内外出务工，当务工收入能够满足家庭当前消费时，此类人群则大多数会选择放弃务工。西藏自治区农牧区转移就业人口及带来产值增量和西藏自治区农牧民人均工资性收入增量占人均纯收入增量的比重与全国的比较分别如表 4-18 和图 4-9 所示。

表 4-18 西藏自治区农牧区转移就业人口及带来产值增量

| 年份 | 农牧区转移人员数量（万人） | 农牧区转移就业创造 GDP 增量（万元） |
|---|---|---|
| 2001 | 1.13 | 8705 |
| 2002 | 2.86 | 10010 |
| 2003 | 4.52 | 29326 |
| 2004 | 1.28 | 40616 |
| 2005 | 2.8 | 16380 |
| 2006 | 0.24 | 26717 |
| 2007 | 1.83 | 49940 |

---

① 代际传递发生周期短主要原因在于西藏民主改革前，农牧民几乎全部贫困，而民主改革距今只有五十多年。

续表

| 年份 | 农牧区转移人员数量（万人） | 农牧区转移就业创造 GDP 增量（万元） |
|------|------|------|
| 2008 | 2.04 | 43501 |
| 2009 | 1.38 | 36939 |
| 2010 | 2.22 | 41258 |
| 2011 | 3.91 | 31674 |
| 2012 | 1.65 | 91511 |
| 2013 | 2.64 | 43404 |
| 2014 | 3.51 | 56612 |

资料来源：西藏自治区农牧民人均工资性收入增长量占人均增长量的比重数据由西藏自治区统计局、国家统计局西藏调查总队《西藏统计年鉴2001~2015》数据计算而来；全国农村人均工资性收入增长量占人均增长量的比重数据由国家统计局数据计算而一，详见 http：//www.stats.gov.cn/tjsi/。

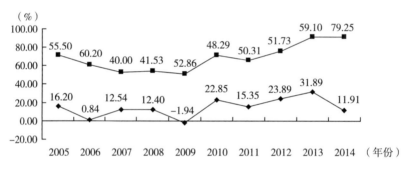

**图 4-9　西藏自治区农牧民人均工资性收入增量占人均纯收入增量的比重与全国的比较**

资料来源：西藏自治区农牧民人均工资性收入增长量占人均增长量的比重数据由西藏自治区统计局、国家统计局西藏调查总队《西藏统计年鉴2001~2015》数据计算而来；全国农村人均工资性收入增长量占人均增长量的比重数据由国家统计局数据计算而一，详见 http：//www.stats.gov.cn/tjsi/。

（2）农牧民转移就业年龄结构。从年龄群组分化的视角来看，西藏农牧民贫困代际传递在"60后""70后""80后""90后"家庭的发生率呈现"U"形特点，即"60后"群组的贫困代际传递发生率最高，"70后"群组贫困代际传递发生率有所降低，"80后"群组贫困代际传递发生率最低，"90后"群组贫困代际传递发生率较"80后"高，但比"60后"群组发生率低，这跟其当前是否具有劳动能力有很大的关系。农牧民转移就业年龄结构及分布占比如表4-19所示。

表 4-19 农牧民转移就业年龄结构 单位:%

| 年份<br>年龄 | 2014 年 | 2015 年 |
|---|---|---|
| 16~20 岁 | 8.50 | 7.60 |
| 21~30 岁 | 42.30 | 44.30 |
| 31~40 岁 | 34.20 | 36.30 |
| 41~50 岁 | 11.30 | 10.60 |
| 50 岁以上 | 3.70 | 1.20 |

资料来源:根据西藏大学《西藏农牧区贫困代际传递问题调查问卷》调查结果统计。

（3）农牧民转移就业行业结构。西藏农牧民转移就业主要从事建筑业、交通运输业、餐饮业、文化娱乐、代牧业①和制造业等。总体来看，西藏农牧民结构性贫困中，工资性收入短缺是主要原因，劳动力转移就业较少，对于其家庭生活产生重要的影响；农牧民家庭年龄结构相对合理，跟全国年龄结构保持一致；行业结构很大程度上跟当地居民的生活习惯和消费需求密切联系，对农牧民转移就业影响较大。农牧民转移就业行业结构及分布占比如表 4-20 所示。

表 4-20 农牧民转移就业行业结构及分布占比 单位:%

| 年份<br>行业 | 2010 | 2011 | 2012 | 2013 | 2014 |
|---|---|---|---|---|---|
| 工业 | 9.77 | 8.04 | 8.76 | 8.10 | 6.01 |
| 建筑业 | 28.86 | 33.98 | 34.39 | 34.52 | 36.50 |
| 交通运输、仓储和邮政业 | 12.14 | 11.37 | 11.85 | 11.87 | 12.32 |
| 批发零售业 | 10.50 | 9.77 | 10.52 | 11.19 | 10.75 |
| 其他非农行业 | 38.73 | 36.84 | 34.48 | 34.31 | 34.42 |

资料来源:西藏自治区统计局，国家统计局西藏自治区调查总队. 辉煌 50 年（1965~2015）[M]. 拉萨奥兰广告公司，2015.

---

① 代牧业是指专门从事放牧的行业，主要是日喀则地区的农民每年四五月份前往那曲市专门从事放牧生产，而那曲的牧民则解放出来专门从事虫草采挖活动，各自都能获取一定的报酬。

## 4.2.5 西藏精准扶贫情况 ➤

### 4.2.5.1 精准识别，做到对症下药、有的放矢

"十二五"期间，西藏在解决贫困问题方面实现了"四项突破"。首先，专项扶贫。五年累计投入专项扶贫资金91.9亿元，完成"十二五"规划投资。落实西藏自治区财政扶贫资金每年递增30%以上，地（市）和县（区）按不低于上年地方财政收入2%的比例安排扶贫资金政策，地方财政收入的70%以上用于民生建设，形成了稳定的投入和保障机制。其次，健全扶贫开发体制机制。建立了"自治区负总责，地（市）直管，县抓落实，乡（镇）专干"的扶贫工作体制，形成扶贫开发资金、任务、权力、责任"四到地"工作机制。印发了《西藏自治区扶贫开发项目管理办法（试行）》（藏扶办〔2014〕36号），将扶贫项目的审批权下放到地（市），明确了自治区、地（市）、县（区）的具体职责，开展扶贫开发项目考核验收、调研和检查，完善了项目建设管理制度。再次，形成了大扶贫格局。自治区、地（市）、县（区）扶贫工作机构逐步建立，西藏扶贫开发队伍不断扩大，各级扶贫开发领导小组工作制度和工作体系逐步完善，初步形成了专项扶贫、行业扶贫、社会扶贫、援藏扶贫、金融扶贫"五位一体"大扶贫格局，乡（镇）配备了扶贫专干，驻村工作队实现了贫困村定点帮扶全覆盖。最后，完成扶贫开发信息系统建设。在全国率先建立了多维贫困重要度评价指标体系，完成了致贫原因的综合分析和贫困重点县定量识别。开展了西藏贫困人口建档立卡工作，基本形成了人有名、户有卡、村有册、乡有簿、县（区）有档案、地（市）有平台、自治区有数据库的扶贫开发信息系统，形成了"有进有出、动态管理"的精准扶贫管理机制。

西藏各级政府对贫困状况进行了摸底调研，根据实际摸底情况分析致贫原因，并建立贫困群众信息库。一是精准识别贫困人口。组织区内5万多名干部走村入户，在"一看房子够不够住、安不安全，二看粮食够不够吃，三看劳动能力强不强，四看有没有在校学生，五看思想状况好不好"的基础上（见图4-10），通过"几看几比""十一步识别法"等精准识别方法，深入开展贫困建档立卡"回头看""数据清洗"等多轮摸底排查，西藏共识别录入扶贫开发建档立卡信息系统贫困人口148695户，588711人。二是精准识别重点区域。根据西藏建档立卡贫困人口分布、脱贫难易程度等因素综合分析，日喀

则市、昌都市、那曲市三地（市）贫困人口占西藏贫困人口的75%，林周县、南木林县、浪卡子县等36个贫困县贫困人口占西藏贫困人口的60%以上，所以将日喀则市、昌都市、那曲市确定为西藏脱贫攻坚的主战场，将林周县等36个贫困县确定为西藏脱贫攻坚重点县。同时，采取差异化扶持措施，将边境地区、地方病高发区、深山峡谷区、灾害频发区、高寒牧区作为特殊贫困地区。三是精准识别致贫原因。准确查出因病致贫、因残致贫、因学致贫、因灾致贫、因缺耕地致贫、因缺水致贫、因缺技术致贫、因缺劳动力致贫、因缺资金致贫、因交通不便致贫、因自身发展能力不足致贫、因婚致贫等原因致贫共13类，因人因户、因地制宜地提出了脱贫措施，做到了对症下药、有的放矢。四是建立动态管理机制。积极搭建西藏扶贫开发信息管理系统平台，建成了西藏自治区指挥部挂图作战指挥系统、视频会议室，适时掌握西藏贫困状况，做到了有进有退、动态管理。西藏新识别贫困人口3573人，返贫人口192人，新增贫困人口196人，对26.3万易地扶贫搬迁人口进行了全面对接核实。贫困户识别流程和贫困户建档立卡工作流程分别如图4-11和图4-12所示。

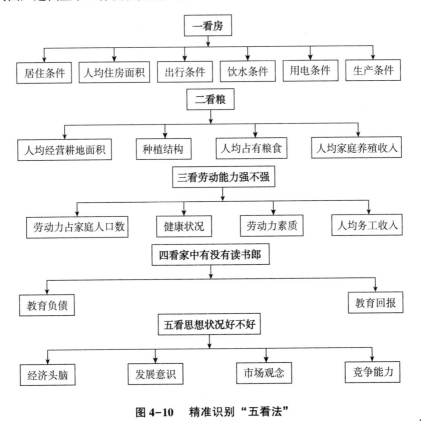

**图 4-10　精准识别"五看法"**

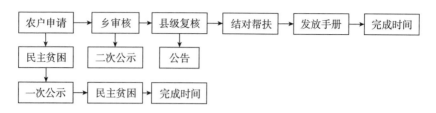

图 4-11　贫困户识别流程

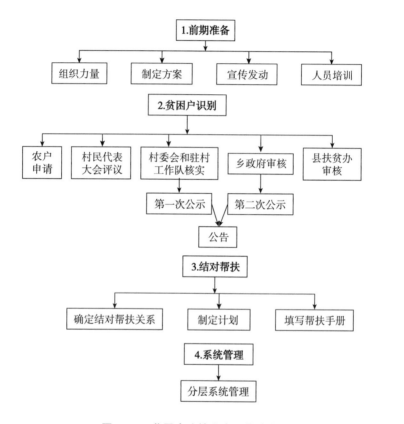

图 4-12　贫困户建档立卡工作流程

### 4.2.5.2　产业脱贫，促进贫困群众就近就便增收致富

按照习近平总书记关于"贫困地区要从实际出发，因地制宜，把种什么、养什么、从哪里增收想明白"的思想指示，西藏当地明确要求："正确处理好发挥优势和补齐'短板'的关系，正确处理好城镇就业和就近就便、不离乡

不离土、能干会干的关系，立足资源禀赋和比较优势，因地制宜发展特色产业，宜农则农、宜牧则牧、宜林则林、宜商则商、宜游则游，让贫困群众不离乡不离土或者离乡不离土就能融入产业发展，增收致富。"一是资金支持和政策扶持。推进产业结构调整，优化产业体系，重点推进农牧业产业体系、生产体系、经营体系建设，扶持农牧民专业合作社、个体工商户、家庭农（牧）场、专业大户和农村电商等新型经营主体，打造从农副产品生产加工到包装、储运、销售和服务的农牧业产业化链条，让贫困群众从全产业链中实现增收脱贫。2016 年，西藏自治区为发展农牧业产业，共整合各类涉农资金40 亿元，设立风险补偿基金 12.78 亿元，撬动社会资本、对口援藏、金融信贷 20 亿元，实施产业项目养殖业、种植业、加工业、商品零售与批发业、建筑建材业等产业项目 528 个，带动 58683 名贫困群众脱贫。二是推动旅游产业扶贫。制定了 30 个旅游扶贫示范村专项脱贫规划，建立了 201 亿元的旅游扶贫项目库，培育了一批乡村游、生态游、休闲游、观光游、农业体验游等旅游产品，让贫困群众依靠当地资源优势摆脱贫困。2016 年，西藏自治区投入资金 1759.78 万元，建设 5 个乡村旅游项目；申请资金 6700 万元，用于拉萨市城关区夺底乡、阿里地区噶尔县索麦村等乡村旅游扶贫示范工程建设。

### 4.2.5.3　易地搬迁脱贫，解决"一方水土养不活一方人"的问题

正确处理好扶贫搬迁群众与迁入地居民的关系，搬迁群众生产资料和迁入地生产资料配置的关系，搬迁群众物质需要与迁入地物质供应的关系，制定西藏的搬迁规划与搬迁实行办法，在充分尊重困难群众搬迁意愿的前提下，坚持安居与乐业、搬迁与产业同步，统筹搬迁与城镇化、产业开发、就业、医疗、教育、乡村振兴等生产和生活条件改善相结合，依托中心城市、小城镇、产业园区、农业综合开发区、水利灌区、旅游景区、灾后恢复重建等基础平台，对灾害频发、条件恶劣、环境脆弱、高寒牧区的建档立卡贫困户进行了易地扶贫搬迁，同时，针对海拔 4500 米以上不适宜人类居住的重点区域贫困户搬迁问题进行了相关研究和部署。2016 年，落实易地扶贫搬迁贷款 157.8亿元，完成投资 41.8 亿元；开工建设搬迁安置点 376 个、住房 18306 套；完成了 7.7 万贫困人口的易地搬迁工作，其中已搬入安置点群众达 3.58 万人。

### 4.2.5.4　边境脱贫，进一步改善边境地区群众的生产和生活条件

改善边境群众的生活条件，不能照搬其他地区城镇化、易地搬迁等脱贫

方式，边境群众分散居住在边境线上，对我国领土完整具有重大的战略作用，坚持屯兵与安民并举、固边与兴边并重，确保当地居民生产生活有着落，边民富裕在边境。一是精准扶贫与富民固边相结合。积极推进兴边富民行动，完善边境地区基础设施建设和当地产业发展，改善边民的生产和生活条件，让边民守得住、安得下、能致富，让"山这边"比"山那边"生活得更好。推进边境地区军民融合发展，鼓励边民发扬爱国守边优良传统、开展放牧保边斗争，为边境谈判赢得主动，为争取更多争议地区回到祖国怀抱奠定坚实基础。二是坚持边境扶贫与政策倾斜相结合。用好中央赋予西藏的特殊优惠政策，用好边境地区转移支付政策，制定更加特殊的优惠政策，对不具备生存条件的边境地区，完善落实社会保障兜底政策，相应提高补助标准，让边境贫困居民从党的惠民政策中得到实惠，为边境地区建设和巩固吸引更多的人口。2016 年，西藏自治区一线、二线边民补贴分别从人均 1700 元、1500 元提高到了 2700 元、2500 元。三是坚持边境扶贫与乡村振兴相结合。发挥乡村振兴对扶贫开发的辐射带动作用，把边境小城镇作为转移贫困人口的重要载体，吸纳更多的非边境地区贫困群众到边境城镇就业创业。发挥好新农村建设对扶贫开发的推动作用，促进边境地区城乡经济一体化发展，推动基础设施建设和基本公共服务均等化，做到建好一个边境新农村、实现一村边民脱贫。四是坚持边境扶贫与对外贸易相结合。紧抓住国家"一带一路"倡议的发展机遇，充分发挥 7 个口岸、43 个贸易点对边民贸易脱贫的推动作用，采取"边贸扶贫+农牧户+合作社+企业+金融"的运作模式，扩大边民互市贸易规模，以边境贸易带动当地经济发展，帮助边境贫困群众脱贫致富。

### 4.2.5.5　生态补偿脱贫，实现脱贫攻坚与生态保护双赢

西藏自治区坚持"尊重自然、顺应自然、保护自然"的要求，坚持绿色可持续发展方向，正确处理好生态和富民的关系，研究制定了《西藏自治区"十三五"时期生态补偿脱贫实施方案》，准确把握西藏主体功能区定位，整合中央对主体功能区、民族地区、边境转移支付等重大生态资金，面向 59 万建档立卡贫困人口中具有劳动能力的群众，实行"定岗、定员、定责、定酬"的办法，兑现资金 15 亿元，人均补助标准 3000 元，让农牧区低收入人口和有劳动能力的贫困人口就地就业、吃上"生态饭"。

#### 4.2.5.6 教育脱贫，逐步消除贫困代际传递

坚持扶贫必扶智，治贫先治愚，以提高人民群众基本文化素质和劳动者技术技能为重点，扎实推进扶能扶智工作，推动贫困群众既富口袋，又富脑袋。一是继续实行免费教育。完善15年免费教育和"三包"政策，加快推进寄宿制学校标准化建设，实施中小学教学质量提升计划，巩固双语教育成果，扎实推进教育人才组团式援藏，力争实现"五个100%"（中小学双语教育普及率100%、小学数学课程开课率100%、中学数理化生课程教学计划完成率100%、中学理化生实验课程开出率100%、职业技术学校国家目录规定课程开出率100%），让西藏各族群众子女享受人民满意的教育。二是加大资助力度。当前西藏自治区对建档立卡贫困家庭子女接受高等教育实行免费补助，专项招生建档立卡贫困家庭子女及"两后生"接受免费中职教育，决不让一个农牧区贫困家庭子女因经济困难而失学，使贫困家庭学生和非贫困学生享有平等的教育机会，接受高质量的教育。2016年，西藏面向贫困家庭定向招生"两后生"2120人；全面实施贫困农牧民子女高考录取专项计划，录取贫困农牧民子女950名；资助资金1.87亿元，资助家庭经济困难大学生4.11万人次。

#### 4.2.5.7 社会保障脱贫，提高贫困地区公共服务水平

推进农牧民最低生活保障制度与扶贫政策有效衔接，促进贫困人口转移就业创业，增强贫困群众健康服务，提高特困群众供养水平，助推兜底扶贫。一是推进贫困群众转移就业。坚持以市场为导向、以农牧民增收为目的，坚持培训与易地扶贫搬迁、产业发展、项目建设、就业相结合，加强农牧民职业技能培训，实行订单式培训，认真开展劳动力就业岗前培训，做到"培训一人、就业一人、脱贫一户"。2016年，西藏中职学校面向贫困群众开展专业培训65期，培训8400余人；开展订单定向培训，培训贫困人口49192人，实现转移就业34446人；开展驾驶、木工、烹饪、唐卡绘画等七大类岗位培训32.34万人，基本实现全就业。西藏专业合作组织、中小微企业培训吸纳贫困人口就业10.6万人，主要集中在唐卡绘画、藏香制作、糌粑加工、矿泉水厂等民营企业。二是开展兜底扶贫。全面落实社会保障政策，农村"低保"标准从2350元提高到2550元，落实农村低保资金33803万元、临时救助资金18774万元。完成贫困残疾人建档立卡鉴定工作，发放重度残疾人护理费和困难残疾人补贴9100万元。三是推动健康扶贫。提升医疗卫生机构服务能力，

为改扩建 32 个乡（镇）卫生院投资 4070 万元。开展"组团式健康扶贫"，实施全国三级医院与西藏区内医院一对一帮扶。开展西藏建档立卡贫困人口因病致贫、因病返贫调查工作。

### 4.2.5.8 援藏脱贫，增强贫困地区"造血"功能

贯彻落实东西部扶贫协作座谈会精神，学习运用闽宁扶贫协作经验，坚持对口援藏资金项目的 80% 向基层、贫困群众、改善贫困地区基础设施条件、增强贫困地区"造血功能"倾斜，集中培育特色优势产业，打造了一批脱贫示范村。通过与对口援藏省市、中央企业的衔接，积极协助西藏当地政府搞好援藏扶贫规划，加快援藏扶贫资金项目的落实。深化援受双方合作，推动援藏省市和援藏企业建立西藏高校毕业生就业创业培养机制，吸引一定数量的贫困群众到其他地区务工，在西藏建设项目按一定用工比例招收贫困群众就业。按照长期协作、互惠互利、优势互补、共同发展的原则，积极配合援藏省市和援藏企业推动当地各项事业发展，采取独资、合资、参股改制等方式到西藏投资兴办企业，做大做强高原农牧特色产业、藏医藏药、旅游文化、矿泉水、清洁能源、民族手工业等优势产业，带动当地贫困群众实现就业创业、增收致富。2015 年，17 个对口援藏省市、17 家中央企业与受援地签订了各项事业发展扶持框架协议，落实人才、就业、产业等援藏项目 111 个，培训贫困群众 9370 人，33 个援藏县（区）与西藏自治区内对口县建立了乡（镇）援助机制。

### 4.2.5.9 党建脱贫，凝聚脱贫攻坚的强大合力

2016 年，各级政府巩固和深化干部驻村和第一书记选派工作，选派 21868 名驻村干部驻村开展工作、5467 名年轻干部到村居担任第一书记，协助村委会和居委会推进基层党建和脱贫攻坚工作。2016 年，西藏驻村工作队帮助基层自治组织发展新党员 11256 名，帮助农牧民增加现金收入 2.3 亿元，为当地群众办实事、办好事 3.8 万件。为推进精准扶贫、精准脱贫工作，西藏开展"党员干部进村入户、结对认亲交朋友"活动，帮助当地贫困群众谋脱贫之策、寻致富之路，成效显著。通过开展"百企帮百村"行动，西藏 470 家企业与 670 个贫困村（居）形成对接帮扶，投入资金 1.16 亿元，实施项目 367 个，8833 户，39302 名贫困群众受益。开展区（中）直单位定点扶贫和干部结对帮扶工作，地厅级以上干部每人结对帮扶 3 户贫困户，县处级干部每人结对帮扶 2 户贫困户，驻村工作队员、科级干部、大学生村官每人结对帮扶 1 户贫困户；西藏 132

家单位对西藏 5467 个贫困村居实施定点扶贫，实现结对帮扶全覆盖；13.67 万科级以上干部与 26.62 万贫困群众形成结对帮扶关系，帮助落实扶贫项目 1560 个，投入资金 7.4 亿元。同时，央企助推当地农牧民增收，在藏央企对重大项目建设所在地贫困人口按一定比例结对帮扶、吸纳当地农牧民就近就业，12 家在藏央企与当地扶贫部门签订了《企业支持就业扶贫框架协议》，向当地贫困群众提供转移就业岗位 6000 多个，以增收促脱贫。正确处理好中央关心、全国支援和自身艰苦奋斗、自力更生的关系，充分发挥各级党组织、驻村工作队、乡（镇）扶贫专干、党员干部的模范带头作用，加强对贫困群众的党性教育，引导贫困群众解放思想、转变传统落后观念，牢固树立脱贫致富的主体地位、激发贫困群众的生产积极性和内心热情，提高其脱贫主动性。

### 4.2.5.10　贫困地区基础设施建设脱贫，提升贫困地区发展动力

实施"水电路讯网、教科文卫保"十项提升工程，改善贫困地区基础设施条件。一是交通设施建设。推进道路联网工程和贫困乡村公路安全防护设施建设，对"瓶颈"路、"断头"路、年久失修路、牧场道路和危桥改造进行有效的治理，打通贫困区域与外界的交通联系，支持产业基地田间道路建设。吸纳贫困群众参与农村公路养护管理。2016 年，西藏公路总里程达到8.2 万千米，新增通公路的行政村（自然村）352 个，为 10.5 万贫困群众解决了出行难问题。二是能源设施建设。太阳能照明、节能灶等生态能源使用技术的推广应用，带动贫困家庭在电、水、厨、圈、厕和秸秆使用方面实现综合利用，通过农网升级改造，提升当地农网供电能力和质量。三是水利设施建设。2016 年水利建设投资 24.8 亿元，优先投向脱贫摘帽的县（区），实施城市饮用水源地工程 10 个、重点灌区工程 50 个、大中型灌区项目 2 个、小型农田水利项目 55 个、农村饮水安全项目 10 个，为 4.9 万农牧民解决了饮水安全问题，建成高标准农田 28.15 万亩，改善和新增灌溉面积 77.5 万亩，水利工程建设项目带动当地贫困群众参与工程项目建设，实现增收 4.03 亿元。四是广电设施建设。全面实施贫困地区广播电视"村村通"工程，西藏广播电视人口综合覆盖率分别达到 95.21% 和 96.32%，2016 年新增 36834 贫困户通广播电视，实现易地扶贫搬迁集中安置点广播电视全覆盖。五是通信设施建设。西藏行政村移动信号覆盖率达 100%（其中包括村委会所在地覆盖但农牧民居住地没有移动信号覆盖的行政村，不包括特别偏远的家庭户），完成了266 个自然村移动通信信号覆盖和 195 个行政村通光缆工作，完成了 10 个脱

贫摘帽县和 376 个易地扶贫搬迁安置点通信覆盖工作。

在精准扶贫方面，西藏还建立了社区基础上的邻里互帮互助机制，在农区、半农半牧区，实行联户制度，穷人在生产和生活方面能够及时得到当地富人和能人的帮助；建立了一套金融扶贫机制，金融机构根据农牧民的家境状况，将农牧民贷款的信用分为钻石、金卡、银卡和铜卡四种，具有钻石信用的农牧户最多可以从银行取得 50 万元人民币的低息贷款，其中一个条件就是贷到款的钻石户必须扶持最少两个贫困户，这一金融服务与扶贫捆绑的措施能够体现"共同富裕"的要求；建立了非公共产品的准公共甚至公共化机制，增加对农牧区的公共供给，将一些非传统公共产品准公共和公共化并供给贫困农牧户，比如农机下乡、家电下乡、安居工程、住房补贴等。

# 4.3  西藏贫困特征

## 4.3.1  西藏贫困的特点

### 4.3.1.1  贫困程度较深与脱贫难度较大相互交织

由于西藏生态环境较恶劣，自然灾害频繁，基础设施较落后，生产生活条件较差，扶贫开发的难度大、脱贫成本高。特别是在边境和人口较少民族聚居区、地方病高发区、高寒牧区、藏东深山峡谷区、藏中农牧结合部，贫困问题较突出，其生产方式原始、产业结构较单一、基础设施较薄弱、投资环境较恶劣、社会发育程度较低、经济技术发展低于全国其他省份，制约脱贫因素较复杂。

### 4.3.1.2  灾害频繁与返贫率较高相互交织

西藏特殊的地理区位特征和单一的产业结构特性，决定了经济增长受自然环境和市场机制的双重压力冲击。贫困地区产业化程度不高，生产经营方式滞后和科学技术水平不高，农畜产品加工转化率和农产品附加值较低，农牧民增收渠道较狭窄。贫困家庭底子较薄、积累较少、实力较弱，抵御自然灾害能力较低，靠天吃饭的状况仍未根本改变，因灾、因病返贫率较高。西藏返贫率平均达 20% 以上，易灾多灾频发区达 30% 以上，局部灾区高达 50% 以上。

### 4.3.1.3　区域发展差距较大与贫困人口分布较广相互交织

西藏区域内部发展不平衡、不稳定、不协调。拉萨市、林芝市等发展条件较好的地区低收入人口比例较小，阿里地区、那曲市、昌都市、日喀则市等发展条件较差的地区低收入人口比例较大，如日喀则市南木林县的贫困发生率高达 46%。腹心地区、城镇周边区域低收入人口比例较小，边境地区、远离城镇的偏远山区低收入人口比例较大。在西藏 682 个乡镇中，纳入扶贫开发整乡推进乡镇有 259 个，占西藏总乡镇的 38%。

### 4.3.1.4　贫困问题较突出

西藏各级政府始终把扶贫开发摆在西藏经济社会发展的突出位置，加强领导、统筹安排，精心组织、狠抓落实，扶贫开发为促进发展、巩固边疆、维护稳定、推进西藏社会主义新农村建设做出了重要贡献。但是，目前农牧区居民的生活水平，仍然没有摆脱贫困现状。

农牧民收入稳定增加，贫困人口比较大。2010 年西藏农牧民人均纯收入达 4139 元，较 2005 年增加了 2061 元，扶贫区贫困人口人均纯收入较快增长，高于西藏平均人均纯收入水平，但是较全国平均水平而言仍然处于低收入水平。西藏贫困人口逐年减少，按照农牧民人均纯收入 1300 元的标准，重点扶持人口由 2005 年的 37.3 万人减少到 2010 年的 16.8 万人；按照农牧民人均纯收入 1700 元的标准，低收入人口由 2005 年的 96.4 万人减少到 2010 年的 50.2 万人，低收入人口占西藏总人口的 16.72%，自 2011 年国家将扶贫标准从 1700 元提高到 2300 元后，西藏的贫困人口陡然增加到 83.3 万人，占西藏农牧区总人口的 34.42%。截至 2017 年底，西藏的贫困人口依然有 33 万人，贫困发生率为 12.4%，而 2017 年全国贫困发生率已经下降至 3.1%，贫困发生率高出全国 4 倍多。

## 4.3.2　贫困程度 ●

相对一般贫困地区而言，深度贫困地区的典型特征是人均消费尚未达到全国平均消费水平、自然条件较恶劣、资源较缺乏、经济发展水平较低、社会文明较城市有较大差距、基础设施较薄弱、公共服务水平较低、人口增长速度较快、民生水平较差。当前脱贫的主要难点是深度贫困，分布于连片深度贫困区和深度贫困县。深度贫困县是根据国务院扶贫办对全国最困难的20%的贫困县进行分析得出的结果，贫困发生率平均在23%，县均贫困人口3万人的贫困县，被称为深度贫困县。

当前西藏牧区贫困精准治理已经进入冲刺期，但是仍然面临扶贫实践中各地政府争先"摘帽"与部分群众"争当贫困户"之间的矛盾；最大化贫困户福利对非贫困户福利造成挤兑；扶贫任务累加化，减贫标准重数量、轻质量；扶贫手段简单化，以物质投入为主等各种复杂情况。

2016~2017年西藏脱贫攻坚的减贫率为25.0%左右，拉萨市、山南市和林芝市贫困程度较轻，减贫率高于西藏平均水平。2017年，拉萨实现26556人脱贫，减贫率为97.0%，剩余未脱贫人口仅有828人。2017年，昌都市、日喀则市和那曲市这三大脱贫攻坚主战场的减贫率仅为14.1%，低于西藏平均水平10.8个百分点，而那曲市在20.8%的贫困发生率的基础上，又增加了8.7%的贫困人口。所以，那曲市成为西藏最后完成脱贫计划的重点区域。

贫困程度利用贫困发生率 P 与多维贫困指数 MPI 衡量，MPI 值越大，证明贫困程度越深；反之，则贫困程度较轻。MPI 的测量主要从经济状况、生活水平（居所、通电、通水、资产、燃料）、健康水平、教育程度和劳动能力五个方面进行测算，如表4-21所示。

表4-21　MPI 测算指标

| 维度 | 指标 | 剥夺临界值 | 权重 |
|---|---|---|---|
| 经济状况 | 人均纯收入 | 根据每年贫困标准线判断，低于标准赋值1，否则为0 | 0.20 |
| 生活水平 | 房屋结构 | 石木及钢筋水泥结构，赋值为0，否则为1 | 0.04 |
| | 饮水状况 | 井水、自来水安全饮用水，赋值为0，否则为1 | 0.04 |
| | 通电 | 通电，赋值为0，否则为1 | 0.04 |
| | 资产情况 | 拥有生活耐用品3件以上或牦牛人均5头以上，赋值为0，否则为1 | 0.04 |
| | 燃料类型 | 以牛粪、秸秆等为燃料，赋值为1，否则为0 | 0.04 |
| 健康水平 | 家庭健康 | 家庭内有一个成员身体不健康，赋值为1，否则为0 | 0.20 |

续表

| 维度 | 指标 | 剥夺临界值 | 权重 |
|---|---|---|---|
| 教育程度 | 平均受教育年限 | 家庭人均受教育年限大于 5 年，赋值为 0，否则为 1 | 0.10 |
| | 未成年子女入学率 | 至少有一名未成年子女义务教育阶段失学，赋值为 1，否则为 0 | 0.10 |
| 劳动能力 | 劳动力数量 | 家庭劳动力人口负担系数超过 2 人，赋值为 1，否则为 0 | 0.20 |

以那曲市色尼区为例，色尼区各个乡镇的多维贫困指数都在 0.5 以上，证明该地区贫困程度非常深。贫困发生率与多维贫困指数总体趋势一致，但是在这些深度贫困乡镇中，不通水、不通电成为最大的限制条件，同时受教育水平均比较低。达前乡虽然贫困发生率低，但是贫困程度非常深，贫困群体以老弱病残为主，家庭收入、健康水平、受教育程度都比较低，且劳动力资源非常少，导致多维贫困指数与贫困发生率相差较大，如图 4-13 所示。

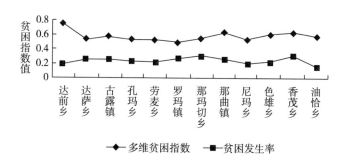

图 4-13 色尼区各乡镇贫困发生率与多维贫困指数

### 4.3.2.1 贫困家庭人口规模较大，子女文盲率较高

从表 4-22 中可以看出，那曲市色尼区各乡镇贫困家庭规模和贫困家庭子女情况差异较大，家庭平均人口规模最大的是达前乡和罗玛镇，同为 5.00 人，最小的是那曲镇，为 4.16 人；家庭平均子女最多的是那玛切乡，为 3.09 人，最少的是孔玛乡，为 2.18 人。各乡镇家庭子女文盲率都超过了 55%，文盲率最高的是劳麦乡，高达 82.31%。课题组在实地走访调研中了解到，孔玛乡贫困户中多以子女上学致贫居多，还有一部分是家庭成员中其他亲属较多，多与兄弟姐妹、侄子和其他亲属一起生活，陷入人口学贫困陷阱。达前乡贫

困家庭人口特征与其他乡镇差异非常大，普遍表现为以孤寡老人、孤儿和刚结婚的年轻人由于分家而导致的暂时性贫困为贫困主体，这些贫困家庭子女受教育程度普遍较低。一些家庭人口数量多，是由于孙子、孙女数量较多，自己子女已过世使家庭人口集聚于祖辈家庭中而造成贫困。总之，贫困家庭人口规模大，贫困人口受教育程度低，脱贫能力就会受到一定程度的限制。

表4-22 色尼区各乡镇贫困户人口基本情况

| 乡镇 | 家庭平均人口规模（人） | 家庭平均子女数量（人） | 家庭子女文盲率（%） |
|---|---|---|---|
| 那玛切乡 | 4.88 | 3.09 | 71.07 |
| 达前乡 | 5.00 | 2.40 | 74.58 |
| 达萨乡 | 4.48 | 2.48 | 59.27 |
| 孔玛乡 | 4.64 | 2.18 | 56.88 |
| 劳麦乡 | 4.44 | 2.60 | 82.31 |
| 罗玛镇 | 5.00 | 2.27 | 55.07 |
| 那曲镇 | 4.16 | 2.19 | 61.64 |
| 尼玛乡 | 4.61 | 2.86 | 68.53 |
| 色雄乡 | 4.43 | 2.46 | 79.27 |
| 香茂乡 | 4.80 | 2.20 | 56.35 |
| 油恰乡 | 4.50 | 2.47 | 71.26 |
| 古露镇 | 4.71 | 2.68 | 59.70 |

资料来源：根据色尼区攻坚扶贫办公室所提供的《那曲地（市）2016年建档立卡贫困人口基本信息及脱贫措施计划统计表（户表）》各乡镇统计数据进行分层抽样，每个乡镇抽取100户作为样本。

#### 4.3.2.2 孤寡老人家庭数量较多

慢性贫困一般指一个个体经历了5年或5年以上的权利和能力的剥夺，长期处于贫困当中。在实地走访调研中，我们了解到：劳麦乡中高达25.71%的贫困家庭为孤寡老人，色雄乡也有17.14%的贫困家庭为孤寡老人，多是一人居住或夫妻、兄弟姐妹、婆媳一起生活、分散居住，这些老人均缺乏劳动能力，体弱多病，生活艰难，只能依靠政府、社会救助和其他亲属接济生存，不但物质生活匮乏，精神生活也贫瘠，这类群体属于慢性贫困，难以在短期内实现自身脱贫，这类人群只能通过社会保障兜底实现脱贫。

### 4.3.2.3 各乡镇贫困人口分布较为不均，且贫困家庭劳动力人口较少

那曲市贫困人口劳动力分为普通劳动力、技能劳动力、丧失劳动力、无劳动力四类。截至 2015 年底，该地区无劳动力贫困人口占比高达 39.8%，如图 4-14 所示。

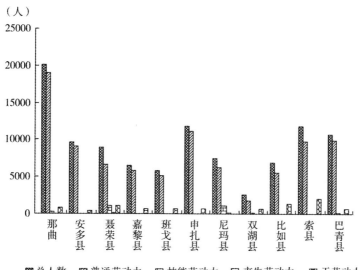

**图 4-14 那曲市贫困人口劳动能力类型状况**

资料来源：那曲市扶贫开发办公室《那曲地区"十三五"时期扶贫开发规划（2016~2020 年）》。

由于色尼区各个乡镇总人口不同，贫困人口数量也存在较大的差异，那曲镇贫困人口达 3450 人，而达前乡贫困人口仅有 975 人。整个色尼区贫困家庭劳动力中，劳动力数量较少，占色尼区贫困总人口的 48.61%。所以，在贫困家庭中，依靠家庭自身摆脱贫困的能力较弱，脱贫难度较大。

在贫困劳动力人口转移就业方面，受当地旅游业和交通运输业的影响，当地就业技能培训过程中，青壮年劳动力往往偏向于驾驶员技能培训，造成培训多、就业少的局面；对于民族手工业、厨师、理发师等技能，参与培训的劳动力人数较少，造成劳动技能闲置的情况。色尼区建档立卡贫困人口信息如表 4-23 所示。

表 4-23　色尼区建档立卡贫困人口信息

| 乡镇 | 贫困家庭户数（户） | 贫困人口数量（人） | 贫困家庭中的劳动力数量（人） |
|---|---|---|---|
| 那玛切乡 | 605 | 2678 | 1376 |
| 达前乡 | 213 | 975 | 368 |
| 达萨乡 | 558 | 2317 | 1180 |
| 孔玛乡 | 325 | 1257 | 617 |
| 劳麦乡 | 271 | 1070 | 434 |
| 罗玛镇 | 513 | 1990 | 1072 |
| 那曲镇 | 925 | 3450 | 1794 |
| 尼玛乡 | 302 | 1216 | 400 |
| 色雄乡 | 230 | 1035 | 443 |
| 香茂乡 | 546 | 2051 | 1048 |
| 油恰乡 | 239 | 985 | 433 |
| 古露镇 | 276 | 1050 | 592 |
| 合计 | 5003 | 20074 | 9757 |

资料来源：根据色尼区攻坚扶贫办公室所提供的《那曲地（市）2016 年建档立卡贫困人口基本信息及脱贫措施计划统计表（户表）》数据整理。

## 4.3.3　深度贫困类型 ⊙

### 4.3.3.1　区域发展障碍型贫困

由于地处高寒地带，交通条件较差、基础设施建设不完善、当地资源有限，在生产和生活过程中缺乏发展优势，容易导致区域性整体贫困、内生性深度贫困。

### 4.3.3.2　能力型贫困

贫困家庭人居环境差、贫困人口素质低，贫困群众在生产能力、获取知识能力、沟通能力、社会交往能力和创造能力上存在不足，从而导致获取收入的能力匮乏，极易陷入深度贫困。

根据 2010 年全国人口普查，西藏地区文盲率达到 40.69%。当前，西藏大多数文盲为老年人和幼儿，老年人因年龄太大，不愿接受再教育。因此，无法落实扫盲政策，成为绝对的文盲数量，这一人群在总人口中的比重逐年降低。幼儿达到入学年龄可以免费接受 15 年教育，因此，青少年文盲率已经下降到 3% 以下。以山南市贫困地区为例，开展学前"双语"教育，农牧区学前教育一年教育毛入学率达到 98%，农牧区学前两年教育毛入学率达到 65%，城镇学前三年教育毛入学率达到 80%。小学、初中、高中毛入学率分别达到 100%、100% 和 85% 以上。2010 年西藏自治区与全国文盲率比较结果如表 4-24 所示。

**表 4-24　2010 年西藏自治区与全国文盲率的比较结果**

| 地区 | 文盲率（%） | 农村人均 GDP（元） |
| --- | --- | --- |
| 西藏自治区 | 40.69 | 4139 |
| 全国 | 4.08 | 5919 |

资料来源：2010 年第六次全国人口普查统计。

### 4.3.3.3　群体型贫困

藏族群体的贫困因子具有一定的族群性和代际传递性。地域内缺少劳动密集型大型产业（企业），转移就业难以做到长期稳定。生产资料单一，牧业生产仍处于传统放牧阶段，牧业生产分散，畜牧产业呈现小、弱、散的特征，产业发展水平不高，产品附加值低。同时，由于当地居民的生活方式、风俗习惯、历史原因和自然条件等在一定范围内趋同，村落之间具有相对封闭性，更容易导致同族之间的群体型贫困。

### 4.3.3.4　脆弱型贫困

自然灾害频发（雪冻、旱灾、风灾）是诱发草场破坏和牲畜伤亡的核心因素。贫困"边际人群"庞大，由于气候条件较恶劣、经济结构较不合理等，贫困群众抗风险、抗冲击能力不强，一旦遇到自然灾害、重大疾病、经济动荡等情况，这批边缘贫困户很容易陷入深度贫困，形成脆弱型贫困。

### 4.3.3.5　精神型贫困

受传统宗教习俗的影响，"小富即安"和安于现状的思想扼杀了群众的创造精神、进取意识和竞争意识。藏族传统文化中还存在着严重的重义轻利，不愿参与竞争以及上下、贵贱、尊卑的等级观念，制约着人们的开拓进取精神。

# 4.4　西藏致贫因素分析

在精准识别方面，第一，西藏的贫困认定以当年家庭人均可支配收入是否达到各地（市）贫困线标准作为唯一识别标准；第二，农牧区主要是自然经济占主体，存在很大程度上的物物交换，不存在货币流通，这种情况下，货币的作用及衡量标准明显缺乏可靠性；第三，地区内部人员流动性较大，除了转移性收入可以有效衡量外，对于财产性收入、工资性收入和经营性收入缺乏跟踪调查，无法准确估计收入；第四，西藏农牧区货币主要以现金的形式存放，无法检测金融机构中家庭的资产状况；第五，虽然有些家庭牛羊非常多，但是农牧区存在"惜杀"现象，诸多家庭的牛羊不是用来交换，而是用于自家消费，没有交换，自然没有收入，也被纳入贫困范围。

---

## 调研案例分析（一）

2017年1月1日，笔者驱车前往当雄县龙仁乡龙仁村的德某家，由村长带路，笔者沿着山坡走了大概有半个小时，才抵达她家。而这一段路程中有一部分路段的坡度接近45°，司机只能听从村长指挥前行。在牧区，牧民家庭通常居住分散，很多家庭住地是没有通路的，车辆无法通行，所以，笔者在调研时通常选择冬季，因为冬季车辆可以在冻土上通行。

抵达德某家时，家里有一个大约20岁的姑娘出来迎接我们，村长说明来意后进入她家进行访问。该女子就是户主的长女，符合调查条件，看到来了很多陌生人，她明显有些紧张。进入房间之后，屋子里弥漫着牛粪味，床榻上有一个两岁多的孩子正在哭泣，炉子上沸腾的糌粑糊糊就是这一户人家的晚餐。

家中陈设简陋，没有电器之类，没有自来水、水井，也没有通信信

---

号，孩子们没有玩具，家里的食物除了牛羊肉、糌粑，就是土豆。据该女子介绍，她家中拥有 100 多头牦牛，父母都去放牛了。听到她说家中有 100 多头牦牛，我们突然停止了访谈，开始聊聊家常。

这么多牦牛，还有虫草可挖，怎么会贫困呢？以当前的市场价格估算，100 多头牦牛的市场价格也在 100 万元以上，贫困体现在哪儿呢？

首先，以资产评估其家庭生活生存状况，她家并不能被纳入贫困范围。

其次，父母均为"70 后"，大女儿已经成年，均属于有劳动能力的人，在校学生在校生活由国家负担，生存成本较低；而以三个劳动力养活五个未上小学的孩子，生活完全有保障，也不能造成贫困。

最后，有自己的牧业和虫草收入，以贫困标准来衡量，怎么会贫困？

笔者抱着这样的疑问，开始进一步追问，当问到家庭人口的时候，她说家庭人口有 12 人。但其户口簿上没有登记那么多人。她说户口簿纸张不够，已经登记不下，他们家较小的孩子都没有上户口，在户口簿上的孩子都去上学了。她继续说，他们家 10 个孩子，在家里这几个都是没上学的。在牧区，孩子们由于太小，在距离学校较远的情况下，一般不读幼儿园，直接从一年级开始读。上学的有四个，一个孩子比一个大两岁，家里最小那个孩子还在襁褓之中。大女儿的主要任务就是负责弟弟妹妹的日常生活，但是孩子多是该家庭贫困的症结所在吗？

学生虽多，但西藏自治区实行教育的"三包"政策，开销并不算大。最终听了她的解释才知道，家中的开销主要集中在购买糌粑、土豆、衣物等。牦牛的出栏率特别低，成年公牦牛放养 8 年才能卖，母牦牛也得放养 5 年才能卖，而且大部分的成年牦牛都被自己家消费掉了，所以收入甚少。虫草的采挖时间有限制，每年挖虫草的季节，父母既要放牧，又要挖虫草，劳动力只有 3 人，其余的要上学，还有的要被照顾。挖虫草的季节劳动力非常有限，几乎没有虫草收入。

笔者分析了这个家庭的人均收入，发现可以通过四种方式提高，具体如下。

（1）储蓄。该牧民家庭通过发展牦牛养殖业，增加牦牛出栏率、提高牦牛繁殖率，既可以保障家庭对肉类的需求，又可以带来货币收入。这就是储蓄带来了资本积累（以养殖牦牛的形式），反过来提高了家庭劳动生产率。

（2）贸易。由于牧区每天对于肉类的需求量非常大，该牧民家庭每年消费牦牛6头，把余下的牦牛卖掉10头，以每头牦牛12000元的价格计算，可以带来120000元的收入。该牧民家庭通过买卖将自己所养殖的牦牛换成货币，再通过货币购买自己所需的糌粑、衣物和日用品之类，通过市场与其他生产粮食的农户进行交易，可以增加自己的资本积累，从而实现贸易使自己家的生活条件变得更好。

（3）技术。村委会等通过选派技术推广员向该牧民传授养殖知识，更好地管理自己的草场和牧业，使养殖成本更低，从而提高家庭收入。

（4）扩大资源。该牧民可以扩大自己的草场面积，增加牦牛养殖的数量，大大提高生产能力，从而提高收入、减轻贫困。

通过储蓄和资本的积累、专业化程度的提高、贸易和技术进步都可以增加该牧民家庭的收入，使家庭条件变得更好。但是，这些途径并不是不受任何限制。如果出现周期性饥荒、草场破坏、自然灾害、贸易需求减少和人口的增长等，都会使该牧民家庭陷入贫困境遇。

通过调研，笔者发现致贫原因主要集中在资源匮乏，农牧业生产条件、生产方式没有发生根本变化，社会发育程度低，农牧业经济合作组织数量少且带动效应不够，懒惰、落后的思想观念没有被彻底抛弃，家庭规模大、父母受教育程度低、人力资本积累程度较低，各种矛盾相互交织且脱贫任务艰巨，转移就业难度大，因病致贫，婚丧嫁娶致贫，财政陷阱，文化障碍，缺乏创新和"人口陷阱"方面。

## 4.4.1 资源较匮乏 ●

### 4.4.1.1 居住环境

农牧区居住环境质量差。由于缺少在偏远农牧民中深入持久地开展生态文明宣传教育，导致农牧民缺乏生态意识和环保理念，长期形成随意大小便的生活习惯，使得农村内生活污水直接随意散排，主要依靠自然蒸发和土壤吸收渗漏方式解决。

存在滥用化肥、地膜和农药的现象，缺少利用养殖牲畜的优势增施有机肥，对于秸秆的有效利用率较低，随意丢弃在田地中被当作牲畜的饲草；传统的粗放式饲养习惯使养殖过程中粪便尿液基本处于随意排放状态，没有任何相关污染处理设施；环保系统还存在人员紧张、专业技术人员不足的问题，以及环境监察水平较薄弱、检测设备较简易的问题。与其他地区相比，西藏社会发展在某种程度上存在着一定的传统性与滞后性，农牧民沿袭着传统的生产和生活方式，加之环保法律法规及制度有待健全、监管能力较薄弱和宣传教育不到位的问题，目前西藏农牧区的环境状况仍不容乐观。

### 4.4.1.2　水质环境

目前西藏农村存在大量的分散饮用水源地，水源地大都存在功能区划不健全、水源地标志设置不全、农牧民饮用水无任何净化设施问题。同时，饮用水水源地保护环境较差，措施不到位，导致水源地周边随意放牧、垃圾到处乱扔的现象大量存在。生活污水大多随意散排，缺乏污水收集和处理设施，长此以往会对水质产生不良影响，同时增大了疾病传播的风险。

### 4.4.1.3　垃圾处理

西藏农牧区居民居住较为分散，生活垃圾收集和处理难度较大，处理程度较低。由于缺乏垃圾分类，同时由于垃圾处理地点位置偏僻，运输成本高昂，导致可利用垃圾回收利用率较低，填埋场有效库存较低。

## 4.4.2　农牧业生产条件、生产方式发展相对缓慢

西藏农牧业基础设施建设薄弱，农田草场灌溉设施还不配套，旱涝保收农田面积仅占西藏农作物播种面积的 32.8%，草场灌溉面积不到可利用草场面积的 1%，中低产田面积大，由于自然、历史因素，经济发展起步晚、底子薄、发展慢。现阶段，仍有部分贫困村村民集中地不通路、不通电、不通信；农牧业集约化、规模化、组织化、产业化程度不高，整体竞争力不足。

西藏大部分农区还保持传统的"二牛抬杠"生产方式，播种收割都是以家庭为单位，生产的粮食几乎都是用于自己家消费，不用于交换。农具和牲畜生产使用率非常低，每家每户都有耕地的犁和牛，但每年只有生产的季节才拿出来使用，资源闲置浪费严重。且农牧民很少买卖耕牛，留到来年继续

耕地，有限的土地上捆绑的劳动力人口较多，影响农业发展的产出水平与规模效应。牧业生产方面，牧民长期迁徙于冬季牧场和夏季牧场之间，生产生活较不固定，加之牧草质量不高，牲畜良种率低，使生产效率非常低下。就牛这一种群而言，家庭调查中发现，犏牛、黄牛数量较少，牦牛数量较多；牦牛中公牦牛出栏一般要养8年左右，母牛一般要养5年左右，所以出栏率非常低。

### 4.4.3  社会发育程度较低  ❯

西藏过去的封建农奴制是生产力发展水平落后时期形成的一种社会制度，体现为交通不便、人口稀少，社会分工不够发达，物资供应紧缺。西藏地方政府没有足够的能力让当时的社会处于一种高质量状态，其行政和经济运行机制就采用层层分封的形式，将土地及其农民以"谿卡"为单位，由噶厦政府掌握一部分，剩下的分封给寺庙和当地的贵族阶层，构成了三大领主对于西藏经济、社会进行统治的经营管理体制。这种分封，是一种完全意义上的私有制，不仅指耕地，还包括地面以上的山水、草木、建筑和其他附属物，最主要的是土地上的人民也随着分封制的建立，归属于当地的领主，世代相承。

过去的西藏农奴分为差巴、堆穷和朗生。差巴的地位较朗生和堆穷要高，是领种差役份地差的人，人身依附在领地上，为农奴主支差；堆穷是小户人家的意思，主要是由破产或分家逃亡的差巴组成，也有手工业者、流浪艺人和宗教职业者，他们可以租种领主的土地，也可以靠手艺生活，多数人要向原来的领主交人头税；朗生是领主家里养的专为领主服务的奴隶，没有任何生产资料和人身自由，在领主眼里，朗生和牲畜的区别仅在于会说话。新民主改革前，西藏有6万左右的朗生，约占当时西藏总人口的5%，一旦沦为朗生，不仅自己就连同子孙后代皆为朗生，无出头之日。例如，朗生一天的食物由领主进行分配，每天每人早饭三四碗清茶（粗茶加盐、水煮成）、2木勺吐巴（豌豆和青稞磨成的粗糌粑，加盐、水煮成的稀糊糊，只给在职的朗生），而酥油茶一年只能喝几次，是一种奢侈品；午饭女郎生每人一壶清油茶、男朗生每人一壶最次的青稞酒，粮食自带，主人不会供应；晚饭供应和早饭同样的吐巴。除了给予餐食外，朗生们一年的收入就只有领主所分的物资：女朗生每年给13加克粮食（约208公斤），男朗生16加克粮食（约256公斤），18岁以上每人每年一卷下等氆氇，即使分得物资，这点可怜的收入既要养活一家老小，还会遭受领主盘剥，一旦没有劳动能力就会被领主扫地出门，一无所有。

　　尽管三大领主掌握着西藏的经济命脉，但是较吐蕃时期的奴隶制，还是有了较大的进步。虽然农奴要支付各种差役，但毕竟获得了一定的人身自由，也使社会底层的劳动者能够维持简单再生产。上层社会的三大领主不会考虑农奴生活的好坏，只会关心自己财富的多少，农奴为了生存只能借债、自寻生路、消极反抗或者逃亡，矛盾激化的结果自然就是农奴逃亡、土地荒芜和社会衰败。

### 4.4.4　农牧业经济合作组织数量较少且带动效应较弱　❯

　　发展现代农牧业离不开农牧业经济组织，西藏地区农牧业经济组织基本上处于起步阶段，各个地区数量很少，农牧民自发成立的组织很少。已有的部分经济合作组织没有更多地吸纳贫困人口，没有发挥带动贫困人口脱贫。笔者在墨竹工卡县门巴乡巴尔卡村调研时发现，该村经济组织只有一家牛奶加工企业，牧民将自己家的牛奶定期交给加工厂，而牦牛奶产量特别低，所以牧户对于经济合作组织的经济依赖性较低，酸奶基本自给自足，很少供应给牛奶加工厂。同样在仁多岗村，只有三家农牧业经济组织，即家具厂、修车场和藏香厂；而在唐加乡的卓村，根本没有农牧业经济组织，只有一家茶馆属于村集体经济。部分农牧民对于加入农牧业经济组织的积极性不高，如果经济组织的预期效益不明朗，其都持有保守的思想，不愿意投资，更不愿意尝试。

### 4.4.5　部分地区受懒惰、落后的思想观念影响　❯

　　在整个西藏地区，拥有大大小小的寺院近 1800 座，僧尼总人口约为 4.6 万人，其中大部分的僧尼都来自农牧区。一方面，僧尼的出家导致部分农牧区人力资本的减少；另一方面，大多数寺庙的供奉都来自落后地区，加重了部分农牧民的经济负担。农牧业生产具有季节性，在种植和放牧的旺季比较忙碌，但是在漫长的冬季，基本上都是闲暇在家不外出务工，一定程度上造成了人力资本的浪费。

　　关于贫穷，穷人往往关注食物的需求，对于物质层面以外的精神文化追求较少，仅限于追求宗教信仰，对于优秀的外来文化和教育的接受程度有限。过去西藏农牧民不以货币作为衡量财富的尺度，而以拥有牧畜头数以及男女主人的首饰和穿戴来衡量贫富差距，所以，部分农牧民更多地注重自己物质财富的积累而非对货币的追求。

西藏传统的风俗中常常伴有为了维持生计而进行乞讨的现象，甚至有些以职业乞讨为生。在调研中，笔者发现日喀则市是西藏劳务输出的重要地区，日喀则市的劳动力主要流向山南市、林芝市和那曲市。这些流动人口特点是文化素质普遍偏低和技术落后，外出务工主要从事体力劳动，如建筑业、服务业和运输业等。在边境地区的口岸，当地农牧民主要从事边民互市贸易等商业活动和搬运货物、装卸货物等体力劳动。进出口货物的装卸工、搬运工大部分是定日县的当地居民。

### 4.4.6 家庭规模较大、父母受教育程度较低、人力资本积累程度较低 ▶

贫困家庭受传统思想影响，贫困群众思想相对保守，"等、靠、要"思想依旧存在，自主脱贫意识不强。自主脱贫致富动力不足，在脱贫过程中往往依靠外界的干预和支持才能寻找到脱贫出路。贫困群众宗教意识根深蒂固，满足于现状，脱贫愿望不强，从而制约和阻碍生产力的发展，影响经济收入和生活水平提高。由于受教育水平低，导致人力资本的潜在能力没有发挥出来，特别是农牧民子女多的家庭，养家糊口远比受教育要重要得多。

### 4.4.7 脱贫任务较为艰巨 ▶

西藏连片贫困对建设全面小康社会的阻碍、巩固温饱与产业结构改革之间的矛盾、精准脱贫与均衡发展矛盾交织，加上宗教信仰、民族地区、边疆地区特殊的地域和舆情环境等，扶贫开发与经济发展始终要提防和应对"达赖集团"的干扰破坏，筑牢维护稳定的社会根基，坚决反对分裂，农牧区任务艰巨。西藏农牧区解决贫困代际传递问题存在"涓滴效应"，即在社会经济发展过程中并不给予贫困阶层、弱势群体或者贫困地区特别优待，而是由优先发展起来的群体或区域通过生产、消费、就业等方面惠及贫困阶层、弱势群体或贫困区域，带动其发展和摆脱贫困境遇。

### 4.4.8 转移就业难度较大 ▶

在西藏城镇化、现代化进程中，文化差异是阻碍人口流动的关键原因。

人口流动过程中，各民族之间由于宗教信仰、生活习惯、社会风俗等差异，民族融合过程中往往出现较长的摩擦适应期，而且各民族内部和民族之间的人口素质水平也参差不齐，致使所从事的行业差异也非常大。社会中的流动人口主要从事商品零售与批发、服务业和建筑等行业。同时，经济政策产生的边缘化作用对当地经济的带动，促使人口流向该经济区域，想要获得更多的收益。但这也给当地经济发展带来不稳定因素，比如流动人口融入难问题、当地居民的排斥、流动人口所带来的一系列社会问题等。在该区域民族之间存在民族意识与民族认同不一致问题，也存在不同民族之间在生活习惯和宗教信仰方面相互排斥的现象。这在一定程度上弱化了人口流动的动机和意识，使外来务工人员难以去尝试。

## 4.4.9　因病致贫 ●

西藏的常见病有克山病、先天性心脏病、鼠疫、肺结核、包虫病、乙肝、布鲁氏菌病和大骨节病等，其中大骨节病的发病率居全国之首。根据 2006～2016 年对西藏部分在校生的普查结果，先天性心脏病的发病率高出全国六个千分点；包虫病，俗名"大肚子病"，是牧区常见的由于饮食习惯而引发的地方病，包虫病可以通过手术和药物治疗，但是复发率较高，不能彻底治愈，特别是泡型包虫病被称为"虫癌"，10 年病死率高达 94%。西藏有 386 个自然村普遍存在大骨节病，总人口约达 116.2 万人，占西藏总人口数的 1/3 左右，这些疾病也成为西藏居民致贫返贫的主要原因之一。①

## 4.4.10　婚丧嫁娶致贫 ●

婚丧嫁娶通常需要花费很多的费用，虽然西藏的婚丧嫁娶形式和其他地区有很大的差别，但是在家庭开销数量上不存在较大差异。2017 年 1 月 2 日，我们前往当雄县乌玛乡郭尼村的扎某家。我们到访时，家中的男子刚要外出放牧，看到有人来访，就开门回家。家中有两个孩子，其中有一个四五岁大的女孩子，隆冬之月穿了一身秋衣，光着脚到处跑。没有开始访问之前，笔者就问他们的父母："为什么大冬天不给孩子穿厚衣服？"零下十几度，家中

---

① 西藏自治区扶贫开发领导小组办公室. 西藏自治区"十二五"时期扶贫开发计划［Z］. 2012.

的炉火并不暖和。其父母也听不懂汉语，小女孩的哥哥，大概读二三年级的样子，汉语也不是很流利，他翻译说她妹妹发烧了。笔者就看见小女孩烧得到处跑，脸色焦红。"为什么不去看病？""没钱"，该男子回答得很直接。最后访谈中才知道，扎某是他们的父亲，今年刚刚过世，丧葬费造成了巨大的家庭债务，以至于孩子看不起病，形成贫困的恶性循环。

## 4.4.11　财政资源获取较为有限

政府对基础设施建设的作用至关重要，然而西藏主要依靠中央财政补助来提供这些公共物品，自己获得的财政资源非常有限。第一，西藏属于连片贫困区域，居民总体贫困，因此征税范围有限；第二，由于政府实施的税收减免和税收优惠政策，不能征收足够的税收；第三，政府的收入主要来源于中央财政补助，而非税收。

## 4.4.12　文化接受能力有限

在西藏的传统文化和宗教领域中，家庭妇女的地位相对较低，这使西藏近一半人口丧失参与经济、政治和接受教育的机会，一定程度上削弱了这些人对经济发展的贡献。这些人口接受教育的多少，直接影响他们参加工作的机会，进而影响对社会的贡献，这使他们往往陷入贫困。在西藏的贫困家庭当中，绝对的贫困主体是藏族，他们的母语是藏语，民众信奉的是佛教，对于汉族文化和其他少数民族的文化接受能力有限，造就了一定地域的思想禁锢，接受公共服务的机会就会受到约束，转移就业、创新创业的可能性就大大降低。

## 4.4.13　创新能力较弱

西藏的购买力很微弱，不能为成功上市的新发明带来足够的利润，主要原因在于市场规模太小，消费群体有限。贫穷的地区与富裕的地区在创新方面存在很大的差异，富裕地区资源禀赋相对较好，市场规模相对较大，拥有更多的资金、技术和人才进行创新和激励，使新技术不断更新升级投入市场，形成良性循环，进而实现新一轮的创新；而贫穷区域受到市场的限制，创新的过程很难推进。投资者往往知道他们不可能在这些区域有所收益，因此创新发明几乎不会产生。在这种贫穷区域，政府对创新发明的投资非常有限，而对于富裕的区域会有所倾向，表现出了一定的非公平性。

创新产品的引进是需要成本的，贫穷的区域想要获得专利技术必须支付费用，外面的投资为西藏经济的发展提供了更多的就业机会和技术指导。然而，进口技术的过程往往在最穷的区域受到挫折，即使有些技术可以引进，却不一定适合该区域的具体实际情况。

## 4.4.14　"人口陷阱"为贫困发生提供可能 ❯

最近几十年，大部分的国家经历了生育率的急剧下降，在一些发达国家，人口已经出现负增长，全球一半以上的国家出现"替代生育率"，即每个母亲平均生育两个孩子以上，其中之一是女孩（两个孩子以上，是由于女孩不一定能够存活到生育年龄以上，所以要大于两个孩子）。当贫困家庭在生育子女时不遵守国家计划生育政策，"人口陷阱"就为贫困陷阱的发生提供了可能。贫困家庭生育孩子的前提是温饱能够得到解决，但结果却出现诸多孩子抢夺营养、健康和教育方面的投资。如果家庭投资有限，子女越多，最终单个子女得到的投资就会越少，甚至被其他家庭成员剥夺，父辈的高生育率导致子辈陷于贫困境地。但并不是男女平等地接受父母的投资，父母往往将资金投向男孩，毕竟男丁继承家业是过去的传统，女性往往被迫辍学，生活境遇远低于男性。

由于西藏农牧区的计划生育政策实行《西藏自治区计划生育暂行管理办法（试行）》，"腹心农牧区，坚持教育为主、自愿为主、提供服务为主的原则，提倡少生、优生和有间隔地生育，提倡已有三个孩子的夫妇不再生育。先开展宣传试点工作，在试点的基础上逐步推广施行。在边境农牧区的乡（区）和门巴族、珞巴族中，暂不提倡生育指标，但必须大力宣传《婚姻法》，推广新法接生，进行合理生育、优生优育科学知识宣传教育，努力提高人口素质。"[①] 计划生育对农牧民的约束程度较小，加之西藏农牧区家庭结构模式具有母系母权特点，所以贫困家庭的人口规模相对过大（子女特别多）或者过小（孤家寡人）。

---

① 《西藏自治区计划生育暂行管理办法（试行）》第二章第九条、第十条规定。

# 第 5 章

# 西藏扶贫开发的历程与
# 精准扶贫满意度

国家从 1986 年开始成立专门的减贫工作机构，进入开发式扶贫阶段，有针对性地消除贫困；1994 年进入扶贫攻坚阶段；2001 年逐步进入了整村推进式扶贫开发阶段。20 世纪 80 年代以来，中国扶贫经历了从以县为基本扶贫单元到以村为基本扶贫单元、从分块化到精细化扶贫的过程。目前，要集中解决城乡区域性整体贫困问题，确保 2020 年实现全面脱贫。

## 5.1　西藏扶贫开发的历程

### 5.1.1　体制改革推动扶贫阶段

体制改革推动扶贫第一阶段（1959~1978 年），主要采取以救助为主的扶贫工作。对西藏实施民主改革和土地改革，废除了政教合一、僧侣和贵族专政的封建农奴制，废除了封建农奴主土地所有权，农奴获得了人身自由并开始以家庭为单位进行生产经营活动，从根本上改变了民众的身份属性和社会地位。

体制改革推动扶贫第二阶段（1979～1984 年），扶贫工作基本由民政负担。改革开放后，西藏自治区积极发展农牧业生产，实行"依靠群众、依靠集体力量，生产自救为主、辅以国家必要的救济"的帮扶政策。这一时期，逐渐取消了农牧业税，农产品价格遵循市场竞争机制，大大调动了农牧民生产的积极性。1984 年，西藏各级政府逐渐实施定对象、定项目、定资金、定效益的"四定"扶贫政策，600 多个乡镇因此受益。这一时期的扶贫工作主要有：发放救济款、救济粮，扶持解决贫困户的自留畜和小型生产工具。例如，南木林县 1979 年至 1984 年，共投放扶贫款 159.4 万元，发放藏被 3493 床、藏装 5658 件、各种鞋 12803 双，盖房 502 间，支帐篷 219 顶，发放口粮 151.6 万斤、各类家具 3309 件，用于扶贫生产的资金只占扶贫款总额的 22.1%。[①]

## 5.1.2　两轮驱动扶贫阶段　⊙

两轮驱动主要采取参与式扶贫和开发式扶贫两种方式进行扶贫。

所谓参与式扶贫模式是通过自下而上的决策方式，让人民群众树立自我脱贫意愿，自发地参与到整个扶贫项目的设计、规划、实施等过程当中，该扶贫模式在云南省、贵州省、安徽省等省份的外资扶贫项目中取得了较好的效果。刘永功（2007）对西藏参与式扶贫模式进行了相关研究，认为在改革开放后，西藏主要依靠国家支持和群众参与扶贫，扶贫模式主要有：适时提高扶贫标准和扶贫力度，让低收入群体共享发展福祉；以安居工程为突破口，注重社会基础设施建设，脱贫措施具体落实到村、户、人；整乡推进，缓解区域性贫困问题；注重农牧民合作组织培育和经营体制改革；注重农牧民参与式扶贫，调动贫困群众的脱贫积极性；开展政府主导下的全社会扶贫开发。2005 年，该项目组在那曲市和山南市的贫困农牧区开展参与式村级扶贫规划和参与式扶贫绩效监测试点，2007 年以后，西藏自治区扶贫办开始在西藏推广参与式扶贫模式。但由于西藏自给自足的自然经济体制没有完全改变，经济发展底子薄、水平低，农牧民对于脱贫的意愿不是很强烈，农牧民和村级基层作用在扶贫中的作用没有完全凸显出来，脱贫效果不是很明显。

开发式扶贫阶段逐步对扶贫资金的发放、使用和管理进行了系统的改革。首先，打破民政一家扶贫的体制。始终把扶贫工作作为发展经济、稳定局势、

---

① 肖怀远. 西藏农牧区改革与发展［M］. 北京：中国藏学出版社，1994.

增强民族团结和维护祖国统一的大事来抓，把改革扶贫机制、提高扶贫成效作为中心任务，积极解决扶贫工作改革中遇到的难点和问题，培训乡镇干部、技术人员下乡、创建科技扶贫经济实体等，帮助贫困户发展生产。

其次，逐步打破无偿救济机制，坚持实行有偿救济与无偿救济相结合，以有偿救济为主的救济方法。根据受灾程度、贫困程度和群众接受能力，1987年以前有偿救济占到60%，1987年以后有偿救济占到80%以上。有偿救济到期后由民政部门收回，继续用于新的扶贫，一般偿还期限为1~3年。为了保证扶贫资金使用效率，地区民政局通过县、乡政府层层签订合同，指定专人负责，推行扶贫责任制，把好项目关，建立跟踪观察制度，做到扶持项目、资金、对象、指导、监督、效益目标"六落实"。

最后，由救济生活为主转向扶持生产为主，"治标治本"相结合。根据对贫困类型和贫困原因的分析，采取区别对待、治标治本相结合的方针。1994年，西藏实施"八七扶贫攻坚计划"，明确了扶贫的目标、对象、措施和期限。1995年，西藏自治区成立扶贫开发领导小组办公室，扶贫由救济生活式转变为开发生产式扶贫，即在国家政策支持下，充分利用当地资源进行开发性的生产建设，逐步提高贫困区域的自我积累和发展能力。对自然条件差、连灾重灾和基础设施落后的地方，结合政府经济发展规划，实行扶持生产，建设农田、水利、草场，改变生产条件，提高防灾抗灾能力，结合进行无偿或低偿的生活救济。对有资源无资金、无技术的贫困户开辟生产项目，从事农畜产品加工、民族手工业生产、运输、建筑、商业、餐饮业等，增加农牧民收入；对无经营经验的贫困户，实行有偿扶贫，并由当地党员、团员或乡村干部作担保人，帮助其制定生产、生活计划，传授经营管理方法，监督扶贫资金的使用情况，帮助贫困户发展生产，避免流向消费。

## 5.1.3  扶贫攻坚阶段

西藏自1994年开始实施有计划、有组织、有规模、有目标的扶贫开发以来，制定调整过三次扶贫标准。《西藏自治区扶贫攻坚计划》第一次制定了农区扶贫标准为600元、牧区扶贫标准为700元、半农半牧区扶贫标准为650元，对应的农牧区扶贫对象约为48万人。西藏贫困人口为48万，划定了国家级贫困县5个、自治区级贫困县13个及"给实不给名"的4个县作为扶持重点，着力解决贫困人口的温饱问题。"八七"扶贫攻坚期间，用了7年时间使贫困人口降至 7 万人，完成牧民定居 2.8 万户，易地搬迁 15.4 万人。累计投入扶贫资金 15.95 亿元，完成 459 个扶贫项目建设。20 世纪末，西藏自治区政府正式对外公布"如期完成'八七扶贫攻坚计划'"，实现基本解决城乡居民温饱问题的历史性跨越。据统计，"八七"扶贫攻坚期间，日喀则市在扶持生产方面，用于开发增收性项目投资达到 393 万元，占投资总额的 81%，有 40% 的扶持户实现脱贫。第二次是在 2001 年，西藏自治区党委、政府制定了农牧民人均纯收入为 1300 元的扶贫标准，对应的扶贫对象为农牧区贫困人口 148 万人。经过"十五"和"十一五"时期的不懈努力，按照农牧民人均纯收入 1300 元的标准，西藏贫困人口由 2000 年的 148 万人下降到 2010 年底的 16.8 万人。第三次是在 2006 年，随着物价及消费价格指数的变化，西藏扶贫标准由 1300 元调整到 1700 元，对应的农牧区贫困人口为 96.4 万人。但由于西藏生态环境恶劣，自然灾害频繁，基础设施落后，生产生活条件差，扶贫开发的难度大、成本高，2010 年西藏农牧民人均纯收入仅为 4139 元，不到全国农村人均纯收入水平的 70%。特别是农牧区自然条件恶劣、传统观念较强、生产方式原始、自然经济体制、生产技术落后等制约着生产力的进步，西藏农牧区成为西藏扶贫攻坚的主战场。

"十二五"期间，西藏低收入群体依然庞大，主要集中在日喀则市、昌都市和那曲市。西藏自治区 2012 年低收入人口情况如表 5-1 所示。

表 5-1　西藏自治区 2012 年低收入人口情况

| 地区 | 总户数（户） | 总人数（人） | 扶贫户 | | 扶贫"低保户" | | "低保户" | | "五保户" | |
|---|---|---|---|---|---|---|---|---|---|---|
| | | | 户数（户） | 人数（人） | 户数（户） | 人数（人） | 户数（户） | 人数（人） | 户数（户） | 人数（人） |
| 阿里地区 | 7368 | 24957 | 2907 | 10626 | 2078 | 8045 | 2053 | 5863 | 348 | 423 |
| 拉萨市 | 14554 | 58141 | 8877 | 36917 | 3540 | 15101 | 1479 | 5423 | 658 | 700 |
| 林芝市 | 7165 | 23509 | 4467 | 16060 | 1151 | 4368 | 620 | 1969 | 926 | 1112 |
| 那曲市 | 27970 | 102203 | 13432 | 51950 | 9329 | 37656 | 3993 | 11292 | 1216 | 1305 |
| 日喀则市 | 42050 | 163068 | 21404 | 91383 | 13020 | 52617 | 6084 | 17406 | 1542 | 1662 |
| 山南市 | 26544 | 76775 | 12735 | 40397 | 4486 | 14949 | 7188 | 19020 | 2135 | 2409 |
| 昌都市 | 36318 | 159703 | 19679 | 91825 | 12002 | 53821 | 3068 | 12085 | 1569 | 1972 |
| 合计 | 161986 | 608356 | 83501 | 339158 | 45606 | 186557 | 24485 | 73058 | 8394 | 9583 |

资料来源：西藏自治区扶贫开发办公室《西藏自治区"十三五"时期脱贫攻坚规划》藏政发〔2017〕13 号文件。

"十二五"时期,扶贫开发把农牧民人均纯收入 2300 元（2010 年不变价）作为新的扶贫标准,对应农牧区人口为 2010 年底的 83.3 万人,占农牧区总人口的 34.42%,把扶贫标准以下具有劳动能力的农牧区人口作为扶贫对象（见表 5-2）,把农牧区贫困地区作为扶贫开发的范围。

表 5-2　西藏自治区 2010 年 2300 元以下扶贫对象地（市）情况

| 地区 | 2010 年农牧民人均纯收入（元） | 乡村人口（万人） | 扶贫对象（万人） | 比例（%） |
|------|------|------|------|------|
| 合计 | 4139 | 242 | 83.3 | 34.42 |
| 拉萨市 | 5003 | 27.1 | 8.6 | 29.55 |
| 日喀则市 | 3750 | 63.6 | 23.45 | 36.87 |
| 山南市 | 4330 | 29.5 | 10.11 | 34.27 |
| 林芝市 | 5410 | 13.2 | 3.23 | 24.46 |
| 昌都市 | 3662 | 58.1 | 20.12 | 34.62 |
| 那曲市 | 4081 | 40.9 | 14.55 | 35.57 |
| 阿里地区 | 3451 | 7.6 | 3.24 | 42.63 |

资料来源：西藏自治区扶贫开发办公室《西藏自治区"十三五"时期脱贫攻坚规划》葳政发 [2017] 13 号文件。

贫困人口分类情况：83.3 万低收入对象包括四类群体：第一类是无劳动能力无收入,属于"五保"对象,由社会、民政部门供养；第二类是缺乏劳动能力的群众,划为"低保"对象,按农村低保政策对待；第三类是有劳动能力但人均纯收入仍然低于最低生活保障标准的农牧民群众,属于扶贫"低保"对象,可享受"低保"和扶贫两项政策待遇,做好政策衔接与兑现；第四类是家庭年人均纯收入高于最低生活保障标准但低于新扶贫标准的群众,属于专项扶贫开发重点对象,享受专项扶贫开发的相关政策。将第三类群体和第四类群体,划为专项扶贫开发对象。

## 5.1.4　精准扶贫阶段 ▶

2015 年,西藏下辖 74 个县区均为贫困县,城镇居民可支配收入为全国的 81.6%,农村居民人均可支配收入仅为全国平均水平的 72.2%,贫困人口为 59 万人,贫困发生率高出全国 19.5 个百分点,是全面建成小康社会最大的挑战和"短板"。习近平总书记指出,"解决欠发达地区的问题,是战略性问题,也是政治性问题"。在西藏，使贫困群众尽快脱贫致富、过上幸福生活，直接关系国家安全、民族团结、社会稳定。2016 年，累计投入扶贫资金 85 亿元，完成 12.97 万人的精准脱贫，其中，易地扶贫搬迁 2.5 万人。目前，西藏脱贫工作任务艰巨，贫困人口多，且地区分布不均，建档立卡贫困户家庭之间也存在较大差异。

# 5.2　精准扶贫满意度

精准扶贫满意度调查是基于国家提出引进第三方评估的倡导下，以西藏农牧民为调查对象，以西藏农牧区村庄为调查单位，采用农牧民群众满意度等 "软指标"，对西藏基层政府在贫困精准识别、精准管理、精准帮扶等方面进行调查，旨在了解西藏农牧区精准脱贫取得的成就及存在的问题。一方面有利于掌握自下而上农牧民对精准脱贫满意度方面的情况，便于适时调整精准扶贫措施，从而提高精准脱贫成效和基层政府贫困的精准治理水平；另一方面可以有效防止 "被脱贫" "数字脱贫" "虚假脱贫" 等现象。

## 5.2.1　指标选择 ❯

精准扶贫满意度变量包括人口学基本特征、精准识别、精准管理、精准帮扶、精准脱贫，具体指标变量的选取如下。

### 5.2.1.1　人口学基本特征

人口学基本特征包括性别与年龄、婚姻状况、家庭人口规模、文化程度四个主要变量，各变量指标描述性统计如表 5-3 所示。

表 5-3　受访户人口学基本特征描述性统计

| 变量 | | 样本量（人） | 占样本的比例（%） |
|---|---|---|---|
| 性别 | 男 | 735 | 72.6 |
| | 女 | 278 | 27.4 |

| 变量 | | 样本量（人） | 占样本的比例（%） |
|---|---|---|---|
| 年龄 | 16~25 岁 | 191 | 18.9 |
| | 26~50 岁 | 310 | 30.6 |
| | 51~60 岁 | 260 | 25.7 |
| | 61 岁以上 | 252 | 24.9 |
| 婚姻 | 未婚 | 112 | 11.1 |
| | 已婚 | 753 | 74.3 |
| | 再婚 | 21 | 2.1 |
| | 离婚 | 20 | 2.0 |
| | 丧偶 | 107 | 10.6 |
| 家庭人口规模 | 1 人 | 46 | 4.5 |
| | 2 人 | 81 | 8.0 |
| | 3 人 | 146 | 14.4 |
| | 4 人 | 177 | 17.5 |
| | 5 人及以上 | 563 | 55.6 |
| 文化程度 | 文盲半文盲 | 397 | 39.2 |
| | 小学 | 287 | 28.3 |
| | 初中 | 267 | 26.4 |
| | 高中 | 48 | 4.7 |
| | 大专及以上 | 14 | 1.4 |

（1）性别与年龄。从调查问卷中被调查者性别比例来看，男性样本占总样本量的 72.6%，女性样本量占总样本量的 27.4%，被调查者中男性受访者的样本量大于女性受访者样本量，对女性赋值 1、男性赋值 2。从受访户的年龄结构来看，16~25 岁样本量占 18.9%，26~50 岁样本量占 30.6%，51~60 岁样本量占 25.7%，61 岁以上样本量占 24.9%，可以推断样本量中大部分受访户为家庭户主，对家庭各种情况较为熟悉，能够对问卷内容做出全面客观的回答。

（2）婚姻状况。本部分将被访者婚姻状况分为未婚、已婚、再婚、离婚和丧偶五类，并分别将未婚赋值 1、已婚赋值 2、再婚赋值 3、离婚赋值 4、丧偶赋值 5。其中，未婚占样本总量的 11.1%，已婚占样本总量的 74.3%，再婚占样本总量的 2.1%，离婚占样本总量的 2.0%，丧偶占样本总量的 10.6%。从婚姻状况来看，绝大部分受访者是已婚，未婚和丧偶受访者占比相当，离婚和再婚受访者比例不足 5%。

（3）家庭人口规模。家庭人口规模用家庭成员数量来衡量，对于家庭人口规模的调查问卷将被访问者家庭人口规模分为 5 个等级，分别为 1 人、2 人、3 人、4 人、5 人及以上。从各等级占样本总量比例来看，5 人及以上占样本总量的 55.6%。表明西藏农牧区家庭人口规模较大，劳动力抚养比例较高。

（4）文化程度。文化程度反映受访者受教育程度，能够体现受访者整体素质。调查问卷将受访者的受教育年限分别记为：文盲半文盲为 1 年，小学为 6 年，中学为 9 年，高中为 12 年，大专为 15 年，大学本科为 16 年，硕士研究生为 19 年，博士研究生为 22 年。现将受教育年限按照受教育程度划分为 5 类，将其分别赋值：文盲半文盲为 1、小学为 2、初中为 3、高中为 4、大专及以上为 5。从表 5-3 可以看出，受访者文盲半文盲占样本总量的 39.2%，小学占样本总量的 28.3%，初中占样本总量的 26.4%。表明西藏农牧民受教育水平较低，有将近 67.5% 的受访者没有完成九年义务教育。

### 5.2.1.2　精准识别

精准识别是指通过申请评议、公示公告、抽检核查、信息录入等步骤，将贫困户和贫困村有效地识别出来，并建档立卡。因此，精准识别变量主要通过"是否向村'两委'递交贫困申请""村'两委'是否组织召开村民代表大会""村'两委'是否召开村民代表大会评议贫困申请""村'两委'对初选名单是否核实""核实后的初选名单是否在村公示栏公示""乡镇复核的名单是否在村内第二次公示"6 个问题来衡量。召开村民会议评议贫困户既是精准识别公正公开和村庄民主的体现，也是基层政府落实精准识别满意度的体现，具体指标描述性统计如表 5-4 所示。

从表 5-4 可以看出，有 82% 的农牧民递交过贫困申请，有 93% 的农牧民认为村"两委"组织召开过村民代表大会，有 96% 的农牧民认为村"两委"召开过村民代表大会评议贫困申请，97% 的农牧民认为村"两委"核实过贫困初选名单，95% 的农牧民认为初选名单在村公示栏公示过，97% 的农牧民认为乡镇复核的名单进行过二次公示。

表 5-4　精准识别变量描述性统计

| 变量 | 样本量 | 均值 | 标准差 | 极小值 | 极大值 |
|---|---|---|---|---|---|
| 是否向"两委"递交贫困申请<br>（是=1，否=0） | 1013 | 0.82 | 0.386 | 0 | 1 |
| 村"两委"是否组织召开村民代表大会<br>（是=1，否=0） | 1013 | 0.93 | 0.257 | 0 | 1 |
| 村"两委"是否召开村民代表大会评议贫困申请<br>（是=1，否=0） | 1013 | 0.96 | 0.202 | 0 | 1 |
| 村"两委"对初选名单是否核实<br>（是=1，否=0） | 1013 | 0.97 | 0.170 | 0 | 1 |
| 核实后的初选名单是否在村公示栏公示<br>（是=1，否=0） | 1013 | 0.95 | 0.208 | 0 | 1 |
| 乡镇复核的名单是否在村内第二次公示<br>（是=1，否=0） | 1013 | 0.97 | 0.180 | 0 | 1 |

为便于分析，需要对这 6 个变量进行因子分析，具体因子分析模型为 $X_i = a_{i1}F_1 + a_{i2}F_2 + \cdots + a_{ij}F_j$（i=1，2，…，m）。其中：$F_j$ 为公共因子，$a_{ij}$ 为第 i 个变量在第 j 个公共因子 $F_j$ 上的载荷，$X_i$ 为随机变量。

因子分析结果显示，精准识别因子 KMO 检验值为 0.828，Bartlett 的检验 p 值为 0.000，方差贡献率为 75.80%。表明表 5-4 中 6 个指标在精准识别因子上有较大载荷，精准识别因子能够涵盖这些变量信息。

### 5.2.1.3　精准管理

精准管理是指对扶贫对象进行全方位、全过程的监测，建立全国扶贫信息网络系统，实时反映帮扶情况，实现扶贫对象的有进有出，动态管理，为扶贫开发工作提供决策支持。因此，精准管理变量主要通过"是否知道村里有扶贫资金""对村里扶贫资金使用的看法""政府对扶贫工作的重视程度""对当地政府正在开展的扶贫项目了解程度" 4 个问题来衡量。具体指标描述性统计分析如表 5-5 所示。

从表 5-5 可以看出，56% 的农牧民知道村里有扶贫资金，表明部分群众在掌握扶贫资金信息方面比较闭塞；对扶贫资金使用看法和了解扶贫项目的程度的均值分别为 3.78 和 3.41，介于一般与满意、了解一些与比较了解之间，标准差分别为 0.821 和 1.072，说明受访者对这两个问题看法存在较大差异；政府对扶贫工作重视程度的均值为 4.12，介于重视和非常重视之间，表明大部分受访者认为政府比较重视扶贫工作。

表 5-5　精准管理变量描述性统计

| 变量 | N | 均值 | 标准差 | 极小值 | 极大值 |
|---|---|---|---|---|---|
| 是否知道村里有扶贫资金<br>（1=知道，0=不知道） | 1013 | 0.56 | 0.496 | 0 | 1 |
| 对村里扶贫资金使用的看法<br>（1=很不满意，2=不满意，3=一般，4=满意，5=非常满意） | 1013 | 3.78 | 0.821 | 1 | 5 |
| 政府对扶贫工作的重视程度<br>（1=很不重视，2=不重视，3=一般，4=重视，5=非常重视） | 1013 | 4.12 | 0.693 | 1 | 5 |
| 对当地政府正在开展的扶贫项目了解程度<br>（1=没听说，2=不太了解，3=了解一些，4=比较了解，5=非常了解） | 1013 | 3.41 | 1.072 | 1 | 5 |

因子分析结果表明，精准管理因子 KMO 检验值为 0.789，Bartlett 的检验 p 值为 0.000，方差贡献率为 84.24%。表明表 5-5 中 4 个指标在精准管理因子上有较大载荷，精准管理因子能够涵盖这些变量信息。

### 5.2.1.4　精准帮扶

精准帮扶是指对识别出来的贫困户和贫困村，深入分析致贫原因，落实帮扶责任人，逐村逐户制定帮扶计划，集中力量予以扶持。因此，精准帮扶变量主要通过"政府对贫困户帮扶工作的满意程度""对现在生活的满意程度""精准扶贫政策给贫困户带来的帮助程度""享受到精准扶贫政策的实惠程度" 4 个问题来衡量。具体指标描述性统计分析见表 5-6。

表 5-6　精准帮扶变量描述性统计

| 变量 | N | 均值 | 标准差 | 极小值 | 极大值 |
|---|---|---|---|---|---|
| 政府对贫困户帮扶工作的满意程度<br>（1=很不满意，2=不满意，3=一般，4=满意，5=非常满意） | 1013 | 4.07 | 0.738 | 1 | 5 |

续表

| 变量 | N | 均值 | 标准差 | 极小值 | 极大值 |
|---|---|---|---|---|---|
| 对现在生活的满意程度<br>（1＝很不满意，2＝不满意，3＝一般，4＝满意，5＝非常满意） | 1013 | 3.73 | 1.059 | 1 | 5 |
| 精准扶贫政策给贫困户带来的帮助程度<br>（1＝不清楚，2＝很小，3＝一般，4＝较大，5＝非常大） | 1013 | 4.04 | 0.794 | 1 | 5 |
| 享受到精准扶贫政策的实惠程度<br>（1＝不清楚，2＝很小，3＝一般，4＝较大，5＝非常大） | 1013 | 4.90 | 0.463 | 1 | 5 |

从表 5-6 可以看出，4 个变量的均值分别为 4.07、3.73、4.04 和 4.90，受访户对现在生活满意程度介于一般与满意之间；其中享受到精准政策的实惠程度标准差值最低，为 0.463，表明受访户在这个问题上的回答差异较小，其余 3 个变量标准差分别为 0.738、1.059、0.794，可以看出受访户对这 3 个变量的回答存在较大差异。

因子分析结果表明，精准帮扶因子 KMO 检验值为 0.788，Bartlett 的检验 p 值为 0.000，方差贡献率为 79.06%。表明表 5-6 中 4 个指标在精准帮扶因子上有较大载荷，精准帮扶因子能够涵盖这些变量信息。

## 5.2.2 模型设定 ◉

为了了解农牧民家庭人口学特征对精准识别、精准管理、精准帮扶、精准扶贫总体满意度的影响状况，以及家庭人口学特征、精准识别、精准管理、精准帮扶对精准扶贫总体满意度的影响，构造了 5 个实证回归模型，具体回归基本模型为：

$$Y_{recognition} = C + \beta_1 sex + \beta_2 age + \beta_3 marriage + \beta_4 education + \beta_5 population + \varepsilon_1 \quad (5-1)$$

$$Y_{management} = C + \beta_1 sex + \beta_2 age + \beta_3 marriage + \beta_4 education + \beta_5 population + \varepsilon_2 \quad (5-2)$$

$$Y_{support} = C + \beta_1 sex + \beta_2 age + \beta_3 marriage + \beta_4 education + \beta_5 population + \varepsilon_3 \quad (5-3)$$

$$Y_{era-pov} = C + \beta_1 sex + \beta_2 age + \beta_3 marriage + \beta_4 education + \beta_5 population + \varepsilon_4 \quad (5-4)$$

$$Y_{era-pov} = C + \beta_1 recognition + \beta_2 management + \beta_3 support + \varepsilon_5 \quad (5-5)$$

其中：$Y_{recognition}$、$Y_{management}$、$Y_{support}$、$Y_{era-pov}$ 为农牧民精准识别满意度、精准管理满意度、精准帮扶满意度、精准扶贫总体满意度，C 为常数，$\beta_i$ 为各个自变量的偏回归系数，sex、age、marriage、education、population 分别为贫困户的性别、年龄、婚姻、受教育程度和人口规模，recognition、management、support 为提取的公因子变量，分别为精准识别、精准管理、精准帮扶变量，$\varepsilon_1$、$\varepsilon_2$、$\varepsilon_3$、$\varepsilon_4$、$\varepsilon_5$ 为随机扰动项。

## 5.2.3　实证结果分析 ▶

### 5.2.3.1　人口学特征对精准识别、精准管理、精准帮扶、精准扶贫总体满意度回归结果

考虑到相关变量间存在多重共线性问题，因此对相关变量进行了因子分析，提取了精准识别、精准管理、精准帮扶 3 个公因子，几乎涵盖了所有变量信息。将受访户人口学特征及 3 个公因子分别代入模型中，运用 SPSS 软件 19.0 对相关参数进行了估计，相关估计结果如表 5-7 所示。从表 5-7 可以看出，模型的整体显著性较好，拟合度较高，模型调整后的 Adj $R^2$ 值分别为 0.608、0.947、0.881 和 0.861。

表 5-7　人口学特征对精准识别、精准管理、精准帮扶满意度、
精准扶贫总体满意度回归结果

| 变量 | 精准识别满意度 | 精准管理满意度 | 精准帮扶满意度 | 精准扶贫总体满意度 |
|---|---|---|---|---|
| 常量 | −1.534 *** <br> (0.137) | −2.151 *** <br> (0.051) | −1.890 *** <br> (0.076) | 2.818 *** <br> (0.057) |
| 性别 | −0.591 *** <br> (0.094) | −0.424 *** <br> (0.035) | −0.887 *** <br> (0.052) | −0.433 *** <br> (0.039) |
| 年龄 | 0.211 *** <br> (0.059) | 0.334 *** <br> (0.022) | −0.002 <br> (0.033) | 0.352 *** <br> (0.025) |
| 婚姻 | −0.548 *** <br> (0.027) | 0.081 *** <br> (0.010) | 0.101 *** <br> (0.015) | 0.096 *** <br> (0.011) |
| 人口规模 | 0.337 *** <br> (0.037) | 0.275 *** <br> (0.014) | 0.642 *** <br> (0.020) | 0.162 *** <br> (0.015) |

| 变量 | 精准识别满意度 | 精准管理满意度 | 精准帮扶满意度 | 精准扶贫总体满意度 |
|------|--------------|--------------|--------------|------------------|
| 受教育程度 | $-0.891^{***}$<br>（0.046） | $0.143^{***}$<br>（0.017） | $-0.166^{***}$<br>（0.025） | $-0.137^{***}$<br>（0.019） |
| $R^2$ | 0.610 | 0.947 | 0.881 | 0.861 |
| Adj $R^2$ | 0.608 | 0.947 | 0.881 | 0.861 |
| N | 1013 | 1013 | 1013 | 1013 |

注："***"表示1%的显著性水平，括号内为估计系数对应的标准差。

性别因素对精准识别满意度、精准管理满意度、精准帮扶满意度、精准扶贫总体满意度产生了显著负向影响。具体来看，男性的各个满意度比女性的满意度低，男性满意度最低的是精准帮扶，为88.7%，其次是精准识别和精准扶贫总体满意度，为59.1%和42.4%，最后是精准管理，为43.3%。主要是由于男性负责赚钱养家，是家庭收入的主要来源者，压力较大，因此做出满意度较低的评价。由此可见，需要加强对男性的帮扶措施，从而提高男性精准帮扶的满意度。

年龄因素对精准识别满意度、精准管理满意度、精准扶贫总体满意度有显著正向影响，对精准帮扶满意度没有显著影响。表明年龄越大对精准扶贫总体满意度比精准识别和精准管理的满意度要大。换言之，年龄较大的受访者对精准扶贫总体更加满意。需要进一步提高年龄较大的受访者在精准识别和精准管理方面的满意度。

婚姻因素对精准识别满意度具有显著负向影响，对精准管理满意度和精准帮扶满意度具有显著正向影响。表明离婚或丧偶群体对精准识别不满意，这和我们实际调研基本符合，大多数非贫困离婚和丧偶的受访者总希望自己被识别为贫困群体。

家庭人口规模对精准识别满意度、精准管理满意度、精准帮扶满意度、精准扶贫总体满意度具有显著正向影响。表明家庭人口规模越大，对精准识别满意度、精准管理满意度、精准帮扶满意度、精准扶贫总体满意度越高。西藏家庭人口规模较中国其他省份大，家庭负担人口系数较大，政府在精准扶贫各方面对其都有所帮助，能够减轻其家庭负担，因此其对精准扶贫各方面满意度较高。

教育程度对精准识别满意度、精准帮扶满意度、精准扶贫总体满意度具有显著负向影响，对精准管理具有显著正向影响。表明受教育程度越高的受访者，对精准识别满意度、精准帮扶满意度、精准扶贫总体满意度越低，但其对精准管理满意度却越高。受教育程度越高，对扶贫工作的认识和要求越高，因此做出不满意的评价。但对精准管理满意度高，是因为近些年的反腐高压态势下，各级政府较为重视扶贫资金、对扶贫工作重视程度、扶贫项目管理与宣传方面。

### 5.2.3.2　精准识别、精准管理、精准帮扶对精准扶贫总体满意度回归结果

精准识别、精准管理、精准帮扶对精准扶贫总体满意度回归结果如表5-8所示。从表5-8回归结果可以看出，模型 Adj $R^2$ 为 0.844，表明模型拟合优度很好。

表 5-8　精准识别、精准管理、精准帮扶对精准扶贫总体满意度回归结果

| 变量 | 精准扶贫总体满意度 | |
| --- | --- | --- |
| 常量 | 4.016 *** | （0.009） |
| 精准识别 | −0.047 *** | （0.010） |
| 精准管理 | 0.272 *** | （0.023） |
| 精准帮扶 | 0.360 *** | （0.022） |
| $R^2$ | 0.845 | |
| Adj $R^2$ | 0.844 | |
| N | 1013 | |

注：" *** " 表示 1%的显著性水平，括号内为估计系数对应的标准差。

精准识别因素对精准扶贫总体满意度具有显著负向影响，表明识别越精准，精准扶贫总体满意度越低。精准识别是决定扶贫资源到户、到人和解决精准扶贫 "最后一公里" 问题的前提，目前西藏根据自身特点，参照了不同地区的识别标准，制定了 "一申请、一评议、二审核、三公示、县（区）审定" 的程序，严格的识别程序和标准使得非贫困户没有被识别为贫困户，导致部分非贫困户对扶贫总体满意度不高。

精准管理因素对精准扶贫总体满意度具有显著正向影响，表明扶贫管理越精准，精准扶贫总体满意度越高。国家和西藏自治区在精准扶贫工作中加大反腐力度和监管力度，使得群众对精准扶贫资金和项目等管理比较满意，

精准扶贫总体满意度也就越高。

精准帮扶因素对精准扶贫总体满意度具有显著正向影响，表明帮扶措施越精准，精准扶贫满意度越高。近年来，西藏在国家和兄弟省市对口支援政策下、在西藏各单位驻村工作机制下、在组团式援藏的策略下，对农牧区群众的帮扶措施更加精准，扶贫成效显著，得到广大农牧民的认可和欢迎。

## 5.2.4　研究结论与建议　❯

通过对西藏农牧区农牧民精准扶贫满意度数据进行因子分析和回归分析，得出以下结论：

（1）性别、教育程度对精准扶贫总体满意度具有显著负向影响。每增加一位男性，精准扶贫总体满意度就减少 43.3%。男性对精准扶贫总体满意度不高，是因为男性是一个家庭的主要劳动力，承担抚养家庭的重担。受教育程度越高，精准扶贫总体满意度越低，受访者每多接受 1 年教育，精准扶贫满意度就会降低 13.7%。表明受访者受教育程度越高，对生活的要求就越高，对政府精准扶贫满意度要求就越高。

（2）年龄、婚姻和家庭人口规模对精准扶贫满意度具有显著正向影响。年龄每增加 1 岁，精准扶贫总体满意度就会增加 35.2%；婚姻对精准扶贫总体满意度能够产生 9.6% 的影响；家庭规模每增加 1 人，精准扶贫总体满意度就会增加 16.2%。表明老人、丧偶群体、家庭人口规模较大的受访户对精准扶贫越满意。

（3）精准识别对精准扶贫总体满意度呈显著负向影响，但影响程度较低。精准管理与精准帮扶对精准扶贫总体满意度呈显著正向影响，影响程度分别为 27.2% 和 36.0%，表明扶贫项目了解程度、政府对扶贫的重视程度、资金知晓度、政策的受惠程度和帮扶程度等越高，精准扶贫总体满意度就会越高。

# 第6章

# 西藏扶贫开发中存在的问题

## 6.1 西藏扶贫开发理论支撑及政策保障有待完善

西藏自治区为促进精准扶贫、精准脱贫成立脱贫攻坚办公室，专门设立人员负责各地（市）的脱贫攻坚任务，但在个别方面扶贫开发理论支撑和政策保障有待完善。比如在精准识别方面，将年人均纯收入未达到2800元作为贫困识别的唯一标准，缺乏灵活性。年人均纯收入=总收入（不包括现金收入和实物形态折算）-家庭经营费用支出-税费支出-生产性固定资产折旧-赠送农村外部亲友支出。但在农牧区识别时，有些地区识别标准采取一刀切的形式，即以农牧民现金收入是否达到2800元作为唯一识别标准。

个别农牧民家里牲畜数量很多，没有买卖家庭就没有现金收入，但是生活质量却很高，也会被纳入贫困。这种现象普遍存在于部分牧区，被纳入建档立卡贫困数据库的贫困家庭放养的牲畜普遍较多，但牲畜作为家庭资产而被惜杀、惜售，导致牲畜即使老死，也未实现任何交换价值。因此，未给牧民家庭带来任何现金收入，但该家庭每日的肉食摄入量却远远高于全国水平。

同样，个别农牧民家庭中有生大病的人和有上学的学生等，虽然其家庭现金收入达到年人均纯收入2800元的标准，但由于支出远远高于收入，生活非常窘迫，也存在被排斥在贫困线以外的现象。

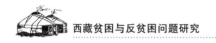

# 6.2　西藏扶贫开发考评监管机制有待完善

### 6.2.1　部分贫困数据有待全面反映贫困真实情况

　　例如，昌都市脱贫攻坚指挥部办公室文件——昌脱贫指办〔2016〕141号文件《关于精准扶贫数据符合工作中需注意几个问题的通知》中提到："第一条，社会保障兜底方面，各县（区）在统计社会保障兜底人员时，先将'五保'户，'低保'户，A类和B类纳入兜底范围，在兜底指标多余的情况下，可将'低保'户，C类中60岁以上或丧失劳动能力的人员纳入兜底范围，学生和有劳动能力的人员不能被纳入兜底范围，享受兜底政策人员均不能享受其他的脱贫政策。""第五条，建档立卡贫困户信息卡方面。从业状况需填写农业、牧业、农牧业、建筑业等；家庭年纯收入为工资性收入（外出务工、服务业、保安等）、经营性收入、转移净收入（财政性补贴必须如实填写、护林员补贴为其他政策补贴）和财产净收入的总和；文化程度方面，1956年出生前的可填文盲或小学，文盲率控制在90%以内，1956~2000年出生的填写小学、初中或高中等。"这些文件有待更全面地反映地区贫困真实情况。

### 6.2.2　国家贫困系统数据和当地政府持有的贫困数据部分存在差异

　　随着精准脱贫的进一步开展，脱贫的家庭也越来越多，从国家贫困系统数据库中退出的人员也会越来越多。但是，各个市地在贫困精准识别过程中，存在两种情况：一种是实际贫困人口数量与上报国家的贫困人口数量一致；另一种是个别地区实际贫困人口数量与上报国家的贫困人口数量不一致。在国家贫困系统数据库中的贫困人口被称为"建档立卡贫困户"，没有在国家贫困系统数据库中的贫困人口享受当地政府的部分优惠政策，但是优惠程度较建档立卡贫困户要小。这类卡外贫困户不在国家考核的脱贫范围内，但是当地政府也会视贫困情况随时进行摸底调查，定期对真正贫困人口进行重新识别，看其是否可以被纳入国家贫困系统数据库当中。

# 6.3 西藏扶贫开发中面临较多困难

西藏是中国的一个特殊区域，它具有边疆性、民族性、生态性、宗教文化性的特征，肩负着边疆稳定、民族团结、生态安全和文化传承的重要任务，但由于西藏贫困发生率在全国达到最高，又是省级连片贫困区域，脱贫工作尤为重要。然而由于户籍信息登记存在不清晰现象、生存环境对扶贫工作的约束、劳动力转移就业难度较大、公共服务水平较低和部分贫困群众自身对脱贫的排斥等因素的综合影响，使得西藏在精准识别、精准帮扶和精准治理方面面临较多困难。

## 6.3.1 户籍信息登记存在不清晰现象 ❯

户籍制度、市场机制、土地制度、社会保障制度和教育制度不完善阻碍了劳动力的自由流动。根据笔者于 2016 年 10 月至 2017 年 1 月在拉萨市各县的调研实况，个别地区存在有户无人、一人多户、户籍信息错误等现象，户籍信息登记不清晰造成西藏在精准识别方面存在很大的困难。

（1）有户无人。在 MZ 县 TJ 乡卓村调研时发现，土某居民家庭人口只有六人，但是户口簿上却有七人。据户主的妻子布某说，户口簿上最后一个人是于 1977 年出生的"尼某"，他们根本不认识此人，而在户口簿上登记的与户主的关系为"其他亲属"，且登记在该户口簿的最后一页，出现了户口在此户口簿上但却无此人的现象。

（2）一人多户。由于早前户籍登记采用人工填写，且户籍管理把关不严，各个环节都可能出现多报户口的情况。首先，迁出迁入环节，迁出后原户口未注销产生一人多户；其次，同一人利用不同的出生日期报户口；再次，同一人在不同地点报户口，主要体现在其在城、乡各有一个户口，这类人群集中在 30 岁以上，由于当时他们可以在城镇户口政策上享受很多优惠，又不愿意放弃农村的土地资源和各种优惠政策，故而出现一人多户的现象；最后，同一人利用不同的姓名报户口，以这种形式出现的一人多户最为普遍。

（3）户籍信息错误。在《NQ 市 2016 年建档立卡贫困人口基本信息及脱贫措施计划统计表（户表）》统计中，NQ 市 NQ 县 LM 乡 ZQ 村贫困户登记中，户主阿某于 2002 年出生，户口簿上仅登记两人，另外一名生于 2005 年的卡某却被登记为其孙女。

在 MZ 县的 TJ 乡 Z 村，据该村第一任书记索某介绍，由于之前的户口簿为手工填写，出现了一些错误。该村有一名妇女，实为 1983 年出生，户口簿登记其为 1938 年出生，该女子生有一女，却因七八十岁不具备生育能力，故不能给女儿办理户口登记，这种户籍信息错误现象依然存在。在 MZ 县的 TJ 乡 QL 村也存在一户贫困家庭，女性没结过婚，但却育有四个子女，既无登记结婚记录，也无其他形式的婚姻事件记录。

户籍信息不清晰导致无法还原居民的真实身份信息。居住在 MZ 县 ZX 乡 LZ 村的旦某家，属于贫困户，其在 2016 年申请了草监员，有一部分收入。据旦某母亲琼某介绍，自己 80 岁，儿子旦某 47 岁，但自己没有领取每月 500 元的幸福养老金。旦某的户口簿显示，琼某为 1957 年生，旦某为 1969 年生，户口登记为母亲比儿子大 12 岁。1957 年生，根据地方政府幸福养老金领取标准，其每月只能领取 300 元，不能领取 500 元。旦某于 2014 年 2 月 3 日同时报儿子和女儿的出生申请，户口簿登记旦某儿子为 2012 年 11 月 29 日出生，女儿为 2011 年 5 月 23 日出生，户口簿登记时将儿子登记在前，女儿登记在后。

## 6.3.2　生存环境对扶贫工作的约束　❯

### 6.3.2.1　气候条件

西藏雨水季节分配非常不均，冷季长达半年之久，且处于旱季，农作物不能生长、牲畜没有饲料，畜草季节极不平衡；雨水分布不均，西藏东南部年降雨量可以达到 1000 毫米，而西藏北部年降雨量只有几十毫米，近似于沙漠；太阳总辐射强，紫外线对动植物有机体伤害较大，光温与水温配合存在时差，使作物不能充分生长，导致农产品产量低；空气稀薄、气压小、氧气少，不利于动植物生长，严重制约着农牧民生计的可持续发展。

### 6.3.2.2　资源禀赋差异较大

资源禀赋较好的地方，居民生活质量能够得到保障；资源禀赋较差的地方，往往是贫困发生的重灾区。例如，资源条件相对较好的墨竹工卡县甲玛乡孜孜荣村的甲玛矿资源，为该村的"三大民生"工作①提供了经济基础，同时对居住在矿藏周围的群众采取易地搬迁等政策，使该村贫困发生率为1.03%，远低于3%的整村脱贫标准，2016年完成建档立卡贫困户4户21人的全面脱贫，实现全村100%脱贫。又如，当雄县纳木错乡那木湖村利用纳木错景区资源，使纳木错周围的群众发展乡村旅游实现脱贫；昌都市芒康县纳西民族乡的上盐井村和下盐井村以及河对面的加达村盛产食盐，养活了当地的百姓；山南市琼结县以盛产鸡血藤而著称；山南错那县玉麦乡，面积达2040平方公里，与毛里求斯的国家面积相当，但是全乡仅有7户人家、32人，是中国人口最少但人均可利用土地最多的乡；而资源相对较差的林周县江热夏乡的连巴村，除了耕作的土地，再无其他资源，农牧民家庭收入主要依靠外出务工，村子里多为空巢老人和留守儿童。但也有自然资源禀赋较好的地区，农牧民生存质量较差，比如那曲市的部分县区，资源禀赋较好，但限制开发。主要由于藏北的大部分地区属于自然保护区，出于生态的考虑选择限制开发或者不开发。

耕地资源条件较好的地区集中在拉萨市、日喀则市和山南市，草场资源主要集中在藏北的羌塘草原。例如，那曲市占据西藏牧业的"半壁江山"，共有草原面积6.32亿亩，各类牲畜存栏525多万头（只、匹），每年牛羊肉产量为9.7万吨、奶类产量6.3万吨、毛绒产量5761吨，出栏率达30%。那曲市的山羊绒纤维长、细度细，曾获1994年北京山羊绒参展国际金奖，在全国名列前茅；那曲市牦牛肉和绵羊肉具有蛋白质、氨基酸、矿物质含量高的优势，营养价值和保健作用极高，符合国家绿色食品的要求，并获得了亚太地区的质量认证。

---

① 墨竹工卡县"三大民生"工作：一是教育"三包"政策，从幼儿园到高中全覆盖，农牧民子女高等教育阶段"两免一补"学杂费、住宿费免除，交通费凭正规发票全额报销，并为每人每月发放200元生活补贴；二是农牧民群众住院医疗100%报销，门诊70%报销（市级以上合作医疗报销比例为60%，县级合作医疗报销比例为75%，乡级合作医疗报销比例为80%；民政报销剩余的50%，政府"三大民生"报销50%，若为"低保户""五保户"，1万元以上报销80%，1万元以内报销100%）；三是幸福养老金，60~69岁每人每月发放300元，70~79岁每人每月发放400元，80~89岁每人每月发放500元，90~99岁每人每月发放600元，100岁及以上每人每月发放1000元。

中草药资源，以那曲市为例，共有植物药材408种，其中名贵中药材冬虫夏草年产量达2万公斤以上，产值达到30亿元，另外还有雪山贝母、雪莲花、红景天、藏黄连等；动物药材有91种，其中鹿茸、麝香、盘羊角、藏羚羊角、熊胆等名贵药材遍布藏北草原。

水资源分为淡水资源和咸水资源，淡水资源丰富的地方有利于发展净水产业；而咸水资源丰富的地区以湖泊的形式出现，主要发展旅游业。例如，在当雄县的那木湖乡那木湖村，主要依靠纳木错湖发展旅游业；临近的公塘乡曲玛多村则依靠附近的冰川矿泉水源创建了"5100西藏冰川矿泉水"；而羊八井镇则主要依靠地热资源发展电力和旅游业。

（1）家庭用水。西藏居民生活用水主要包括地表水、自来水、村集体井水和自有水井四种形式。①地表水。地表水的获取途径主要有两种方式：一种是直接饮用地表水，以此途径获得生活用水的主要集中在基础条件较差的牧区，人畜共饮普遍存在；另一种是将地表水集聚到蓄水池，然后通过管道引入家庭，这种水资源很少经过净化处理，不能作为安全饮用水使用。②自来水。此处的自来水是由自来水公司集中供应的、经过处理的饮用水，水质相对有所保障。据笔者2016年12月至2017年1月对拉萨市六县两区的630个行政村或自然村的730户居民饮用水进行采样，由天津大学谭欣（原西藏大学援藏副校长）带领的团队对农牧民饮用水水质测试结果显示，682户水质完全达标或基本达标，48户居民水质中的砷、氟、硼元素超标，不能饮用。主要是由于矿山开采、工业生产、地表岩石风化和城镇化的影响等造成水质污染。例如，墨竹工卡县的卓村、卡日村水质较差，当地人饮用此水后导致诸多地方病，如过早地掉牙齿、大骨节病、掉头发等；孜孜荣村则是由于甲玛沟矿的污染，自来水根本无法饮用，当地人只能用塑料桶、铜水缸等储藏河里打来的水饮用，存在人畜共饮的现象。③村集体井水。村集体井水是由自然村或行政村集中供应，主要水源为地下水，以村小组为单位供应。图6-1是在当雄县拍的一幅照片，村里集中饮用水井。④自有水井。自有水井分布在水资源条件相对较好的低洼地带，地下水水位较高的地方，以家庭为单位，自有一口水井。这种水质矿物质含量相对较高，但是相对比较方便、安全，如图6-2所示。

并不是水资源越多越好，水多为患。2017年7月，在拉萨市堆龙德庆区的楚布沟调研时，正值夏季，村子里的居民很多都在修葺房屋。由于当地水位较高，房屋地基下面的水总是排不干净，排一次涨一次，村民只好在家中挖了六

**图 6-1　当雄县那木湖乡色德村水井**

**图 6-2　达孜县林阿村农户自家水井**

七个大水坑排水，导致修建房屋的工期延长，也为房屋建筑安全埋下隐患。

（2）家庭用电。家庭用电主要包括国家电网供电、太阳能供电、风力发电三种方式。①国家电网供电。西藏境内的主城区及县区虽已经实现了国家电网供电，而且电压稳定。但是在诸多散居而住的行政村或自然村，国家电网虽然已经实现全覆盖，但电压不稳，当地居民的生活用电有待保障。特别是对于牧区的居民来说，使用太阳能发电比较普遍。而且，牧民进入牧场之后，因为没有电，会出现长时间失联的情况。②太阳能供电。由于城镇和农区居民居住相对集中，所以，主要依靠国家电网供电。在牧区，太阳能供电使用范围最广，但是电压很不稳定。③风力发电。风力发电主要集中在阿里地区和那曲市，由于西藏平均气压仅为海平面的一半，所以在同等风速和气温下，风功率密度大小仅为海平面的一半，风电场的建设受环境的制约较大，所以普及率较低。

（3）家庭燃料。农牧民家庭燃料基本采取就近取材的方式，在农区，主要的燃料是煤炭和秸秆，牛粪主要通过购买才能供应。在牧区，主要的燃料就是牛粪。在城镇，居民主要依靠电、煤气和天然气。牛粪是西藏当地居民的主要取暖燃料，所以，牧区居民"惜杀"的观念并不是没有道理的。首先，"惜杀"可以保持草畜平衡，保障农牧民在自有牧场进行生产劳作以实现可持续发展；其次，牦牛的消化系统非常差，在没有其他清洁能源保证的前提下，牛粪就成为牧民燃料的首要选择，维持牧民基本燃料需求，如图6-3所示。

图6-3　牧区居民在院墙外晒干牛粪作燃料

（4）道路状况。并不是每个村子的住户都能有便利的交通，笔者的调研采用等距抽样的方式获取样本，所以不可避免地会抽到较为偏远的地方。一般通往村委会所在地有较为便利的交通条件，可是通往住户的道路条件难以保障。据笔者实地调查走访，西藏大部分村委会有直通乡镇的铺装路面，且以水泥路面为主（见图6-4）。农区的道路状况比牧区的道路状况要好得多，牧区的道路状况相对较差。由于牧区居住较分散，特别是居住在牧场的牧民，在雨水较少的时候，出行方式主要依靠摩托车（见图6-5）和马匹。如果出现雨雪天气，根本无法出行。在笔者对牧区住户进行走访的过程中，从村委会到牧民家中的路途主要依靠当地居民提供的摩托车或步行。曾经有队员遇到最远的住户，距村委会 70 公里，在没有路的情况下，只能徒步翻山，调研的时间成本和人力成本非常大。就是因为道路不方便，没网、没电，笔者在调研过程中就只能采用摩托车、搭便车或徒步的形式进行分散式调查。显然，交通对于牧区居民的生活约束也非常强。

图 6-4　牧区的道路

图 6-5　牧区的主要代步工具——摩托车

157

图6-6　通往当雄县某受访户家中必经之地

通往当雄县某受访户家中必经一条河（见图6-6），冬季是做西藏地区调研的最好时节，牧区冻土便于汽车通行，河面结冰也可以顺利通过。如果是夏季，冻土层对气温变化非常敏感，会出现道路翻浆等，地区调研根本无法顺利进行。

## 6.3.3　劳动力转移就业难度较大 ⊳

### 6.3.3.1　依靠农牧业经济合作组织扶贫力度较小

农牧业经济合作组织在乡村发展中起着积极的带动作用，通常先富起来的农牧民会以经济合作组织的形式带动当地老百姓脱贫致富，就地解决劳动力就业难问题。但是，就是这种最贴近民意的经营方式发展道路却非常坎坷，一方面，面临经营方面的经营审批、融资难等问题；另一方面，农牧民经济合作组织也会面临市场信息的不对称、销售难等问题。

### 6.3.3.2　受传统观念影响

从思想上而言，个人摆脱贫困的思想意愿不会对他人造成威胁和排斥。劳务输出难，不愿劳动、不想劳动，脱贫致富的内生动力不够，办法不多，信心不足，弃耕弃牧现象较为严重等问题是制约西藏贫困群众脱贫的关键因素。首先，部分家庭劳动力参加就业技能培训后，有的家庭由于无其他劳动力，舍不下牧业生产这个根本，难以实现转移就业。其次，有的离土就业需要解决食宿问题，生活支出占工资收入比重太大，参与转移就业热情不够；有的因为政府介绍的工作工资不是很高，参与转移就业的积极性受到影响。再次，受到以往"资金+物资"扶贫模式的影响，部分贫困户在一定程度上还存在着过度消费、盲目消费、宗教消费、"等、靠、要"等思想。最后，牧民主动参与脱贫的积极性不高，消极应对各种帮扶措施。①扶贫资源与当地有效需求不匹配现象存在，当地政府推崇的产业发展方向与当地老百姓所从事的养殖业不一致，贫困户不愿参与。②贫困户能力难以与投入到户的扶贫政策相匹配，如农牧民合作社推行将奶牛以出租的形式寄养在贫困户家中，合作社定期收奶，五年后必须偿还一头幼仔的项目帮扶措施，由于贫困户的养殖经验有限，不能保证所有的牲畜都能存活，导致项目推广难度大。③扶贫资源精准到户，弱化了集体行动能力，所以当地群众参与农牧民合作社的比率非常低。

在西藏各地（市）大街上经常会遇到流浪乞讨人员，而且大多数为职业乞讨，这类人在户籍所在地被纳为贫困人口，但是其收入水平并不低于当地贫困线，特别在萨嘎达瓦节期间，无论男女老少，都可以上街乞讨，"等、靠、要"的思想一直延续至今。在 DX 县 NM 乡那 NM 村的村民旦某，1986年出生，初中毕业，家里三口人，没有牛羊，也没有从事任何生产，2016 年家里所有的开销主要依靠从舅舅那里借来的 1 万元来维持生计，这 1 万元利息一年就是 1000 元。

笔者问："为什么不外出打工？"

旦某说："孩子太小了。"

其意思就是暂时没有外出务工的打算。如果债务到期，要么续借；要么从他处借得，再还旧账。导致家庭消费在增加、债务一直在增长的消费模式，只能使贫困发生的可能性有所提高。

### 6.3.3.3 牧区贫困劳动力素质较低与产业结构升级匹配度较低

贫困劳动力在受教育程度等方面的综合素质较低，并具有短期固定性。而随着牧区产业结构不断调整升级，对于从业人员的素质要求越来越高，使得贫困人口在转移就业的过程中面临困难，贫困劳动力素质和技能都处在较

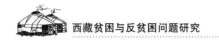

低的水平，导致用人单位技术人员匮乏与贫困劳动力剩余在地区内部明显不匹配，资源优势转换为产业优势的难度较大。

首先，招聘信息与求职信息不对称。DX 县 NM 乡 NM 村的村民巴某，1986 年出生，小学文化水平，家里有两个孩子，拥有机动车驾驶证 B2 执照，听朋友说拉萨市的司机很好找工作，去了拉萨市找了几次工作，却没有找到招聘司机的工作，只能又回到村子。其次，农牧区信息化程度较低。当地居民不懂现代化通信技术和信息技术，得不到确切而及时的就业信息，所以一直滞留在农村，转移就业难度大。

## 6.3.4  公共服务水平较低

随着公共服务建设的进一步完善，医疗、教育和社会事业对当地居民都有相应的优惠政策，取得了很大的成绩，但农村依旧存在政策执行偏差较大，政策落实有待全面到位的现象。

## 6.3.5  部分贫困户自身脱贫意愿弱

（1）部分贫困群众不愿摘掉贫困的帽子。部分贫困群众故意隐瞒自己的财富，以便有更多的机会获得地方政府的相关优惠政策。在他人问及家庭收入等信息时，明显体现出排斥、隐瞒或不回答态度。在笔者将政府提供的建档立卡贫困户家庭台账与笔者亲自调查家庭信息结果对比时，发现部分贫困家庭会隐瞒自己的收入、储蓄等家庭信息，导致笔者统计的数据与政府统计的台账数据出入较大。据当地居民介绍，当地人如果说自己有钱的话，会被村里的其他人耻笑。所以出现部分贫困群众不会说出自己的真实财富，问及是否愿意脱贫时，则会出现回答肯定、行动否定的矛盾。但政府统计时，政府的各项补贴发放和收入情况都会以收入明细的形式记录在居民家中的明白卡上，自然台账也就更接近于家庭的真实收入。

（2）部分劳动力受宗教信仰影响走进寺院。在笔者对寺院的一些走访过程中发现了几名自己所带过的学生，一位是高中毕业，另一位是大学毕业。据高中毕业的那位学生说，出家是父母的意愿，由于进寺院时间较长，汉语言已经退化，性格也不像学生时代那样活泼。大学毕业的那位学生，由于毕业找不到工作便走向了寺院。在当雄县巴嘎当村的一位牧民家中，我们碰巧发现一位出家的尼姑，大约 20 岁的样子，由于得"包虫病"不得不修养在家，但是据她母亲讲，她是家中最小的孩子，上面有四个哥哥，其中两个已经夭折（一个是得病而死，另一个是由于车祸而死），父母就让其出家修行，以求功德。这些在寺院中的僧人，从事家庭生产活动较少，一旦生病，就会使家庭负担加大。

## 6.3.6　创新创业难度较大

### 6.3.6.1　资金问题

目前，大学生创新创业政策相对健全，但农牧民创新创业面临重重困难。贷款必须有抵押、有年龄限制，还必须要有拿固定工资的人做担保，即使这些条件满足，银行也不一定会给农牧民创业贷款。

### 6.3.6.2　品牌注册难度较大

注册品牌需要各种证明，流程相对烦琐，对于文化水平相对较低，互联网操作技能不强的农牧民来说，申请品牌难度较大。

### 6.3.6.3　技术较缺乏

西藏的创新创业基本围绕西藏的本土特色展开，在创业过程中需要技术才能生存。而本土特色产业基本都是传统产业，以手工加工为主，机器制造仅停留在糌粑加工等农产品的初级加工阶段，其他地区的资金不愿投向西藏的传统行业，就是由于市场有限、收益期长，造成了传统行业的技术短缺。

### 6.3.6.4　生产的稳定性较弱

农牧民非常热衷于传统行业，比如，藏香制作、养殖业、唐卡绘画、制盐、氆氇等行业相对就业时间稳定，而藏装生产、佛像生产加工行业人才非常短缺。从事藏装生意的商家普遍反映："现在的年轻人不愿意学裁缝，农忙季节都回老家去收种庄稼或挖虫草去了，那时的服装市场价格就会普遍提高，农闲时那些工人才会回来做服装。虽然现在的服装行业工资不低，但是还是缺人手。"

### 6.3.6.5 高学历人才创业积极性不高①

（1）男生较女生在自主创业方面积极。在对西藏大学生创新创业情况进行调查时发现，男生中 65.49% 的人有创业的想法，女生中 51.58% 的人有创业的想法；且男生对于当前就业形势持乐观态度的占 57.52%，女生对于当前就业形势持乐观态度的占 43.56%。男生比女生在选择自主创业方面较为主动和乐观。

（2）藏族学生比汉族学生对创新创业更感兴趣。西藏当地大学生在创新创业方面与内地学生存在较大的差异，往往呈现出较强的风险规避性，且愿意从事的行业也有所区别。随着就业形势的变化，大学生在择业过程中也逐步开始关注创业，不再认为考公务员是唯一的出路。由于所处区域的特殊性，汉族学生比藏族学生呈现出较强的风险规避性，其更愿意选择企事业单位就业而不愿意选择自主创业。而当地的藏族学生比汉族学生具有更多的资源优势，实现就地自主创业。在对学生创新创业兴趣进行调查时发现，藏族学生中的 57.48% 对创新创业感兴趣，而汉族学生中仅有 39.49% 的学生对创新创业感兴趣。

（3）专业对大学生创新创业有一定的影响。从西藏大学生所学专业和创新创业意愿的匹配性来看，哲学、经济学、教育学专业的学生就业面相对较广，更愿意选择创业，而军事学、历史学和农学专业的学生就业面相对较窄，创新创业意愿则较低（见图 6-7）。由于西藏经济发展受到地域性限制，当地大学生就业多局限于西藏境内就业，在就业过程中会呈现出部分专业供需不平衡的现象。因此，对于就业面相对较窄的专业而言，学生创新创业意愿就相对比较被动，不得不选择自主创业。

（4）大学新生创业意愿较强烈。对有创业想法的大学生进行调查的结果显示，95.25% 支持大学生创业，并认为通过创新创业能为推动经济社会发展贡献积极的力量。绝大多数大学生产生创新创业兴趣的时间在大三以前，在"大众创业、万众创新"环境的熏陶下，大学新生的创业意愿更加强烈，大一阶段想要创业的学生占绝大多数，占 41.49%，其次是大二学生和大三学生，分别占 23.09% 和 19.57%，大四学生和研究生分别占 2.94% 和 1.17%，表现出年级越低，创新创业的思想越强烈的特点。由于大四和研究生阶段的学生

---

① 此部分数据来源于"西藏大学生创新创业思想动态与行为特征"调查问卷统计结果。

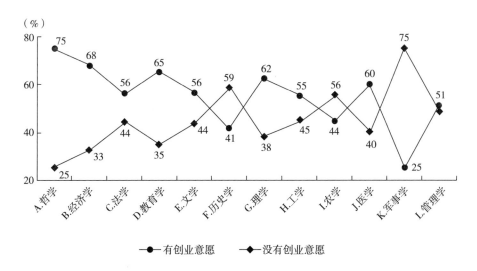

**图 6-7　西藏自治区大学生所学专业与其创业意愿**

对个人未来发展基本上都有了较为明确的规划，比如准备参与事业单位考试、学历提升等，弱化了其对创新创业的兴趣。

（5）创业地点倾向于西藏自治区内。近年来，西藏紧紧围绕"双创"计划，大力推进创业促就业工程，不断完善"双创"政策体系，持续优化"双创"发展环境，通过减免税费、财政资金奖励、信贷利率优惠等扶持措施全面激发西藏高校大学生留在西藏创新创业的热情。调查数据显示，大多数在西藏大学生选择在西藏创新创业，42.71%的大学生选择在西藏创业，25.42%的大学生选择暂定西藏，在规模扩大后覆盖全国，22.03%选择在自己家乡，9.83%的学生选择其他发达城市。

（6）创业行业倾向于兴趣化。在行业选择上，43.05%的学生选择自己感兴趣的行业，新兴行业占了23.73%，18.31%的学生选择与自身专业相对口的行业，传统工业占了7.8%，而现今热门行业仅占7.12%，通过数据，可以发现大多数大学生更愿意选择感兴趣的领域及新兴行业进行创新创业。

高层次人才对于创新创业积极性不高，特别是对于贫困家庭的大学生来说，面对日益严峻的就业形势，不主动就业创业，对其家庭来说，无疑加重了家庭负担。

# 6.4  人才支援扶贫较为缺乏

兄弟省份对西藏的对口支援力度非常大，但在人才、技术方面给予的支援十分有限。贫困人口主要表现为精神贫困，在现实中摘掉贫困的帽子的意愿较弱，也不愿意离土离乡进行务工，所创货币收入非常有限。西藏贫困家庭的收入和支出几乎都靠自给自足，市场交易非常有限。

对口支援省份的干部基本滞留在城镇，农村几乎没有对应省份的援藏干部入驻；科技普及和实用性非常有限。比如，青稞的产量较低、抗倒伏能力较差，中国其他地区农业专家专门研制出矮化青稞品种在农区进行普及。可是，当地居民对于优良青稞品种持观望态度，部分群众愿意在自己的土地上种植少部分改良品种，剩下的群众基本都不愿意种植抗倒伏的矮化青稞。他们的想法很简单，因为农区牛羊冬季的主要饲草就是青稞秸秆，如果种植矮化青稞品种，冬天的牲畜极有可能因为没有饲草而饿死。

## 6.4.1  牧区贫困劳动力低素质与产业结构升级匹配度较低 ◉

贫困劳动力在受教育程度等方面的综合素质较低，并具有短期固定性。而随着牧区产业结构不断调整升级，对于从业人员的素质要求越来越高，使得贫困人口在转移就业的过程中面临困难，贫困劳动力素质和技能都处在较低的水平，导致用人单位技术人员匮乏与贫困劳动力剩余在地区内部明显不匹配，资源优势转换为产业优势的难度较大。

## 6.4.2  脱贫致富内在驱动力较弱 ◉

脱贫致富的内在驱动力不足表现在三个方面。首先，部分贫困群众的基本生存需要能够得到满足，就不愿意创造更多的财富需要；其次，部分贫困群众存在非富即贫的观念，认为贫困能使自己获得更多的外界帮助，享受贫困身份下的各种优惠政策，而不愿意脱贫；最后，由于部分贫困群众脱贫的自主性和积极性欠缺，家庭内部缺乏脱贫意志，致使其偷懒、逃避、钻漏洞。

## 6.4.3　精准治理机制尚未完善 ▶

西藏各级政府在精准扶贫过程中，既想发展当地产业，又担心后备力量不足，特别是担心偿还不起银行贷款，而不愿意向银行贷款，导致资金短缺；县、乡（镇）两级转移牧区贫困劳动力的工作机制尚未健全完善，信息平台缺失，缺乏必要的组织指导；贫困人口的培训和就业涉及劳动、牧业、服务、扶贫等多个部门，但各部门之间缺少协调配合，服务管理跟不上农民贫困劳动力务工的需要及就业形势的要求。由于各行业职能部门缺乏有效整合链接机制，致使各部门安排到贫困地区的扶贫资源形不成合力，资金分散、项目重复、各行其是的问题影响了扶贫资源的整体效益；优惠政策得不到全面落实，贫困群众贷款难，影响了自我发展。

## 6.4.4　基层扶贫工作难度较大 ▶

首先，扶贫手段较简单化，减贫标准重数量、轻质量，造成脱贫时间逐级提前、脱贫指标"一刀切"现象，如只要享受扶贫项目就无条件率先"摘帽"；其次，为完成减贫任务，体现短期脱贫成果，扶贫工作重点转向物质投入以直接增加贫困群体收入，以往的基础设施投资项目逐渐被"短、平、快"项目所替代，政府大包大揽势必导致市场失灵，弱化贫困地区可持续发展能力；最后，数字化脱贫现象依然存在。精准扶贫政策不是鼓励"不劳而获"，而是要从根本上斩断"穷根"，提高贫困群体市场自生能力。为了实现2020 年 100% 脱贫的目标，各地政府把脱贫程度作为考核当地官员作为不作为的一项标准，忽略了因病返贫、因灾返贫的客观情况依然会存在的客观规律。

## 6.4.5　脱贫成本较高 ▶

西藏总人口相对较少，人口密度较小，居住相对分散。通常牧民家庭分为三个居住地，即常住地（房屋建筑所在地）、冬季牧场和夏季牧场。常住地在自然村或行政村，通常相对比较集中，但主要居住老人和小孩，以方便老人生活和子女上学；冬季牧场和夏季牧场逐水草而居，一般都是自家草场所在地，位置偏僻、人烟稀少，除水以外，电、路、通信基础设施基本没有保障，实现自身脱贫只能依靠畜牧业生产，但畜牧业生产周期较长，陷入贫困的周期较长。

# 第7章

# 西藏农牧民增收影响因素分析

## 7.1 西藏农牧民收入现状分析

近年来，西藏地区经济平稳快速增长，农牧民的收入也在逐步提升。2010年农牧民的人均可支配收入为4139元，2011年农牧民的人均可支配收入为4885元，比2010年增长18%，2012年农牧民的人均可支配收入为5697元，比2011年增长17%，2013年农牧民人均可支配收入为6553元，比2012年增长15%，2014年农牧民人均可支配收入为7539元，比2013年增长15%，2015年农牧民人均可支配收入为8244元，比2014年增长9.35%，2016年农牧民人均可支配收入为9094元，比2015年增长10.3%，2017年农牧民人均可支配收入为10330元，比2016年增长13.59%。虽然农牧民收入可支配收入增长比较迅速，但2011~2013年、2015~2017年增速均低于GDP增长速度，需要进一步促进农牧业的发展，促进西藏农村经济协调、稳定地增长。

# 7.2 影响农牧民增收的模型的
# 选取及指标体系的建立

## 7.2.1 模型的选取

运用灰色系统理论建立灰色关联模型来分析影响西藏地区农牧民增收的因素，对并各因素的关联程度进行排序，得出影响系统的关键因素，为分析评价该系统提供充分的数据支撑。灰色关联模型如下：

（1）确定母序列，将母序列记为 $X_0 = \{X_0(1), X_0(2), X_0(3), \cdots, X_0(t)\}$。

（2）将子序列记为 $X_i = \{X_i(1), X_i(2), X_i(3), \cdots, X_i(t)\}$，其中，i=1，2，…，k，类似参考数列的表示方法。灰色关联的数学模型为 $r(x_0^0(k), x_i^{(k)}) =$

$$\frac{\underset{i}{\min}\underset{k}{\min}|x_0^{(k)} - x_i^{(k)}| + \xi\underset{i}{\max}\underset{k}{\max}|x_0^{(k)} - x_i^{(k)}|}{|x_0^{(k)} - x_i^{(k)}| + \xi\underset{i}{\max}\underset{k}{\max}|x_0^{(k)} - x_i(k)|} \quad \Delta_i(k) = |y(k) - x_i(k)|，\text{则 } \zeta_i$$

$$(k) = \frac{\underset{i}{\min}\underset{n}{\min}\Delta_i(k) + \rho\underset{i}{\max}\underset{k}{\max}\Delta_i(k)}{\Delta_i(k) + \rho\underset{i}{\max}\underset{n}{\max}\Delta_i(k)}，\rho \text{ 通常取 0.5，} r(x_0, x_i) = \frac{1}{n}\sum_{k-1}^{n}r$$

$(x_0(k), x_i(k))$。

## 7.2.2 指标体系的建立

通过研读相关文献和理论，建立影响西藏农牧民增收的指标体系，以农牧民人均纯收入为母序列，主要确定子序列 7 个指标 11 个因素，共同建立指标体系，如表 7-1 所示。

表 7-1 影响西藏自治区农牧民增收的指标体系

| 项目 | 指标 |
| --- | --- |
| 1. 产业结构指标 | 农林牧副渔总产值占西藏农村社会总产值的比重 $X_1$、农村工业总产值占西藏农村社会总产值的比重 $X_2$、农村建筑业总产值占西藏农村社会总产值的比重 $X_3$ |

续表

| 项目 | 指标 |
|------|------|
| 2. 农村劳动力转移指标 | 非农业劳动力占农村劳动力人数的比重 $X_4$ |
| 3. 农业投入的指标 | 财政支农资金占财政支出的比重 $X_5$ |
| 4. 城镇化水平指标 | 城镇人口占总人口的比重 $X_6$ |
| 5. 工业化水平指标 | 工业产值占西藏 GDP 比重 $X_7$ |
| 6. 劳动力素质指标 | 初中及以上学历人口占总人口的比重 $X_8$ |
| 7. 农业产业结构指标 | 牧业产值占农林牧副渔总产值的比重 $X_9$、林业产值占农林牧副渔总产值的比重 $X_{10}$、粮食作物播种面积占农业播种面积比重 $X_{11}$ |

# 7.3 实证分析

影响西藏农牧民增收的指标选取西藏地区农村人均可支配收入为母序列，产业结构指标、农村劳动力转移指标、农业投入的指标、城镇化水平指标、工业化水平指标、劳动力素质指标、农业产业结构指标所对应的影响因素为子序列。

## 7.3.1 数据的选取 ▶

所选取的 2010~2017 年西藏地区的农牧民人均可支配收入及相应影响因素的数据计算基础均来自 2011~2018 年的《西藏统计年鉴》。具体的数据如表 7-2 所示。

**表 7-2 影响西藏自治区农牧民增收的数据** 单位:%

| 各因素影响比重 | | | | | | | | | | | |
|---|---|---|---|---|---|---|---|---|---|---|---|
| 年份 | $X_0$ | $X_1$ | $X_2$ | $X_3$ | $X_4$ | $X_5$ | $X_6$ | $X_7$ | $X_8$ | $X_9$ | $X_{10}$ | $X_{11}$ |
| 2010 | 4139 | 0.75 | 0.03 | 0.18 | 0.09 | 0.13 | 0.23 | 0.15 | 0.05 | 0.36 | 0.02 | 70.89 |
| 2011 | 4885 | 0.74 | 0.03 | 0.22 | 0.09 | 0.14 | 0.23 | 0.16 | 0.06 | 0.37 | 0.02 | 69.11 |

续表

| 年份 | $X_0$ | $X_1$ | $X_2$ | $X_3$ | $X_4$ | $X_5$ | $X_6$ | $X_7$ | $X_8$ | $X_9$ | $X_{10}$ | $X_{11}$ |
|------|-------|-------|-------|-------|-------|-------|-------|-------|-------|-------|----------|----------|
| 2012 | 5697 | 0.72 | 0.04 | 0.23 | 0.10 | 0.14 | 0.23 | 0.15 | 0.06 | 0.36 | 0.02 | 69.20 |
| 2013 | 6553 | 0.72 | 0.04 | 0.26 | 0.10 | 0.14 | 0.24 | 0.15 | 0.06 | 0.36 | 0.02 | 67.50 |
| 2014 | 7359 | 0.71 | 0.04 | 0.28 | 0.11 | 0.14 | 0.26 | 0.16 | 0.07 | 0.35 | 0.01 | 66.90 |
| 2015 | 8244 | 0.69 | 0.04 | 0.28 | 0.12 | 0.12 | 0.28 | 0.17 | 0.07 | 0.35 | 0.01 | 66.12 |
| 2016 | 9094 | 0.66 | 0.04 | 0.28 | 0.12 | 0.14 | 0.30 | 0.18 | 0.07 | 0.34 | 0.01 | 65.80 |
| 2017 | 10330 | 0.58 | 0.04 | 0.27 | 0.13 | 0.16 | 0.35 | 0.17 | 0.07 | 0.30 | 0.01 | 65.20 |

资料来源：《西藏统计年鉴 2011~2018》。

## 7.3.2　数据实证分析 ◉

将原始数据录入灰色关系系统软件中，运用邓氏关联度通过软件计算各序列的初值像、差序列、极差、关联系数为：r1（n）= 0.598，r2（n）= 0.505，r3（n）= 0.759，r4（n）= 0.771，r5（n）= 0.715，r6（n）= 0.861，r7（n）= 0.567，r8（n）= 0.856，r9（n）= 0.936，r10（n）= 0.722，r11（n）= 0.831，计算的关联度排序如表 7-3 所示。

表 7-3　影响农牧民增收的各因素关联度排序

| 项目 | 关联度 | 排序 |
|------|--------|------|
| 1. 农林牧副渔总产值占西藏农村社会总产值的比重 $X_1$ | 0.598 | 9 |
| 2. 农村工业总产值占西藏农村社会总产值的比重 $X_2$ | 0.505 | 11 |
| 3. 农村建筑业总产值占西藏农村社会总产值的比重 $X_3$ | 0.759 | 6 |
| 4. 非农业劳动力占农村劳动力人数的比重 $X_4$ | 0.771 | 5 |
| 5. 财政支农资金占财政支出的比重 $X_5$ | 0.715 | 8 |
| 6. 城镇人口占总人口的比重 $X_6$ | 0.861 | 2 |
| 7. 工业产值占西藏 GDP 比重 $X_7$ | 0.567 | 10 |
| 8. 初中及以上学历人口占总人口的比重 $X_8$ | 0.856 | 3 |
| 9. 牧业产值占农林牧副渔总产值的比重 $X_9$ | 0.936 | 1 |
| 10. 林业产值占农林牧副渔总产值的比重 $X_{10}$ | 0.722 | 7 |
| 11. 粮食作物播种面积占农业播种面积的比重 $X_{11}$ | 0.831 | 4 |

# 7.4 结 论

通过实证分析得到影响农牧民增收的各因子的关联度强弱分析，具体表现为：牧业产值占农林牧副渔总产值的比重、城镇人数占总人口的比重、初中及以上人口占总人口的比重与农牧民增收高度相关，其余各因素均与农牧民增收中度相关。由此可见，本书中影响农牧民增收的 11 个影响因素都与其具有中高度的关联性，从排序来看，11 个影响因子表现的强弱各不相同。

首先，影响最大的是牧业产值占农林牧副渔总产值的比重，关联度为 0.936，影响农业产业结构的其他因素（林业产值、粮食作物播种面积）等与农牧民增收的关联度则相对较弱，说明在西藏农业产业结构调整的过程中，应在保证粮食供给的情况下，大力发展高原特色畜牧业。

其次，城镇人口占总人口的比重与农牧民增收的关联度为 0.861，说明城镇化也是影响农牧民增收的重要因素，应进一步推动西藏地区城镇化建设。

再次，初中及以上学历人口占总人口的比重与农牧民增收的关联度是 0.856，说明要提高农村从业者的素质，提高其受教育程度及农业从业者的专业技能，促进农牧民增收。

最后，其余影响因素与农牧民增收中度相关，表明应在进一步优化三大产业结构的基础上，进一步提高工业化水平，促进农村劳动力转移，增强财政支农的力度，多项举措促进西藏地区农牧民增加收入，提高生活水平。

# 第 8 章

# 健全西藏精准扶贫体制机制

## 8.1　构建西藏精准扶贫的政策理论体系

### 8.1.1　健全农牧民生存资本　〉

#### 8.1.1.1　改善西藏农牧区经济环境

一方面，增加农牧区固定资产投资，提高农牧业的产出水平；另一方面，通过工业化、城镇化吸纳转移农牧民，重点抓好农牧民技能培训，抓好稳定就业，提高农牧民人均纯收入。通过改善西藏农牧区经济环境，发展现代农牧业，大力发展设施农业和规模化养殖业，加快土地流转和规模经营速度，大力推进农牧业产业化进程，实现自然分散农牧业向集群式农牧业转变。

#### 8.1.1.2　加强水利设施建设

深化体制机制改革，加强水利管理，构建标准适宜、系统完善的防洪抗旱减灾体系，合理配置和高效利用骨干工程，建设功能齐全和长效管护的民生水利体系，有效监控和维护河湖水生态系统，不断提高水利保障经济社会发展的能力。

围绕城镇、农村和农田,积极推动重大水利工程建设,着力构建系统完善、安全可靠的水源供应和防洪抗旱设施体系,稳步提升水资源利用水平。城镇和东部河谷地带农业区重在加强供水、灌溉和防洪排涝工作,加快骨干水利工程的建设步伐,开展索曲河和波仓藏布流域开发,扩大农田灌溉规模。

提高西藏居民生活用水质量,保障生活用水安全。对于饮用地表水的地区,应该强化净水措施,使水质能够达到饮用标准;对于自来水和井水,应该注重水质监控,提高饮水安全。

### 8.1.1.3　提高信息化水平

加强统筹协调,加快新一代信息基础设施建设,推进信息资源共享,提升互联网与经济社会各领域融合发展水平,增强通信安全保障能力,全面提高信息化水平。支持电子政务、电子商务、远程教育、远程医疗、网络安全等重大信息化工程建设。有效整合信息资源,加快完善电子政务、电子商务网络平台,建立单位、系统、行业间网络信息平台,基本建成地县两级电子政务平台,推动信息资源共享,建立农牧、社会保障、教育、卫生、旅游等公共服务信息网络,加强对中小企业的信息服务。强化统计、人口、金融、税收等基础信息资源的开发利用,建立地县两级公共事件预警信息发布系统。以公共服务、社会治安、交通管理为突破口,加快智慧城市建设步伐。建设信息网络安全保障体系,完善信息安全监测监管机制,提高信息安全监管能力。

### 8.1.1.4　完善防减灾体系

建设功能齐全、抗御有力、服务高效的防灾减体系,增强抵御各类灾害的能力,保护人民生命财产和发展所积累的物质财富。以提高高寒牧区抗御自然灾害能力为目标,以牲畜温饱工程为重点,推进畜圈暖棚和饲草料基地建设,加强乡村公路建设和维护,建立防抗灾专项基金,完善地县乡村防抗灾物资储备库和群众自救物资储备设施,基本建成牲畜温饱工程、医疗卫生、疫病防治、道路交通、物资储备、冷链物流、气象保障七大体系,从根本上提高抵御灾害的能力。

## 8.1.2　提高人力资本　◉

### 8.1.2.1　合理控制家庭人口规模

合理控制家庭人口规模主要是防止家庭成员之间因相互依赖而造成生产效率低下问题，其实质并不是限制农牧民人口正常增长，而是主张将家庭人口规模较大的家庭分成几个相对人口规模较小的家庭使其自力更生，这样可以避免由于家庭人口规模比较大而引起的家庭内部的贫困传递。

### 8.1.2.2　提高西藏农牧区人文发展质量

一方面要积极推行农牧区义务教育免费"三包"政策，提高学龄儿童入学率，降低青少年文盲率；另一方面要大力提高农牧民科学文化素质，培养和造就大批新型农民，提高农牧民外出务工技能，来降低人口负担系数。要根据农牧区内外劳动力市场的需求和本地的用工需求，坚持"实际、实效、实用"的原则，积极开展劳动技能培训，加大农村富余劳动力的培训和转移输出力度，不断提高农牧民的工资性收入。

### 8.1.2.3　拓宽农牧民就业渠道

根据人力资源市场的需求，有针对性地开展各类培训活动，组织开展适合产业转移需求和实用型技能培训班，分期分批对不同层次的劳动者进行培训，对农牧区剩余劳动力开展实用技能培训，促进劳动力流动的有效性和稳定性。比如，农畜产品加工培训；致富带头人"创业培训"；汽车驾驶员技能培训；烹调师技能培训；建筑施工技能培训；等等。

职业教育是提升农牧区人力素质的重要抓手，也是增强农牧民就业技能的重要途径。要通过涉农资金整合以及加强与金融资本、社会资本合作等方式，大力推进职业教育学校基础设施建设，建立有专业特色并适应市场需求的职业院校体系。鼓励职业院校面向建档立卡贫困家庭开展多种形式的职业教育，建立起以农民文化技术学校、基层党校、下岗职工再就业培训中心为阵地的职业技能培训体系。鼓励贫困家庭"两后生"就读职业院校并给予政策支持，扩大开展中等职业教育助学贷款，让未升入普通高中的初中毕业生都能接受中等职业教育。

落实税费减免、专项补贴、小额信贷、失业保险等财税、金融政策，积极培育创业主体，以创业带动就业，实现城镇新增就业人员逐年递增。促进高校毕业生、城镇新增劳动力、农牧区转移劳动力就业，支持灵活就业和新就业形态，促进劳动者自主就业。落实高校毕业生就业促进和创业引领计划，带动青年就业创业。

## 8.1.3　健全金融服务体系　◉

### 8.1.3.1　"四台一会"模式

由于资产、抵押物、信用缺乏，农牧区经济发展普遍面临着融资难、融资贵问题。"四台一会"模式以体制机制建设为基础，充分发挥政府管理作用和社会监督作用，能够有效缓解农牧民、中小微企业融资难、融资贵问题。

"四台一会"简介和贷款流程："四台一会"由管理平台、统贷平台、担保平台、公示平台和信用（行业）协会组成。地方政府要充分发挥组织协调作用，推动培育各类平台主体，完善体制机制建设，维护平台主体有效运作，确保平台间的协同配合，使其形成有机统一的整体。

（1）由地方政府指定机构或部门履行管理平台职能。管理平台是"四台一会"模式的核心，负责推动、参与地方产业扶贫规划、项目布局、市场信息发布、产业发展组织协调等工作，在与银行合作过程中，代表地方政府协调与银行合作事宜，并协助做好产业扶贫客户的资料收集、项目评价及相关监督和管理工作。

（2）由拥有借款资格和承贷能力的经济组织担任统贷平台，一般为按市场化方式运营的政府投融资主体或地方大型企业。统贷平台承接银行贷款资金，按照要求批量支持产业扶贫项目。

（3）由专业担保机构担任担保平台，既可以是政策性担保公司，也可以是商业性担保公司，为银行贷款提供担保服务。

（4）由公共媒体机构担任公示平台，负责贷款受理、发放、偿还等信息的公开发布，确保项目贷款信息公开透明，接受社会监督，杜绝信息不对称问题。

（5）在地方政府倡导下，由小微企业、新型经营主体、农户等成立信用协会或行业协会，通过发挥协会成员之间相互监督作用，强化风险管控。

### 8.1.3.2 转贷款模式

转贷款是开发性金融机构助力破解产业扶贫"融资难、融资贵"问题的一种创新模式。转贷款模式能有效整合地方政府、开发性金融机构、地方性商业银行等多方优势，加强各方协调配合、各司其职、优势互补，引导金融资源支持贫困地区特色产业发展。

（1）地方政府或监管部门向开发性金融机构推荐地方性商业银行，开发性金融机构评估审批后确定转贷款合作银行，并提供批发贷款和技术支持。

（2）用款人（企业、合作社、家庭农场、种养大户、农户等）向转贷款合作银行提出贷款申请，由合作银行负责评审，自主决策。

（3）贷款申请审批通过后，合作银行向用款人发放零售小额信贷资金，用于支持扶贫特色产业发展，并归集贷款本息。

（4）地方政府可根据实际情况给予贴息和风险补偿等方面的支持。

## 8.1.4 拓宽社会资本

### 8.1.4.1 提高农牧民生产条件

充分利用现代化信息技术，抵御自然灾害；完善农田灌溉设施，提高灌溉水有效利用系数。在发展目标上，应围绕提高农业装备水平、优化农业发展环境、改善群众生活质量，坚持以效益为中心，把基础设施建设与农业综合开发相结合，与推进城乡经济社会发展一体化战略相结合，与工商服务业发展相结合，构建城乡统一的基础设施网络，将治水、改土、兴林、修路、办电等综合进行。

### 8.1.4.2 改善西藏农牧民的社会环境

全面实施"科教兴藏"战略，大力开展科技攻关，促进科技成果转化、科技推广服务、农牧科技贡献率达到40%以上。加大对科技、文化、教育、卫生投入，促进西藏农牧区社会事业快速发展。提高卫生技术人员技能水平，改善医院卫生医疗条件，提高农牧民参保率，解决农牧民看病难问题。全面建立实施农牧区最低生活保障制度和安居工程，确保农牧民基本生活需求。

### 8.1.4.3　建设覆盖城乡的社会保障体系

以社会保险、社会救助、社会福利为基础，以基本养老、基本医疗、最低生活保障制度为重点，以慈善、商业保险为补充，构建覆盖城乡的社会保障体系。提升城镇各类社会保障水平，提高保障标准，加强服务和管理，确保社会保障基金安全、保值、增值。做好社会保障关系的转移接续，促进流动人口就业。健全完善农牧区各类社会保障制度，基本全面覆盖农牧民。

加强对城乡社会救助体系的动态管理，完善城乡最低生活保障制度，做到应保尽保，逐年递增最低生活保障标准。积极发展以扶老、携幼、助残、济困、赈灾为重点的社会福利事业，鼓励社会参与，加快残疾人服务中心、救助站、救灾仓库等社会福利项目的建设步伐。继续推进廉租房、周转房、公共租赁房建设，增加中低收入群众的住房供给，加快改造老城区，改善群众住房条件，构建多层次的城镇住房供应体系，建立健全住房服务信息管理体系。

### 8.1.4.4　优化交通网络建设

重点推进公路建设，初步形成由公路、铁路、航空等多种运输方式构成的现代化综合交通体系，为全面建成小康社会提供畅达的交通保障。对于农牧区通乡、通村道路进行硬化处理，使农牧民基本出行有所保障。

# 8.2　建立西藏精准扶贫的运行机制

一是落实"四级分工"管理体制。完善"自治区负总责、地（市）直管、县抓落实、乡（镇）专干"管理体制和"工作到村、扶贫到户"的工作机制。按照西藏自治区负总责的要求，西藏自治区扶贫开发领导小组负责统筹协调、资源整合、规划制定、目标确定、项目下达、资金投放、调研督查、分类指导等工作，与各地（市）签订脱贫责任书，每年召开扶贫开发工作会议，把精准扶贫、精准脱贫作为全面建成小康社会的重中之重。各地（市）直接负责扶贫开发，制定好县（区）、乡（镇）、村脱贫规划，落实好财政专项扶贫资金，负责进度安排、项目落地、资金使用、人力调配、推进实施、检查验收等工作。各县（区）要全面落实扶贫工作到户、帮扶到人的工作要求，切实把扶贫政策、扶贫任务、扶贫措施落到实处。各乡（镇）和村要做好项目实施各项工作，形成"上下衔接、左右联动、加大倾斜、合力推进"的责任机制。研究制定科学的精准扶贫目标考核体系，把精准扶贫工作的实绩，作为各级各部门一把手、乡镇主要负责人、驻村工作队、村（居）"第一书记"年度考核的重要内容，列为对各责任主体年终重要考核指标。

二是落实"四到地"工作机制。全面落实"资金到地、任务到地、权力到地、责任到地"的"四到地"工作机制。突出"四级分工"管理体制中的"地（市）直管"职能，强化责权利统一，由各地（市）因地制宜分配扶贫开发资金，落实扶贫开发任务，全面领导区域扶贫开发，并承担相应责任。各地（市）要进一步深化财政资金管理机制、贫困县（区）考核退出机制、精准扶贫机制和社会扶贫机制改革，形成更加完善的扶贫开发工作机制。

三是建立"四联一包"领导责任制。建立各级领导对口联系贫困地（市）、县（区）、乡（镇）和贫困村制度。细化地（市）及县党政领导责任，加强扶贫开发的组织领导，整合行业力量、构建政策体系、整合各类资金、汇聚社会资源，细化扶贫开发工作措施，狠抓督查检查，引导党员干部带着责任、带着感情抓扶贫开发，凝聚起扶贫攻坚的强大合力，加快改变贫困地区发展面貌。

# 8.3　建立西藏精准扶贫的资金筹集机制

非贫困群体相较于贫困群体，有着经济优势，在产业和金融政策方面比贫困群体更易获得政策支持。因此，扶持"特色基地+扶贫龙头企业+贫困农牧民""企业+专业合作社+贫困农牧民"等"精准扶贫产业链"，突出资源禀赋，培育"一县一特色""一乡一产业""一村一品牌"等产业，做优做强乡镇经济和县域经济，提高贫困农牧民自我发展能力。对贫困户发展生产、发展经济组织给予小额贷款、扶贫资金贴息贷款，5万元以下的小额贷款免担保、免抵押，发展村镇银行、农牧民互助资金社等"普惠性金融机构"。

整合相关部门的扶贫资金，把扶贫资金向基础设施、教育、医疗等能够产生普惠性影响的基础性项目倾斜。创新资金竞争性分配机制，把资金分配与精准扶贫绩效、政府扶贫考核相结合,对精准扶贫成效显著,快速提高农牧民增收致富的产业或项目,实施以奖代补的竞争性资金分配方式。此外,还应该加强扶贫资金监督力度,赋予农牧民知情权和监督权,构建自治区、市、县、乡(镇)、村五级监督体系,覆盖全部扶贫项目,成立由自治区、市、县、乡(镇)、村民联合组成的督查组,每年对扶贫项目和资金进行抽查,提高农牧民对扶贫资金使用的满意度。

## 8.4　建立西藏精准扶贫的监管机制

一是创新政府精准识别体制机制。当前精准扶贫识别存在一些问题,如贫困户识别依靠其主动提出贫困申请,片面依据纸质说明。对贫困户进行精准识别、科学建档、动态管理,才能做到"扶真贫、真扶贫"。在精准识别中,考虑西藏各地区脆弱性实际情况,结合"一进二看三算四比五查六议七定"的工作方法。具体方法内容为:"一进"即村委会、驻村工作队、第一书记等对全村农牧民逐户进家走访调查,摸清家庭成员情况、生活状况、家庭人员健康情况、子女教育情况等信息;"二看"即看房子、家电、家具、交通工具等信息;"三算"即测算收入、支出、储蓄、债务等信息;"四比"即与村里其他农牧户比收入、比资产、比生活、比住房等信息;"五查"即查资产(商品房、企业、门面房等)、家庭中担任村干部、家庭中有公职人员等信息;"六议"即结合贫困户申请理由的真实性和合理性,综合各因素考量,逐户评议,争取获得大多数农牧民的认可;"七定"即由村"两委"推荐并公示,乡镇党委、政府复核确定并公示,从而提高农牧民对贫困户精准识别的满意度。

二是创新资金项目整合机制。建立扶贫资金项目整合机制,加大对住建、水利、交通、农牧等涉农单位及援藏项目资金的整合力度,最大限度地发挥项目及资金的经济和社会效益,助力脱贫攻坚工作。

三是创新"五位一体"扶贫机制。整合各方资源和力量,广泛动员和凝聚社会力量参与脱贫攻坚,大力实施党员干部、致富带头人结对帮扶和"百社带千人"活动,着力构建了政府、市场、社会、行业、援藏"五位一体"的扶贫工作大格局。

四是创新动态退出机制。参照全国人均可支配收入 2800 元建档立卡的标准，结合《自治区贫困人口脱贫考核办法》制定了《西藏自治区贫困人口脱贫考核办法》和《西藏自治区贫困人口退出程序》。对达到当年脱贫标准，实现了"三不愁"（不愁吃、不愁穿、不愁住）、"三有"（有就业、有技能、有钱花）和"三保障"（义务教育、基本医疗、环境保护和社会保障有保障）的建档立卡贫困户及时退出建档立卡贫困系统。贫困户退出应该进行民主评议，召开村民代表大会评议贫困户是否达到退出条件，对已经达到退出条件的农牧民，村"两委"和驻村工作队应该上门核实并得到农牧民的认可后审核上报，乡镇对复核后的名单进行批准，并从贫困名单中予以剔除，停止继续享受扶贫待遇。对于贫困户的退出，各级政府及相关部门应该重视和审慎对待，严格按照程序和标准，杜绝"虚假脱贫""数字脱贫""被脱贫""强制脱贫"等现象发生。同时，要做好群众脱贫的思想工作，杜绝恶性事件和群体性事件发生，接受全社会监督，真正实现贫困户有进有出，动态管理。

五是督查机制。分县、乡（镇）、村三级，开展月调度、季督查，以项目实施、资金使用和管理、脱贫目标任务完成等为重点，实施督查，及时发现问题，推进工作落实；坚持以贫困村和贫困群众的满意度作为检查帮扶工作成效的基本尺度，落实"每月一督查、每月一汇报"制度，进一步加强精准脱贫督查考核工作，定期、不定期向贫困户了解工作人员履职工作满意情况。

## 调研案例分析（二）

以昌都市边坝县拥村为例，村委会驻地海拔 4040 米，距离边坝镇 18 千米，距边坝县城 15 千米，2008 年整合而成，共有三个自然村（拥村、扎村和雄青村），全村共 82 户，其中 4 户定居拉萨市。总人口为 487 人（男性 277 人、女性 210 人），劳动力 252 人（男性 128 人、女性 124 人），享受低保政策 30 户、60 人，残疾人 35 人；全村在校学生 96 人，其中在读小学生 70 人，初中生 16 人，高中生 8 人，大学生 2 人。该村属于半农半牧村，全村拥有耕地（全为水浇地）面积 990.9 亩，人均面积接近 2 亩，拥有草场面积 17242 亩，主产青稞、豌豆、芫根等；牧业以饲养牦牛为主，拥有牲畜 536 头。在精准扶贫工作方面：一是召开村民大会，评选贫困户；二是按照扶贫开发户、扶贫"低保户"、纯"低保户"、"五保户"四类进行识别；三是成立以选派支部书记、村委会主任为组长、驻村工作队队长为副组长，村"两委"班子成员、驻村工作队成员为成员的精准扶贫建档立卡工作领导小组，同时设置精准扶贫办公室，由专人负责；四是通过召开"两委"会和群众大会、驻村干部入户走访、党务村务公开栏等方式调动贫困群众脱贫积极性；五是瞄准扶贫对象，找准致贫原因，逐户定制措施，整合资源力量，提高贫困人口自我发展能力；六是完善管理贫困人口建档立卡工作；七是精准登记造册。提高自我发展能力，从而增加贫困人口的收入；注重教育，从意识形态方面改造传统"等、靠、要"的思想；积极引导农牧民创新创业摆脱贫困。

# 8.5　正确应对西藏精准扶贫中的困难

宣传弘扬中华民族扶贫济困的优良传统，在群众中进一步树立"戴穷帽可耻、摘穷帽光荣"的观念，营造"勤劳致富光荣、自主脱贫可贵"的风尚。创新宣传引导形式，组织社科理论界专家学者，围绕做好扶贫攻坚工作，推出一批有深度有价值的理论成果。各级各类新闻媒体要撰写系列评论言论刊播，推出专题专栏。组织专家学者、"农牧民宣讲团"，深入党政机关、基层、农牧区、社区开展巡回宣讲。充分利用城镇主要路段广告牌、LED 显示屏、橱窗、板报、宣传栏等载体，展示和刊播宣传标语，使扶贫政策家喻户晓。加大对脱贫地区"脱贫不脱扶持政策"的宣传力度。西藏主要网络媒体要强化报网互动、台网互动，推出扶贫专题专栏。运用图文、音视频等形式，制作刊发脱贫攻坚有关宣传报道。通过微博、微信、移动客户端等新媒体平台，大力宣传西藏扶贫基本方略，牢牢掌握网上舆论主动权。开展好 10 月 17 日全国"扶贫日"活动，在全社会形成人人关心、人人支持、人人参与脱贫攻坚的共识和行动。大力推进精神文明建设，淡化宗教的消极影响，倡导现代文明理念和生活方式，改变陈规陋习，激发贫困群众自力更生、勤劳致富的内生动力。

# 第9章

# 西藏精准扶贫举措

-------------------------------------------------------------------

## 9.1  西藏农牧区专项扶贫政策举措

### 9.1.1  整乡推进  ▶

整乡推进是指以贫困乡镇为基本单位，以贫困群众为基本对象，以改善基础设施条件、培育发展特色产业、增强自我发展能力为重点，以提高扶贫对象收入、促进乡镇经济社会快速发展为目标，采取"资源整合、统一规划、集中投入、分年实施"的方式，实行部门联动，集中解决制约乡镇发展难题，改善发展环境，缩小发展差距，实现经济社会又好又快发展的一种扶贫模式。

"十二五"时期，西藏扶贫开发规划实施 259 个贫困乡镇开展整乡推进，其中 59 个为新增整乡推进。

#### 9.1.1.1  基本情况

200 个贫困乡镇的整乡推进情况。200 个贫困乡镇的整乡推进行政区域面积达 2561.6 万公顷，分布于西藏 7 地（市）、73 县（区），辖 200 个乡镇、1643 个村民委员会（居民委员会），总户数为 14.16 万户，总人口为 78.06 万人。乡镇经济总收入达 73.13 亿元，粮食总产量达 26.62 万吨、油料总产量达 1.77 万吨、肉类总产量达 7.78 万吨、奶类总产量达 6.36 万吨，农牧民人均纯收入为 3632.53 元。

新增 59 个贫困乡镇的整乡推进情况。根据中央扶贫开发工作会议精神，西藏扶贫开发工作会议确定，在完成 200 个整乡推进的基础上，新增 59 个贫困乡镇被纳入整乡推进。59 个整乡推进辖 464 个村，乡村总户数 37265 户、总人口 208254 人，2010 年农牧民人均纯收入为 3492.15 元。

### 9.1.1.2　建设内容

整乡推进按照"生产发展、生活宽裕、乡风文明、村容整洁、管理民主"社会主义新农村建设的思路，编制整乡推进规划；按照赋权基层、群众参与的要求组织实施整乡推进；按照专项扶贫、行业扶贫、社会扶贫"三位一体"的格局安排实施扶贫项目，整合资源、合力推进。建设项目包括专项扶贫开发项目和行业部门项目，分为基础设施、到户扶持、产业开发、能力建设、社会事业五类项目。

（1）基础设施项目。重点实施人畜饮水、农田草场水利设施、能源建设、乡村道路建设、农户沼气、贫困户安居工程等。

（2）到户扶持项目。重点实施贫困户生产生活资料扶持。

（3）产业开发项目。重点实施种植业、养殖业、农畜产品加工业、民族手工业、旅游业项目等。

（4）能力建设项目。重点实施先进适用技术培训、劳动力转移培训项目等。

（5）社会事业项目。重点实施科技、教育、文化、卫生、社会保障项目等。

### 9.1.1.3　规划投资

整乡推进每个乡镇平均按 500 万元安排投资。"十二五"期间，西藏 259 个贫困乡镇整乡推进规划投资总规模为 13 亿元（见表 9-1），其中 200 个贫困乡镇整乡推进投资为 10 亿元，新增 59 个贫困乡镇整乡推进投资为 3 亿元。每个整乡推进整合行业扶贫、社会扶贫资金不少于 1000 万元。

表 9-1　西藏自治区"十二五"时期整乡推进年度投资计划

| 时间 | 实施整乡推进乡镇数 | | | 投资（亿元） | 备注 |
| --- | --- | --- | --- | --- | --- |
| | 小计（个） | 200 个乡镇 | 新增 59 个乡镇 | | |
| 2011~2012 年 | 80 | 80 | — | 4 | — |
| 2013~2015 年 | 179 | 120 | 59 | 9 | — |
| 合计 | 259 | 200 | 59 | 13 | — |

## 9.1.2　到户帮扶　❷

到户帮扶是指以贫困户为基本对象，按照"缺什么、补什么"的原则，动态瞄准扶贫对象，打捆提出扶持贫困群众补充基本生产资料和特色产业的扶贫开发项目，是实现项目资金公平、公正，提高扶贫效益、落实党的惠民政策的重要方向。"十二五"时期，扶贫开发紧紧瞄准农村最低生活保障制度和扶贫开发政策有效衔接识别出的扶贫对象，大力实施到户帮扶，原则要求60%以上的专项扶贫资金投向到户帮扶，40%的专项扶贫资金实施产业及小型基础设施项目。259 个乡镇的到户帮扶资金在整乡推进资金内安排，其他到户帮扶资金安排如下。

（1）建设内容。贫困户安居、微型基础设施、生产资料扶持、特色产业开发等。

（2）建设规模。瞄准西藏 83.3 万贫困人口，全面实施到户帮扶，重点解决 259 个整乡推进中的发展难题，规划安排到户帮扶对象为 12 万户。

（3）规划投资。到户帮扶每个贫困户按 1 万元安排投资。"十二五"期间规划安排 12 万户、投资 12 亿元，每年完成帮扶 2.4 万户，投资 2.4 亿元。

## 9.1.3　贫困户安居与生态搬迁　❷

农牧民安居工程是西藏自治区党委、政府在新时期帮助贫困群众改善居住条件、落实党的惠民政策的一项重要举措。要科学规划、合理设计、保证质量，对目前建档立卡贫困户住房条件较差、未实施安居工程建设的贫困户继续实施贫困户安居工程建设。对自然条件特别恶劣、生态严重退化、资源极度匮乏、自然灾害频发、人类难以生存的地方，在坚持尊重群众自愿的基础上，积极创造条件，实行易地扶贫搬迁；对重点项目征地的失地贫困人口妥善安置，保证其生活水平稳定提高。

贫困户安居要同生态环境保护、小城镇建设有机结合，要同改善生产生活条件、实现稳定增收有机结合，切实为贫困户提供良好的发展环境。要注重加强统筹协调，创造就业机会，提高就业能力，切实解决搬迁群众户籍、教育、卫生和社会保障等问题，确保贫困群众搬得出、稳得住、能发展、可致富。

（1）建设内容。实施贫困户安居工程、生态搬迁工程，"八到农家"工程及配套基础设施建设。

（2）建设规模。到 2013 年，完成贫困户安居 2.2 万户。

（3）规划投资。对建档立卡贫困户安居工程补助标准由 12000 元增加到 25000 元，三年专项扶贫投资 5.5 亿元。

生态搬迁，坚持群众自愿和生态减压的原则，积极创造条件，对生态保护核心区、自然灾害频发区和重点项目征迁地群众实行易地搬迁。生态搬迁紧密依托推进城镇化进行，加强统筹协调，创造就业机会，提高就业能力，切实解决搬迁群众户籍、教育、卫生、社会保障、保障房和就业机会等问题。积极整合生态补偿、保护区建设、安居工程、小城镇建设、保障房建设、公益性岗位和大学生就业等投资政策，突出交通沿线、城镇周边等重点迁入区域，稳妥推进生态搬迁。慎行转移或加重土地和草场生态负担的农牧业搬迁，专项解决大骨节病区深度治理搬迁和大型土地开垦项目移民搬迁，建设项目征用土地要保证贫困家庭生活水平稳定提高，保证其长远生计得到保障。大型土地整治项目要优先满足扶贫和生态搬迁用地需求。新增土地和荒地荒滩荒坡开发及集体林权改革政策向扶贫对象倾斜。在保护生态环境的前提下支持有序开发矿产资源。2015 年，力争搬迁 10000 户，确保搬得出、留得住、富得起。

## 9.1.4　产业扶贫　❯

加强农田草场水利基本建设，坚持保护与开发相结合，夯实产业发展基础；按照"企业带基地、基地带产业、产业带贫困户"的思路，重点在扶持扶贫龙头企业和贫困地区结构调整上下功夫，扩规模，提质量，增效益；探索以产业化扶贫项目为依托，以融资支持、信贷扶贫、资源整合为基本手段，创新金融扶贫方式，加大对扶贫项目的支持力度；引导扶贫农畜产品加工业在特困地区布局，优化发展环境，加大帮扶力度，加快培育一批新的扶贫龙头企业；加快推进农牧业产业化经营步伐，带动扶贫对象增收致富，做到户户有门路、人人有活干、经常有收入。

（1）建设内容。建设到户或联户的微型农田水利设施，改造中低产田，实现农区贫困户人均拥有 1 亩基本口粮田。改善草原生态环境，实现牧区人均牲畜拥有量不少于 30 个绵羊单位。培育发展与扶贫对象利益联结的种养基地和农畜产品加工、文化旅游、商贸运输、建筑建材、民族手工艺等特色产业，增强"造血功能"，辐射带动贫困户增产增收。依托贫困地区资源，因地制宜，鼓励国有和国有控股企业、民营企业和个体工商户到贫困地区创业发展，带动扶贫对象进入市场，实现企业增效与贫困户增收双赢目标。发展高寒牧区减灾避灾产业，配合游牧定居、棚圈建设、防抗灾体系建设等重大开发活动和草原生态保护补助奖励，稳定牧区贫困户基本生计。

（2）建设规模。培育扶持农牧业产业化龙头企业 30 家，组织扶持农牧民专业合作组织 300 家。

（3）规划投资。规划每年投资 1.1 亿元，专项扶贫投资 5.5 亿元。

## 9.1.5 扶贫培训 ◉

坚持把扶贫培训摆在突出位置，针对扶贫对象劳动技能弱、发展能力低的实际，创新培训机制，深化培训内容，采取定点培训、订单培训、创业培训等形式，多渠道、多层次开展贫困劳动力转移培训。突出劳动力转移就业培训，帮助扶贫对象掌握一项技能，学习一门手艺，达到"培训一人、就业一人、脱贫一户"的目标。

（1）培训内容。扶贫系统干部培训；贫困家庭未继续升学的初高中毕业生等新生劳动力就业培训；扶贫对象种植业、养殖业先进适用技术培训；继续实施"雨露计划"，加强贫困家庭子女转移就业培训；政府公益性岗位扶贫对象培训；民族传统手工艺就业培训；职业技能培训；开展贫困家庭学生助学培训；其他劳动力转移就业培训。

（2）培训规模。到 2015 年，努力完成各类扶贫培训 10 万人次，努力使每个贫困家庭至少有一人参加培训，掌握一项技能，实现稳定就业。

（3）规划投资。规划每年培训 2 万人次，投资 2000 万元，五年共培训 10

万人次，总投资 1 亿元。

## 9.1.6　扶贫试点　●▸

扶贫开发要不断适应新形势、新任务的要求，必须创新工作机制，大胆实践、勇于创新，形成更加有利于促进贫困地区发展的工作机制。

（1）试点内容。第一，创新完善投入保障机制。认真落实财政扶持政策，积极争取国家投资支持，加大地方财政投入力度。第二，创新完善项目管理机制。不断强化扶贫资金的管理，抓好资金使用环节，统筹安排，集中使用，实行张榜公布，接受广大群众和社会舆论的监督，做到公平、公正、公开透明。第三，创新完善组织领导机制。强化组织领导责任，严格执行"一把手"负责制，建立完善县为重点、工作到村、扶贫到户的工作机制，确保政策到位、资金到户、措施到村、责任到人。第四，创新完善开发模式机制。积极探索边境地区扶贫、地方病区扶贫、灾后恢复重建等工作模式，扩大互助资金、连片开发、科技扶贫等试点；积极争取国家专项扶贫资金，开展扶贫试点。第五，创新完善示范引领机制。编制大骨节病区生态搬迁规划、特殊集中连片扶贫规划，积极探索五大扶贫主战场工作经验，实施好《墨脱县扶贫开发规划》试点。第六，继续抓好溜索改桥工作。强化质量建设，加快工作进度，完成 84 条溜索改桥任务。

（2）试点投资。规划扶贫试点投资 3 亿元，其中溜索改桥投资 1 亿元，互助资金、"连片开发"、科技扶贫等投资 2 亿元。比如溜索改桥工程。西藏山高谷深，主要分布在河谷流域地带，土地狭小，居住分散，交通条件仍未得到改善，仍有部分群众依靠溜索、牛皮船、木筏等交通工具出行，事故频发，严重影响人民群众的生命财产安全，已成为制约当地经济社会发展和群众脱贫致富的主要"瓶颈"。由于这些地方不具备最基本的交通条件，整乡推进、产业化扶贫、劳动力转移就业培训等扶贫开发项目成效不大，有的项目甚至无法实施。解决溜索问题成为帮助他们脱贫致富的前提和基础。昌都市、林芝市、那曲市、日喀则市 4 地区的 20 个县现存溜索 84 条，其中牛皮索 8 条（昌都市 6 条，日喀则市 1 条，林芝市 1 条），木筏 5 条（昌都市 5 条），铁索 5 条（昌都市 1 条，日喀则市 4 条），钢索 66 条（昌都市 44 条，那曲市 12 条，林芝市 10 条）。跨度在 5~300 米不等，总长度达 8482 米。

# 9.2 构建西藏精准扶贫开发举措

## 9.2.1 以工代赈扶贫 ▶

西藏各地（市）都有针对农牧民开展的农畜产品加工培训、致富带头人"创业培训"、汽车驾驶员技能培训、烹调师技能培训、建筑施工技能培训等免费培训活动，以满足就业技能需要，实现以工代赈脱贫。以色尼区为例，2017 年改进了就业培训模式，采取了"分析—调研—培训"模式。保证了贫困农牧民的培训就业率，最大限度地避免扶贫就业资金浪费，提高了培训资金的使用率。比如，京藏高速的建设和施工项目对装载机的需求越来越大，而在色尼区产业园区走访中发现该地区贫困户劳动力中缺少装载机操作人员，色尼区人力资源和社会保障局与转移就业组通过对拉萨市各培训学校调研，确定对乡镇无虫草的 30 名贫困户实施为期 60 天的装载机培训，于2017 年 9 月 28 日结业，截至 2017 年 11 月底，初步确定扶贫产业项目中安排 8 名。剩余的 22 名贫困户将自主就业或被安排到农牧民经济合作组织实现就业。

为了将服务企业单位用工与促进就近就业进一步结合，优化劳动力供求信息。各级人力资源部门建设信息化平台，及时发布招聘、职业介绍、技能培训等信息，向贫困劳动者和用工企业单位提供系统性服务。针对贫困户实际情况以及用工单位需求，分门别类地组织实施培训就业或直接就业，构建"用工需求—培训—上岗"和"用工需求—上岗"服务体系。既缩短了劳动者技能提升和寻找岗位的时间，又节省了企业单位招工和培训成本。比如，2017 年色尼区要求承建易地扶贫搬迁项目的施工队必须吸纳该县搬迁户未就业劳动力参与自家房屋建设，实现就近就便劳务输出。

## 9.2.2　生态移民扶贫 ●

### 9.2.2.1　积极稳妥推进搬迁安置

#### 9.2.2.1.1　精准识别易地扶贫搬迁对象

对于生存环境恶劣的区域,强化易地搬迁"挪穷窝",实现搬迁脱贫。坚持"政府引导、群众自愿、积极稳妥、保障基本"的原则,将自然条件严酷、生存环境恶劣、发展条件严重欠缺且建档立卡贫困人口相对集中的贫困地区作为迁出区域,① 将昌都市、日喀则市和那曲市作为西藏建档立卡贫困人口易地扶贫搬迁的主战场。以"搬得出、稳得住、能发展、可致富"为目标,采取综合性搬迁安置措施,利用中央预算内投资、西藏自治区财政配套资金和投融资平台资金,围绕改善搬迁对象生产生活条件和发展环境,建设住房及水、电、路、信(网)等生产生活设施,配套建设教育、卫生、文化等公共服务设施。力争到 2018 年底,完成 6.4 万户 26.3129 万建档立卡贫困人口的易地扶贫搬迁,昌都市搬迁 103361 人,占总规模的 39.3%;日喀则市搬迁 71905 人,占总规模的 27.4%;那曲市搬迁 50335 人,占总规模的 19.1%;拉萨市搬迁 24821 人,占总规模的 9.4%;阿里地区搬迁 8175 人,占总规模的 3.1%;林芝市搬迁 3498 人,占总规模的 1.3%;山南市搬迁 1034 人,占总规模的 0.4%。居住在边境一线地区的建档立卡贫困人口,不纳入易地扶贫搬迁迁出范围。将同步搬迁人口统一纳入西藏自治区"十三五"易地扶贫搬迁规划、工作方案和年度计划,同步搬迁人口可与建档立卡贫困人口共享基础设施和公共服务设施,但不享受国家和西藏自治区建档立卡贫困户易地扶贫搬迁专项资金和政策,所需资金按西藏自治区人民政府相关规定落实。

#### 9.2.2.1.2　强化政策和资金支持

深化户籍制度改革,鼓励贫困人口通过搬迁、务工、就业、创业等形式在城镇落户。降低门槛,促进有能力在城镇稳定就业和生活的农牧区劳动力

---

① 深山石山、边远高寒、荒漠化和水土流失严重,且水土、光热条件难以满足日常生活生产需要,不具备基本发展条件的地区。国家和西藏自治区主体功能区规划中的禁止开发区或限制开发区。交通、水利、电力、通信等基础设施,以及教育、医疗卫生等基本公共服务设施十分薄弱,工程措施解决难度大、建设和运行成本高的地区。地方病严重、地质灾害频发,以及其他确需实施易地扶贫搬迁的地区。边境一线地区不纳入迁出范围。

优先落户。国土部门应积极做好各项国土资源工作,最大限度地保障脱贫攻坚项目用地,为脱贫攻坚规划的实施做好服务支撑工作。统筹使用中央预算内投资、群众自筹资金、专项建设基金、地方政府债券和长期政策性低息贷款资金,各地(市)按照"属地管理、同级审批"原则,审批易地扶贫搬迁项目实施方案,系统地推进易地扶贫搬迁安置住房、安置区配套基础设施和公共服务设施等建设。

### 9.2.2.2 加强扶贫搬迁安置点建设

#### 9.2.2.2.1 创新搬迁安置模式

根据易地扶贫搬迁建档立卡贫困人口生产生活习惯,立足当地资源禀赋和特点,充分尊重群众意愿,因地制宜采取自然村整村搬迁和分散搬迁方式,对相对集中居住在生存环境恶劣、生态环境脆弱或地方病严重区域的贫困群众,以自然村或组(社)为单元,采取整体迁出方式;对分散居住在高山峡谷、洪涝灾害频发区、地质灾害隐患点的贫困群众,且不宜实施整体迁出的,采取部分迁出方式。按照群众自愿、应搬尽搬的原则,统筹考虑水土资源条件和城镇化进程,采取集中安置与分散安置相结合的方式多渠道解决。集中安置方式主要为依托行政村内就近安置、建设移民新村安置、小城镇或工业园区安置、乡村旅游区安置和其他安置,规划集中安置19.5万人。分散安置方式主要为插花安置和其他安置,规划分散安置6.8万人。

#### 9.2.2.2.2 完善安置区各项设施

遵循城乡统筹、布局优化、集约用地、规模适度的原则,规划建设集中安置区。按照扶贫开发与戍边固疆、新型城镇化、新农村建设、产业发展、防灾避灾、反分裂斗争相结合的原则,积极推进建档立卡贫困户住房建设,严格执行不超过25平方米/人的标准(宅基地严格按照当地标准执行),其中单人单户安置住房可采取集中建设公寓或集中供养方式。按照一户一宅方式安置的贫困户,可以在分配的宅基地预留续建空间,稳定脱贫后可自行扩建。同步搬迁人口住房建设应在地方政府的统一指导下,按照安置区规划组织实施,住房面积标准可以建档立卡搬迁人口标准为参照。

#### 9.2.2.2.3 加强土地整治

对迁出区宅基地等建设用地,以及腾退、废弃土地进行复垦,适宜耕作的优先用于补充耕地资源。组织实施高标准农田、土地整理等工程建设,增加耕地数量,提高耕地质量,计划改造基本农田约4.7万亩,新增和改善灌溉面积约 4.3 万亩、复垦宅基地 2.2 万亩，尽可能保障搬迁对象农业生产的基本土地（耕地、牧场、林地）等生产资料。

#### 9.2.2.2.4　搞好迁出区生态恢复

根据国家新一轮退耕还林还草的总体部署，加快对迁出区 25 度以上坡耕地实施退耕。采取退牧还草、农牧交错带已垦草原治理、小流域治理、水土保持、石漠化治理、自然保护区建设等工程和自然措施，对迁出区进行保护修复，纳入相关规划。

### 9.2.2.3　促进搬迁群众稳定脱贫

#### 9.2.2.3.1　发展特色农林业脱贫一批

对于行政村内就近集中安置和建设移民新村集中安置的建档立卡搬迁人口，采取补贴补助、技能培训、技术服务、信息发布、示范带动等扶持措施，鼓励引导其面向市场需求，发展特色种植、高效养殖、林下经济、设施农业、家庭旅游、休闲农业等，推进农村一二三产业融合发展。制定安置区产业发展规划，择优发展特色产业，科学规划种植、养殖业结构和布局，有序推进设施农业、设施养殖业，大力发展高附加值农林产品。积极推进规模化、集约化、标准化建设，培育家庭农林场、专业大户、农民合作社、农业产业化龙头企业等新型经营主体，推进产业基地建设，完善利益联结机制，努力增加经营性收入。促进安置区农产品加工，提高农产品加工转化率。加大农林业科技培训，科研机构、农林业技术推广部门对口建立技术示范点，选派专业技术人员进行包点进户指导。在建档立卡搬迁人口中选择一批参与生态保护与修复，积极开发生态补偿岗位。

#### 9.2.2.3.2　发展劳务经济脱贫一批

对于依托工业园区、产业基地、小城镇、旅游景区、乡村旅游区安置的建档立卡搬迁人口，当地政府要努力拓宽就业、创业渠道，加强就业指导和劳务输出工作，鼓励引导贫困人口向旅游服务业、商贸流通业、交通运输业、工业企业第二和第三产业转移。加大对建档立卡搬迁人口的培训投入，确保有培训意愿和劳动能力的建档立卡搬迁人口每人至少接受一次职业培训、掌握一项就业技能。健全安置区公共就业服务体系，建立基层劳动力就业和社会保障服务平台，加强输出地和输入地的劳务对接，引导建档立卡搬迁人口就地就近就业或向经济活跃区域转移就业，确保建档立卡搬迁人口中有劳动能力和就业意愿的家庭成员中至少有一人实现就业。加快培育劳务中介机构，密切与用人企业的联系，为建档立卡搬迁人口转移就业提供优质服务。支持本地企业优先吸纳建档立卡搬迁人口就业，政府补助资金支持的工程建设项目，应优先雇佣本地建档立卡搬迁人口务工。

### 9.2.2.3.3 发展现代服务业脱贫一批

充分发挥县城、小城镇、中心村等区位优势，扶持建档立卡搬迁人口从事农副产品营销、餐饮、家政、仓储、配送等服务业。加强安置地商贸流通、供销、邮政等系统物流服务网络和设施建设，加快物流服务业发展。加大"互联网+"扶贫力度，推进现代信息技术应用于安置区农业经营、管理和服务。加大电商扶贫培训力度，鼓励建档立卡搬迁人口开设网店和电子商务服务点，拓宽特色产品销售渠道。深入实施乡村旅游扶贫工程，引导和支持社会资本开发建档立卡搬迁人口参与度高、受益面广的旅游项目，支持本地宾馆饭店、景区景点优先吸纳建档立卡搬迁人口就业。积极发展多种形式的休闲度假、旅游观光、健康养生、养老服务、乡村手工艺等产业，实现收入来源多样化。

### 9.2.2.3.4 资产收益扶贫脱贫一批

积极探索"易地扶贫搬迁配套设施资产变股权、搬迁对象变股民"的资产收益扶贫模式。对投入安置区的设施农业、养殖、光伏、乡村旅游等项目形成的资产，具备条件的可折股量化给建档立卡搬迁人口。水电、矿产等资源开发占用集体土地的，通过赋予集体股权的方式，让建档立卡搬迁人口分享资源开发收益。引导建档立卡搬迁人口以农村土地承包经营权、林权、宅基地使用权、大型农机具等折价入股专业合作社和龙头企业，带动建档立卡搬迁人口增收。有条件的地方，可盘活农村闲置房屋、集体建设用地、"四荒地"、林场和水面等资产、资源发展休闲农业和乡村旅游；支持安置地发展物业经济，探索建立物业合作社，将商铺、厂房、停车场等营利性物业产权量化到户、到人，增加财产性收入。

以拉萨市为例，当雄县、尼木县共搬迁入住拉萨市经济技术开发区的劳动力有815人（当雄县354人、尼木县461人），实现了第一批就业583人，其中39人（当雄县27人、尼木县12人）被安排在绿化管养、市政管护、卫生保洁、保安服务行业就业；另外544人已逐一落实到经济技术开发区物业管理公司（106人）、经济技术开发区市政公司（168人）、园区企业（126人）、搬迁点幼儿园（7人）、经济技术开发区汽车服务公司（4人），分别被安排在物业管理、电工、电梯管理员、水暖工人、安全监控员、停车场管理

员、保洁保安、保育员、厨师及驾驶员等岗位，并通过鼓励和引导自主就业
133 人。

以山南市为例，2017 年全市 335 户 1034 人在"十三五"时期易地扶贫搬
迁已全部完成搬迁入住，为 4 个市级集中安置点按需建设了村级组织活动场
所、幼儿园、卫生室等公共服务设施，以及产业配套项目，为搬迁群众创造
了就业机会，保障他们有稳定的收入，实现以岗定搬、以产定搬，确保搬迁
群众稳得住、能致富。首先，加快推进高海拔地区居民进行生态搬迁。贡嘎
县昌果乡高海拔生态搬迁点投资 2.28 亿元，易地搬迁安置 330 户 1259 人。森
布日高海拔地区生态搬迁项目为那曲市搬迁安置 957 户 4058 人。其次，配合
实施昌都市"三岩"片区跨市整体搬迁。昌都市"三岩"片区涉及山南市搬
迁规模为 347 户 2030 人，计划安置在乃东区、扎囊县、贡嘎县和加查县，各
搬迁点均已完成安置点选址工作，其中加查县安置点已开工建设。最后，大
力实施抵边搬迁。全面贯彻习近平总书记给玉麦乡卓嘎、央宗姐妹的回信精
神，坚持西藏自治区党委"屯兵与安民并举、固边与兴边并重"的部署，新
建了杰罗布行政村，正在申请建设龙嘎加萨行政村，实施抵边搬迁 10 处、
274 户 799 人，已搬迁入住 86 户 215 人，以达到戍边稳疆的目的。

## 9.2.3　产业化扶贫　▶

### 9.2.3.1　创新创业扶贫

产业化扶贫模式可以很好地解决农牧民就业难问题，农牧民合作社在精
准扶贫方面发挥了重要的作用。在深度贫困地区推进"一县一品"举措，重
点发展贫困人口能直接受益的农牧特色产业和乡村旅游业，以及劳动密集型
产业等，使贫困群众不离家、不离土解决就业问题，从而带动当地经济的
发展。

以那曲市色尼区为例，按照"四年集中攻坚、一年巩固提升"总规划、
"五个一批"的行动路线、"八个到位"和"六个精准"的工作要求，加强组
织管理，健全"七大机制"，完善政策支援体系，依据任务书、时间表和路线
图，全面实施"十大攻坚行动"，多措并举地合力推进脱贫攻坚工作。

#### 9.2.3.1.1　加强管理，提供组织保障

（1）强化组织领导。首先，调整充实组织机构。调整充实以县委书记为

组长的"扶贫开发领导小组"和以县委副书记、县长为组长的"脱贫攻坚指挥部";调整充实乡镇脱贫攻坚领导小组和脱贫攻坚指挥部。充分发挥统筹谋划、决策部署、沟通协调和督查指导的作用。

其次,加强队伍建设。抽调30余人充实脱贫攻坚指挥部11个专项组;每个乡镇安排2名以上扶贫专干;抽调干部、人大代表、政协委员及村"两委"班子成员组成督查组;抽调384名优秀干部,组建128个驻村帮扶工作组,长年驻扎、包干完成脱贫任务,专职负责脱贫攻坚推进工作;同时每年安排100万元左右的指挥、督导资金。

再次,编织责任体系。坚持脱贫攻坚党政"一把手"负总责,对帮扶工作负主责,层层签订责任书、军令状,压实责任,形成全方位的责任体系。

最后,提供经费保障。县财政安排100万元专项资金,用于县、乡两级的办公设备购置、督导等日常工作,为脱贫攻坚工作的推进提供经费保障。

(2)强化基层组织建设。第一,强化基层党组织建设。利用村(居)组织换届契机,选好配强141个村级"两委"领导班子,发挥引领带头作用。第二,抓好"第一书记"选派。坚持把"讲政治、有思路、敢担当、办实事"的141名优秀干部选任为"第一书记",为村级党组织注入新鲜血液,引导贫困群众结合村情、发挥优势、合理规划,针对性编制帮扶村、帮扶户脱贫规划。

### 9.2.3.1.2 精准识别,打牢攻坚基础

那曲市色尼区在2017年8月的数据系统动态调整中,强化"五个主体责任",按照"一申请、一评议、三公示、一公告"的建档程序,把"四级建档""十项识别""五级减贫"落到实处。首先,"四级建档"。以"十看"(一看房、二看粮、三看畜、四看收入、五看劳力、六看家中有无读书郎、七看车、八看健康、九看残疾、十看存款)为衡量尺度,以县、乡镇、行政村、自然村为单位逐级建立贫困户个人档案,档案做到"五清"(贫困户名单清、基本情况清、帮扶人员清、帮扶措施清、脱贫计划清),同时开展"回头看"工作,做到精准立卡。其次,"十类识别"。对建档立卡贫困户依照"十类识别"(因病、因残、因灾、缺土地、缺水、缺技术、缺劳力、交通、自身发展能力、婚姻)进行分类,按照"一户一策、一户多策、综合施策"的要求,把贫困人口重点对应落实到"十大攻坚行动"中,做到精准施策。最后,"五级减贫"。按照"四年集中攻坚"的全县目标,科学制定五级(县、乡镇、村、双联单位和户)减贫脱贫计划,明确年度减贫目标,最终实现精准脱贫。

### 9.2.3.1.3 扶志扶智并举，增强主观能动性

扶志以自强，扶智以自立，脱贫的内生动力就会奔涌而出。受到传统的消极文化影响，精神上存在严重的"等、靠、要"思想，这是影响脱贫攻坚攻克战最大的"拦路虎"，因此，要彻底告别贫困，一方面得激发贫困群众的志气，做好扶志工作；另一方面贫困还与其受教育程度、文化水平和技能知识有关。因此，2017 年围绕"扶志"结合"扶智"开展了一系列的工作，激发贫困群众的内生动力。在扶志方面，要求各乡镇召集贫困户开展"思想转变"活动，组织自力更生脱贫的贫困群众、创业致富的带头人，带领贫困群众脱贫致富。为了倒逼贫困户的责任落实，出台并下发了扶贫产业和转移就业工作管理办法，明确了贫困户承担的责任。培育有科技素质、有职业技能、有经营意识与能力的新兴知识化牧民，以开拓致富门道，转变牧业发展方式。自脱贫攻坚工作开展以来，组织各类培训 71 次，参训人数达 2042 人。实现转移就业 2831 人，共计增收 2720.8 万元，人均增收 9610.7 元。色尼区将加大力度，创新方式，着力推进扶志扶智工作，让贫困户懂得"既要苦干，更要巧干"的道理。而贫困户掌握了实用技术，才能在发展产业的道路上尽快精准脱贫。

## 9.2.3.2 产业扶贫

综合考虑资源优势、产业基础、市场需求、技术支持等因素，立足资源环境承载力，优化产业布局，合理确定产业发展方向、重点和规模，选择市场前景好、带动作用明显的种植业、养殖业、加工业、商贸流通业、旅游业、资源开发利用类产业项目，力争覆盖 23.8 万贫困人口。

### 9.2.3.2.1 大力发展县域经济

立足贫困地区实际，积极探索布局合理、特色鲜明、集约高效、创新驱动的工业化发展路子，大力发展县域经济。支持市场主体、能人大户、贫困群众创办合作社，推动专业化生产和产业化经营，调动贫困群众的积极性、主动性和参与性，转变观念，激发贫困群众的内生动力，引导贫困群众参与扶贫、自主脱贫，加快形成"一县一品"的产业发展格局。

### 9.2.3.2.2 大力发展种植业

按照"稳粮增收、提质增效"的发展思路，重点建设粮食、油菜、蔬菜、藏药材、林果生产核心区，形成集中连片、功能突出的优势主导产业区。重点实施粮油、蔬菜及设施农业、藏药材、林果及林下经济和产业园建设等精准扶

贫种植业，带动 78096 人如期实现脱贫，产业脱贫人均增收 3100 元左右。

### 9.2.3.2.3 大力发展养殖业

转变畜牧业发展方式，大力发展草食畜牧业。天然草原以草定畜，实现草畜平衡、生态保护，促进牧区畜牧业提质增效；加大农区人工饲草料基地建设力度，大力推行标准化规模化养殖，促进农区畜牧业增量增效。重点实施发展牛、羊、藏猪、藏鸡等特色畜禽养殖业项目，带动 83476 人如期实现脱贫，产业脱贫人均增收 3200 元左右。

### 9.2.3.2.4 大力发展加工业

坚持以高原特色农畜产品生产基地为依托，大力发展农畜产品加工业，提高农产品附加值。民族手工业与旅游、文化产业融合发展，走传统与现代结合的发展路子。重点发展农畜产品加工、民族手工、服饰加工、家具加工等特色加工业，实现 54353 人如期脱贫，产业脱贫人均增收 4000 元左右。

### 9.2.3.2.5 大力发展旅游业

按照"特色、高端、精品"的总体发展要求，以转型升级与提质增效为主线，扩大开放，坚持依法治旅，着力培育旅游品牌、建设精品旅游体系，将旅游业建设成为西藏经济的主导产业，打牢将西藏建成重要的世界旅游目的地的基础。重点建设人文与自然风光开发、乡村旅游、旅游基础配套设施等旅游业项目，实现 120159 人如期脱贫，产业脱贫人均增收 3000 元左右。

### 9.2.3.2.6 大力发展资源开发利用类产业

坚持特色发展、集聚发展、加速发展、绿色发展，创新政策扶持方式，强化资源整合和技术创新，完善市场体系和要素保障体系，做大做强资源优势产业，做优做精特色产业，优化升级传统产业，将天然饮用水产业、清洁能源产业打造形成新的产业增长极，走资源驱动、集约高效、结构优化、绿色低碳的新型资源开发利用道路。重点扶持开采业、页岩、砖加工等建筑建材业，开发光伏、水力、风能等能源，开发优质天然饮用水资源，实现 38069 人如期脱贫，产业脱贫人均增收 2900 元左右。

### 9.2.3.2.7 产业扶贫——以那曲市为例

那曲市在客观总结近年来的扶贫工作经验教训，全面掌握贫困底数、贫困原因及资源禀赋的基础上，创新了"10+2"脱贫攻坚举措，以"十项攻坚行动"付诸实施，改"大水漫灌"为"精准滴灌"，改"钱物支持"为"发展扶持"，为精准施策定准发力方向。

（1）产业+金融攻坚行动。一是政府"打造四大重点项目（即南部新区、特色城镇建设、苏毗小镇、夯错湖湿地景区），培育一个产业园区、六大产业基地（即塘那扎现代牧业产业园区和高原生态功能性产品开发基地、罗玛10村与达萨4村'万亩千畜'基地、那曲镇电子商务示范基地、光伏产业推广基地、精惠十大奶源基地、特色产业基地）"规划部署为主线，以发展"六大产业"（企业吸纳型产业、自主创业型产业、品牌经营型产业、三产拉动型产业、生态补偿型产业、土地红利型产业）为切入点，由政府搭台，整合专项、招商引资、涉农政策、援藏、信贷等资金，采取"1+N"（"1"即企业或合作社；"N"即资源、金融、贫困户等）捆绑发展模式，大力实施51个产业项目，推进产业脱贫。其中直接就业616人次，创收248万余元，人均增收4026元。

二是"短平快"项目。实施13个项目，投资23961.75万元。截至2017年底，已开工建设7个项目（精惠特色畜产品加工、精惠扶贫砂厂、精惠扶贫运输车队、那玛切乡扶贫羊毛被加工、罗玛镇其色村扶贫糌粑加工厂、色尼区扶贫大型机械租赁与维修中心及纳木错水业年产20吨天然饮用水项目），完成投资6708.05万元，累计实现就业234人次，就业增收374670元；项目建成后，预计2080人参与分红，解决832个就业岗位，辐射带动贫困人口1163户、3776人。已初步建成且初见效益的精惠特色畜产品加工、精惠扶贫砂厂、精惠扶贫运输车队3个项目目前实现就业213人次，就业增收292100元；项目全面建成后，799人参与分红，解决198个就业岗位，辐射带动贫困人口354户、997人。"精惠扶贫特色畜产品加工项目"是从脱贫与平衡草畜矛盾、改善生态环境等综合角度确定的项目。具体模式是：以市场价从超载牲畜户处购买6~8岁优质母牛及牛犊，以10~20对奶牛为单位寄养在符合条件且有养殖意愿的贫困户家中；期限为3~5年，期间牛犊及成年母牛所生产的小牛、奶、牛绒、牛毛等均归寄畜户所有，其中每天所产鲜奶除生活所需，可送到精惠特色畜产品销售部设立在乡镇的收奶点，然后运输到制作间生产酸奶、"拉拉"和"推"等奶制品，并由销售部销售，精惠公司每月按市场价格兑现奶款；期满后，有养殖意愿的仍可继续；无养殖意愿的，公司收回母牛交由其他贫困户养殖。2016年已带动贫困牧户167户、790人，年户均增收4万元左右。

三是扶贫招商引资项目。以色尼区精惠扶贫开发有限公司为主体，扶贫招商引进多个项目（金圆粉磨站、商混站、精益扶贫石膏矿开采、金那建筑废旧物资再生利用、金诚面包加工、圣熙青稞食品生产），计划投资82870.32

万元。目前，精惠扶贫公司已同 5 家企业达成合作及入股协议，共同出资 6948 万元，项目已全部开工。项目建成后，可辐射带动贫困人口 306 户 1220 人。

四是"牧发"嘎尔德畜牧业示范基地项目。嘎尔德基地是在原塘那扎产业园基础上改造升级，集农牧科研、作物培育、牦牛养殖、草料加工、旅游观光、防抗灾等多种功能为一体的综合性产业基地，计划投资 7390 万元。目前已完成投资 2217 万元，改良荒滩砂石地 6039 亩，种植绿麦草、箭筈豌豆 5839 亩，种植土豆、芜根等经济作物 200 亩；根据产量数据分析，2018 年人工种草鲜草总产量为 669.95 万斤，干草总产量为 223.09 万斤，饲草以每斤干草 2.5 元的价格卖出，将产生经济效益额为 500 万元左右，经济作物总产量为 22.72 万斤，将产生的经济效益额为 30 万元左右。同时在建过程中，累计兑现群众资金 3652090 元，其中兑现建档立卡贫困群众资金 1882450 元，实现贫困人员就业 128 人次，就业增收 400900 元；项目建成后，预计辐射带动贫困人口 220 户、800 人。

五是小城镇及特色小城镇建设项目。投资 1.2 亿元对色尼区 6 个乡镇（古露镇、罗玛镇、油恰乡、尼玛乡、那玛切乡、孔玛乡），进行中心商业街建设及"水电路信网"等服务生产和生活的基础设施建设，目前已有 5 个乡镇大体完成旧址拆迁（另一个也在旧房测量估价中）。项目建成后，将集牧业、批发零售、仓储运输、旅游、住宿餐饮、居民服务、文化娱乐等多种行业服务为一体。

六是援藏资金预计实施 4 个项目（精惠扶贫商混搅拌站、那曲镇 11 村洛宝秋热山泉水厂、色尼区藏医院藏药制剂厂、那曲镇精诚实业有限开发公司那曲劳务派遣公司等项目），预计援藏投资 2580 万元。目前已全部开工。其中，洛宝秋热山泉水厂董事长多尔古是区直单位退休干部，自筹资金 2040 万元，支持家乡脱贫事业，回报乡梓。目前项目已实现就业 17 人次，就业增收 444000 元；帮扶贫困群众 79300 元，受益 41 户、153 人。

（2）"一乡一社"项目。实施帮扶 14 个乡镇致富带头经济合作组织及项目，投资 4418.57 万元（其中申请贷款 3550 万元）。截至目前，已开工 13 个项目（那曲镇藏香制作销售、那曲镇砖厂、尼玛乡扶贫沙厂砖厂、色雄乡龙庆温泉开发、色雄乡民族手工艺设计制作和砂厂、达萨乡扶贫工程车队、达前乡萨古村畜产品和民族手工艺品、油恰乡布达木朗温泉、劳麦乡预制厂、古露镇城乡一体化服务、罗玛镇牧家阿古经济合作组织扩建、孔玛乡饲料营销合作组织扩建、香茂乡寄畜还畜），完成投资 1160 万元（垫资 945 万元）；

累计实现就业 197 人次，就业增收 945098 元；合作组织扩大后，辐射带动全乡镇贫困人口。

（3）"一乡一品"项目。2017 年，实施 8 个项目，投资 1119 万元。截至 2017 年底，已开工建设 7 个项目（那曲镇汽车维修美容服务中心、尼玛乡热萨护肤品"安塔"加工厂、达萨乡预制砖厂、那若村扶贫砖厂、达萨乡萨多村藏香加工厂、达前乡江扣村平安汽车加水站、香茂乡自驾游营地），完成垫资 235 万元，到位贷款 80 万元，偿还垫资 24 万元；累计实现就业 40 人次，就业增收 315688 元；项目建成后，168 人参与分红，提供 67 个就业岗位，辐射带动贫困人口 101 户、235 人。已建成且初见效益的尼玛乡热萨护肤品"安塔"加工厂、达萨乡预制砖厂、那若村扶贫砖厂、达萨乡萨多村藏香加工厂、香茂乡自驾游营地五个项目累计实现就业 39 人次，就业增收 313840 元；项目建成后，93 人参与分红，提供 42 个就业岗位，辐射带动贫困人口 70 户、135 人。

金融贷款助推产业发展。2017 年，申报金融扶持产业 47 个，贷款资金 5.766175 亿元，已发放特色畜产品加工、精惠扶贫砂石和"一乡一品" 3 个项目共计 2216 万元，累计带动贫困户 220 户 856 人。2017 年共发放精准扶贫小额贷款 5051.5 万元，帮扶 1427 户贫困户自我发展、自主创业。达萨乡 7 村村民达某，2016 年从中央广播电视大学西藏学院毕业回乡后，决定运用自己曾就读日喀则职业技术学院和当兵时等经历积累下的知识与见识，自主创业。2016 年 5 月成立色尼区达萨乡岗恰建筑有限责任公司，业务范围为民房、砂石路面公路、小型桥梁等建设，畜产品贸易，并开办了砂厂、砖厂。在政府引导下调整经营结构，2017 年经县级资质审定合格后，开始承接畜圈暖棚、易地扶贫搬迁项目，同时组建了运输车队。当年提供 40 个就业岗位（贫困人口 2 人），贫困工人增收 25000 元，扶持贫困群众钱物折合 3000 元。2017 年底纯利润可达 40 万元，54 户参与分红，其中贫困户有 8 户 40 人。另外，梳理整合历年援藏沉淀资金达 2000 万元，在中国农业银行色尼区支行设立了"风险补偿基金"，助推招商引资项目及"一乡一品"项目实施。

## 9.2.4　社会帮扶 ❯

### 9.2.4.1　结对帮扶

2017 年，那曲市色尼区 1785 名干部开展结对帮扶 3070 户，帮扶物资折合人民币达 86.8 万元。色尼区把致富带头人纳入结对范畴。2017 年，致富带头人扎西顿珠帮扶结对户西热曲措 3 头牛、措萨 5000 元以及西热卓玛 2500 元，有力地助推了贫困户脱贫。另外，2017 年把结对帮扶"干部全覆盖"提升为"建档立卡贫困户"全覆盖，色尼区 2302 名党员干部职工（其中干部职工中党员有 1980 名）结对帮扶 5003 户 20074 人。根据中央、自治区、地各级脱贫攻坚指挥部的要求，2017 年 9 月初完成贫困户新识别工作，色尼区增加 428 户 3222 人建档立卡贫困户还未结对干部，此项工作正在开展；开展"百社带千人"帮扶活动，鼓励和支持各类企业、合作社参与脱贫攻坚。特别是那玛切乡 5 村的农牧民建筑施工队经济合作组织，该合作组织积极响应"百社带千人"活动，为承建的易地扶贫搬迁户购买家具及义务盖牛粪房，共计 167000 元。

山南市转变干部结对帮扶方式，制定《山南市结对认亲精准帮扶手册》，明确要求除了对于因病、因残完全或部分丧失劳动能力的贫困户，以及单亲家庭因照看小孩和家庭，无法外出务工取得收入的贫困户可以给钱给物外，干部结对帮扶不允许再给钱给物，主要围绕"两不愁、三保障"履行好七项结对帮扶职责。2018 年，各级干部职工共联系服务贫困群众 6.18 万人次，开展扶志扶智教育 7.27 万人次，协调落实政策 3959 项，协助解决上学就医问题 1709 个，投入帮扶物资折资达 1189.36 万元。三年来，各级干部职工"带着群众干、干给群众看"，累计联系服务群众 11.5 万人次，协调落实政策 6885 项，帮助解决上学就医等问题 3881 项，帮助转移就业 2721 人，访贫问苦、解决实际困难等投入资金 3347.6 万元。

### 9.2.4.2　对口帮扶

对口援藏扶贫。那曲市色尼区借助对口援藏契机，一是投资 8000 万元，建成并启用了色尼区杭嘉中学。同时，为了提高教学质量，色尼区所有中小学与杭州江干区各学校结对帮扶，帮助色尼区阻断贫困的代际转移。二是投资 3257 万元开启新一轮的小康示范村建设，那曲镇 28 村小康示范村即将开工，同时为色尼区易地扶贫搬迁结合的小城镇建设配套水、电、路等基础设施和公共服务。三是援藏团队通过各种社会关系为色尼区募集超 2000 万元，重点投向精准扶贫。例如，设立"杭州关爱·医疗救助金""杭州关爱·教育帮困金"，为劳麦乡、油恰乡、达前乡 3 个乡镇中心小学打水井，解决师生喝水难问题。同时援藏团队结对帮扶贫困户 38 户，帮助解决结对户的就业、子女入学等一系列实际困难。

色尼区直机关驻村帮扶。2017 年色尼区直部门、西藏大学、政协办公厅等 7 家单位 13 个驻村工作队帮扶色尼区 13 个村，紧紧围绕帮助贫困群众理清思路、更新观念，结对帮扶、办实事、送政策、送技术，提高贫困人口基础素质和自我发展能力开展帮扶工作。2017 年，通过走访慰问贫困户发放物资折合人民币约 10 万元。争取项目资金约 2000 万元，用于发展产业，改善水、电、路等基础设施和公共服务。特别是在色尼区政协领导的支持帮助下，色尼区政协办公厅为哈热村争取到 200 万元资金用于发展扶贫项目；西藏监证局为古露镇 4 村争取到 7 项扶贫项目，落实资金 135.5 万元；西藏航空公司积极推进改善帮扶村（香茂乡多朋热卡村）的基础设施和公共服务。修建一口 42 米的机井，解决了 3 个自然村用水难的问题。启动修建满曲库自然村至 109 国道 6.08 千米的乡村道路，于 2017 年 5 月完工。协调申请发改委以工代赈人畜简易桥项目，10 月 15 日建成并投入使用。为 3 个自然村各修建 1 所垃圾集中场，每户配套垃圾桶，并为每个自然村修建 10 盏太阳能路灯，现已集成并投入使用。投入 300 万元完成村级标准化文化室建设。

山南市于"十三五"时期，安排援藏资金 3.8 亿元用于实施 11 个"十三五"规划扶贫项目，截至 2018 年 11 月，完成投资 2.66 亿元。2018 年，湖南省、湖北省、安徽省三省党政代表团与山南市对接沟通，双方达成了合作发展现代牧业、设施农业的共识，初步确定了藏猪、藏鸡、奶牛和牦牛养殖等一批扶贫产业项目。教育医疗"组团式"援藏工作成效明显，三年来，三省共选派 420 名教师进藏援教，山南市派出 225 名教师到三省跟岗培训，援藏教师覆盖 3 所高中、11 所初中，覆盖率达 78%。在对口援助省开设了 3 个高中和 1 个初中"代培班"，招录 440 名山南籍学生接受优质教育。邀请三省卫生计生专家进藏，举办各类培训 50 余场次，培训 2300 余人次；选派 160 余名当地医务人员赴三省跟班学习；在三省的大力援助下，山南市人民医院成功创建三级甲等综合医院，山南市藏医院成功创建地市级三级甲等民族医院，山南市妇幼保健院成功创建二级甲等妇幼保健院，洛扎县、隆子县、扎囊县三县人民医院成功创建二级甲等综合医院，措美县人民医院成功创建二级乙等综合医院。

### 9.2.4.3　社会力量帮扶

山南市依靠企业力量帮扶贫困群众。中国华能集团有限公司、中国华电集团有限公司、华新水泥股份有限公司、江南矿业集团有限公司等企业定点帮扶加查县、桑日县、琼结县拉玉乡，顺利实现脱贫摘帽。民营企业"百企帮百村"行动三年来，山南市 215 家民营企业参与脱贫攻坚工作，累计投入资金 6730.31 万元，带动贫困群众 6460 人。浪卡子县羊湖建筑有限公司帮扶伦布雪乡，每年投入 100 万元资金资助当地大学生上学，组织该乡贫困妇女226 人组建民族手工业纺织厂，投资 157 万元修建厂房并配备了编织架等相关生产设备 100 套，兑现工资 153.68 万元。乃东区民族哔叽手工编织专业合作社直接解决 122 人就业问题，人均年收入达到 3 万元，延伸产业间接解决就业 400 余人；近年来，直接帮扶泽当及周边贫困农民、救济病残困难群众折算资金达到 108.4 万元。隆子县隆子河酒店集团共解决 622 名群众（其中贫困群众 135 名）就业问题，年人均工资达 2.6 万元，为 247 户 738 名困难群众累计捐赠价值 600 余万元的物资，累计出资 150 余万元为隆子镇小学、隆子县中学、日当镇小学助学、改善教学设施，出资 20 余万元资助贫困学生 40余人，为 40 户 106 名困难群众累计投入资金 400 余万元建房。措美县月光建筑有限公司每年捐款 1000 万元用于措美县精准扶贫工作，2018 年初已落实2018 年度捐助款。隆子县兴隆扶贫运输有限公司帮扶 51 户 134 人建档立卡贫困群众，先后投入帮扶资金 267.08 万元。

## 9.2.5 科技扶贫 ▶

那曲市为适应新型城镇化发展的趋势，重点发展产业基础好、独有性稀缺性强、附加价值高、增收能力强、满足群众生活和涉及居民的"菜篮子"工程。适度发展资源有特色、市场潜力大，但目前产业基础还比较薄弱的青稞等作物种植。力争到 2020 年畜牧业产业化经营率达到 50%以上，畜牧业产值达到 24 亿元以上。形成 5 个自治区级农牧业产业化示范县、200 个农牧业经济合作社，以及 20 个国家级农牧民示范合作社、60 个自治区级农牧民示范合作社。按照"用现代物质条件装备农牧业、现代科学技术改造农牧业、现代产业体系提升农牧业、现代经营形式推进农牧业、现代发展理念引领农牧业"的要求，科学分析和预测区内外市场需求，以做大做强、做精做细重点产品，建设特色鲜明的特色农产品产业基地为导向，围绕种养、加工、科技服务和市场拓展等重点环节，完善特色农牧业科技支撑体系、保障特色农畜产品综合生产能力、提高产业化经营水平和品牌知名度，重点建设西藏牦牛基地、藏系绵羊基地和绒山羊基地、设施蔬菜基地、青稞生产基地。

## 那曲市五大农业生产基地

西藏牦牛基地。重点推广牦牛经济杂交改良技术、牦牛适时出栏配套技术，犊牛培育及优质牦牛肉生产技术、暖棚养畜及补饲育肥技术。建立牦牛优化饲养配套技术规范，建设标准化、规范化的牦牛养殖、育肥与生产示范、培训基地。

藏系绵羊基地。在核心产区县推进藏绵羊短期育肥基地的建设，重点建设冬暖圈、套网围栏、药浴池、检疫室、草料库、人工饲草地等，提高出栏率，增加肉产量。

绒山羊基地。调整羊群结构，减少普通山羊，增加白绒山羊存栏数量，提高个体产绒量，淘汰杂色山羊。改扩建原种场，包括扩建种羊舍、过冬暖圈、完善人工授精室、饲草料加工房和库房、检疫及实验用房、管理用房等配套生产设施；扩建饲草种植基地。

设施蔬菜基地。建设一批布局合理、特色明显、规模适度、综合效益较高的设施蔬菜示范区，统一规划、统一建设，确保示范区内道路、水电、机械、技术等配置完善。重点发展高效节能日光温室和钢架塑料大棚，增强设施蔬菜产业抗御自然灾害的能力。

青稞生产基地。加强农田设施、低产田改造，改进耕作方式，提高良种覆盖率，提升机械化水平和种田科技含量，挖掘青稞增产潜力，培育优质青稞生产基地。

## 9.2.6　特色旅游带动扶贫

积极促进旅游服务型城镇发展。充分挖掘旅游资源，保护自然生态，加强文化传承，积极发展民族手工业，加大旅游产品开发，完善住宿、餐饮、商业和交通等服务功能，提高旅游接待能力，打造独具魅力的旅游型小城镇。

昌都市贡觉县以生态建设为契机，以脱贫攻坚为目标。规划确定三岩片区贫困群众走"生态+旅游"产业模式，实现持续脱贫增收致富效益，让935户5727名留居群众吃上生态旅游饭。该县规划设计建设金沙江环线旅游区、三岩古村落博物馆、三岩碉楼民族村、经济林木种植示范村、拉妥湿地、阿旺温泉、阿旺绵羊农业产业示范园系列产业，为贫困群众脱贫找到出路。

## 9.2.7 文化扶贫

　　文化扶贫在新阶段就是发展教育脱贫。习近平总书记提出，"教育是阻断贫困代际传递的治本之策"。

　　山南市加快推进项目建设，2017年投入资金1.26亿元新建67所村级幼儿园，已完工62所，剩余5所主体工程全部完工。2018年下达"三包"经费18729.52万元、营养改善计划资金2719.84万元。落实在校大学生资助资金7431.85万元，资助在校大学生10195人。兑现2017~2018年山南市建档立卡大学生资助资金1795.97万元，惠及大学生1609人。落实西藏自治区乡村教师补助和那曲市教育生活补助资金3706.7万元。自2016年起，每年那曲市财政对教育投入25%、援藏资金投入教育30%，三年共投入教育资金5.6亿元，实现了学前至高中阶段15年免费教育政策全面覆盖。实施了学前三年行动计划和城乡学前双语幼儿园建设工程，落实资金2.55亿元新建"双语"幼儿园117所。投入资金1.24亿元实施义务教育薄弱学校改造项目43个，实施34所高海拔学校集中供暖项目和1个高海拔学校风雨操场项目，不断改善农牧区义务教育学校基本办学条件，2017年在西藏率先实现了义务教育均衡发展目标。实施建档立卡贫困大学生免费教育补助政策，三年来累计下达补助资金4683.23万元，资助学生4144人次；三年来累计落实在校大学生资助金1.93亿元，资助在校大学生25573人次。新建普通高中1所，新建中职学校1所，那曲市义务教育在校生有36642人，学前一年毛入园率达到93.05%、两年毛入园率达到90.14%、三年毛入园率达到83.35%，小学入学率达到100%，初中毛入学率达到102.4%[①]，高中阶段毛入学率达到92%，三类残疾儿童保教率达到100%，义务教育巩固率达到99.87%。

　　那曲市色尼区完善建档立卡贫困家庭子女基础信息数据库，分类建立台账，并根据实际情况进行动态管理。经统计确定2017年建档立卡贫困在校学生1452名、"两后生"58名，其中贫困大学生334名（成人高考大学生4名），为落实贫困大学生资助工作，统计城镇"低保"大学生127名，孤儿大

---

　　① 初中毛入学率102.4%是由于存在辍学复学和留级的学生。

学生 28 名；由教育局牵头，联合教育脱贫组梳理针对不同学段的教育资助政策，制成《色尼区学生资助政策明白卡》，发放到各学校、各乡镇、驻村工作队以及贫困户，让社会尤其是学生和家长知晓政策；按照"升学有基础、就业有技能、致富有门路"的要求，为进一步提升人口素质，为色尼区 25 名"两后生"在西藏各地（市）职校报名，使其继续享受教育，同时配合人社部门促进"两后生"转移就业；2017 年投资 12000 万元新建 48 个村级幼儿园、色尼区第二幼儿园、3 所高海拔乡镇学校风雨操场、色尼区完小两栋 5 层教工宿舍（均已完工待验收）；色尼区第二中学一期工程完工并正式招生；筹措援藏资金 16 万元资助建档立卡优秀贫困大学生；设立"关爱贫困学生"基金（援藏资金）每年资助 630 名贫困中小学生每人 1000 元，解决劳麦乡和达前乡中心小学师生饮用水问题（劳麦乡中心小学饮水工程计划投资 30.57 万元，已完成招标）；针对建档立卡外的贫困大学生上学难，设立了 75 万元的"杭州关爱·教育帮扶金"（援藏资金）。

## 9.2.8　劳动力转移扶贫　▶

若政策中规定与现实特殊情况不能有效匹配，就会造成贫困老人无人赡养的局面。比如，明文规定对于有子女的家庭政府不能负担。有些贫困家庭的老人，虽有子女，但子女外出劳动也会造成留守老人无人照顾，不外出劳动子女也不能很好地赡养自己的父母，家庭就会陷入贫困陷阱。现实中也存在有些成年子女收监，不能赡养；子女发生意外不能自理，也不能赡养老人等情况。如果各地（市）能够按照具体情况，灵活地执行相关规定，就可以有效地解决贫困问题。比如，由政府和子女按比例承担养老经费，将老人收入福利院，使子女能够从家庭中解放出来从事其他生产，一方面，可以解决贫困家庭的收入问题；另一方面，可以解决大量的非劳动力贫困人口养老及教育等问题。

以那曲市色尼区为例，2017 年实现转移就业 1824 人，创收 1130.3368 万元，人均增收 6197 元。一是在脱贫攻坚指挥部专门成立转移就业组，抽派县级领导担任组长，各乡镇成立转移就业组，配备专职人员。二是与各乡镇政府签订培训目标责任书，将每期培训转移就业目标任务分解落实到各乡镇，要求县、乡、村、户四级层层签订责任书。三是建立奖励激励机制。为激励贫困户外出务工，转变"等、要、靠"依赖思想，各乡镇、村结合实际，建立了一系列的奖励机制。例如，孔玛乡 2 村的村党支部书记鼓励全村贫困户外出务工，且外出务工收入达到 1 万元，就自掏腰包奖励贫困户 1000 元；香茂乡对长期以来好逸恶劳的人群收取 1000 元的转移就业或牧业发展保证金，如不按期完成转移就业及牧业发展任务，保证金将转为建档立卡老弱病残人员帮扶资金。四是建立定向培训机制。总结各类岗位性质，精准分析，开展订单式培训。五是建立思想转变工作机制。利用主题办"四讲四爱"宣传工作以及各种活动契机，宣传脱贫攻坚工作；各乡镇自发开展思想转变教育活动；抓典型树标杆，广泛宣传先进人物和事迹，发挥典型引路作用。宣传内容主要包括基础法律法规知识、外出务工相关知识、务工人员经济收入及生活水平提高情况，启发教育贫困劳动力转变思想观念、催发内生动力，实现转移就业。六是建立转移就业数据库 4 个。建有 16~60 岁有劳动能力贫困人口实现转移就业人员数据库、16~60 岁贫困劳动力转移就业技能培训需求数据库、已参加技能培训贫困劳动力人员数据库、"十三五"贫困户高学历（大专及以上）需转移就业人员数据库等。七是按照"培训一人，就业一人，脱贫一户、稳定一家"的目标要求，根据人力资源市场需求，采取分析—调研—培训、订单+培训模式，有针对性地分期、分批对不同层次贫困劳动力开展分类培训（农畜产品加工培训、致富带头人"创业培训"、汽车驾驶员技能培训、烹调师技能培训、建筑施工技能培训等 38 个工种），提升就业技术含量，将牧区劳动力向深层次牧业产业或非牧产业转移。截至 2017 年底，已组织实施技能培训 26 期，参训 726 人，实现就业 1842 人，共创收 1130.3368元，人均增收 6850.5 元。八是搭建就业服务平台。针对色尼区劳动力资源丰富、用工不匹配的情况，色尼区计划在 12 个乡镇分别成立劳务公司，构建"用工需求—培训—上岗"和"用工需求—上岗"服务体系，建设基层就业服务网络平台，将用工信息发布、职业介绍、技能培训和就业援助政策落实进行"捆绑"。这样既缩短劳动者技能提升和寻找岗位的时间，又节省了企业单位的招工和培训成本，还能解决"不离乡、不离土、就近就便就业"。目前，那曲镇劳务公司注册手续已办完，公司办公室装修基本完成，已开始启动运营。经与纳木措公司对接完成了 90 余人的劳务输出。

## 9.2.9 "雨露计划"扶贫

"雨露计划"是以政府为主导，旨在提高劳动力素质、提高就业和创业能力,以中职(技校)职业教育、劳动力转移培训、创新创业培训、农业实用技术培训、政策业务培训为手段,促进转移就业、自主创业,帮助贫困青壮年劳动力解决在创业、就业过程中的难题,以发展生产,增加其家庭收入,从而摆脱贫困境遇,促进地区经济发展。"雨露计划"重在人力资源开发,提高人力资本积累。

### 9.2.9.1 不断提升基础教育水平

推进义务教育质量提升和均衡发展进度,让贫困家庭子女就近接受更公平、更有质量的教育。继续实施农牧区学前教育推进工程,加快普及学前教育,全面建设乡(镇)中心小学附设幼儿园,对接好"双语"幼儿园建设项目与易地扶贫搬迁建设规划,优先安排易地扶贫搬迁安置地幼儿园建设项目,确保安置地适龄儿童入园需求。大力推进义务教育均衡发展,加大控辍保学力度,切实履行各级政府主体责任,落实控辍工作责任制,提高入学率和巩固率。统筹做好中等职业学校和普通高中招生工作,优化高中阶段普职结构,力争实现普职比大体相当。积极发展特殊教育,办好特殊教育学校,提高残疾儿童教育普及水平,让贫困家庭子女有学上、上好学。到 2020 年,实现小学、初中、高中(中职)阶段毛入学率分别达到 99.9%、99.9% 和 90% 以上,青壮年文盲率下降到 0.1%。继续实施普通高中改造计划,缩小城乡和校际发展差距。

#### 9.2.9.1.1 西藏城镇与农牧区人力资本投资成本比较分析

西藏农牧区人力资本投资是市场向政府、个人和社会发出人力资本需求信息,社会、个人和政府根据需求信息来进行人力资本投资,具体关系如图 9-1 所示。

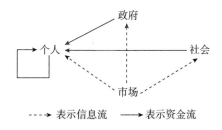

----▶ 表示信息流　　——▶ 表示资金流

**图 9-1　市场、政府、个人、社会之间的关系**

以目前西藏农牧区人力资本投资与西藏城镇人力资本投资进行比较，假设 q 为人力资本质量水平；c 为人力资本投资中的固定成本；v 为人力资本投资中的可变成本，包括国家投资、社会投资和个人投资总和；C 为整个人力资本投资中的总成本，当固定成本相同，只考虑可变成本对人力资本投资的影响时，则有 $C_1 = v_1 q$，$C_2 = v_2 q$，如图 9-2 所示。

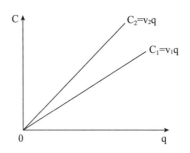

**图 9-2　不考虑固定资本投资时的人力资本投资成本**

通常条件下，教育投资所占人力资本投资额城镇相对于农牧区投资比重较大，而且农牧区物质生活投资也基本上都是自给自足，所以目前城镇人力资本投资成本要高于农牧区，即 $C_1 < C_2$。考虑固定资本投资 $c_1 < c_2$ 时，所得结论相同。

当 $c_1 > c_2$ 时，$C_2 = c_2 + v_2 q$，$C_1 = c_1 + v_1 q$，则有以下三种情况：当 $q < q_0$ 时，有 $C_2 < C_1$，此时城镇人力资本投资成本较少；当 $q = q_0$ 时，有 $C_2 = C_1$，此时城乡人力资本投资成本相等；当 $q > q_0$ 时，有 $C_2 > C_1$，此时农牧区人力资本投资成本较少。如图 9-3 所示。

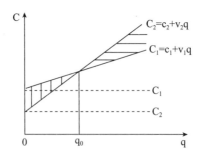

**图 9-3　考虑固定资本投资时的人力资本投资成本**

### 9.2.9.1.2 西藏农牧区人力资本投资收益分析

在不考虑正常条件下的体力资本投资所从事的简单劳动所得，只考虑智力投资和收益时，按照人力资本投资 20 年所需固定成本约为 20 万元，20 年后每年智力投资 1000 元，工作 30 年计算，如果不投资每年损失 2 万元，如果进行智力投资，那么每年人力资本收益增加 3 万元，则有：投资总成本（C）为 20+30×0.1＝23（万元），人力资本损失（S）为 30×2＝60（万元），人力资本收益（I）为 30×3＝90（万元），那么对于人力资本进行智力投资和不进行智力投资收益相差 127 万元。所以进行人力资本的智力投资比不进行智力投资所获收益要高得多。

以 $c_1>c_2$ 时的三种情况来分析西藏农牧区人力资本投资的投资收益情况。假设 $m_1$、$m_2$ 分别为西藏农牧区人力资本投资额和城镇人力资本投资额，而且 $m_1<m_2$，$C_1$、$C_2$ 分别为人力资本投资总成本，且 $C_1<C_2$，$\Delta m$ 为目前西藏农牧区人力资本投资额与西藏城镇人力资本投资额的差额，即 $\Delta m＝m_2-m_1$；$\Delta c$ 为目前西藏农牧区人力资本投资成本与西藏城镇人力资本投资成本的差额，即 $\Delta c＝C_2-C_1$；追加投资回收期为 $T＝\Delta m/\Delta c$。

根据对 200 户农牧民和城镇居民的人力资本投资统计，假设投资回收期为 9 年（以九年义务教育为基本投资回收期），年平均投资总成本包括物质生活、保健、培训、教育等费用，年平均投资额包括政府投资、社会投资和家庭投资总和。农牧区人力资本年均投资成本为 1210 元，人均年投资额为 2675 元；城镇年均人力资本投资成本为 2790 元，人均年投资额为 6633 元；在不考虑外在其他条件的情况下，则追加投资回收期为 $T＝\Delta m/\Delta c＝2.5$（年）。

由于所得结论的追加回收期为 2.5 年，远远小于人力资本投资的基准回收期（9 年），提高城镇人力资本投资水平才能提高农牧区人力资本收益。

## 9.2.9.2 降低贫困家庭学生就学负担

健全贫困学生资助政策体系，完善资助方式，提高资助政策的精准度。进一步完善大学生资助政策体系，资助政策与建档立卡贫困家庭学生精准对接、精准帮扶。落实好高校特困生一次性资助、家庭经济困难新生入学资助、经济困难学生国家助学金、家庭经济困难学生国家励志奖学金等助学政策及资金。出台建档立卡贫困家庭子女高等教育补助政策，整合高校特困生一次性资助政策及资金。实施未升学初高中毕业生接受免费中等职业技术教育或职业技能培训。实施好农村义务教育营养改善计划。建立在校生大病超大医疗费用补充医疗商业保险、意外伤害保险制度。对国家和西藏自治区助学体系暂时没有覆盖的贫困家庭子女提供助学，实施"金秋助学"计划。

### 9.2.9.3 提高教育服务贫困地区能力

进一步提高贫困家庭子女接受高等教育比例，实现就业一人、脱贫一户，阻断代际贫困。实施贫困地区专项计划、地方重点高校招收农村学生专项计划、农村学生单独招生计划，稳步提高农牧民子女接受高等教育比例。各高校落实主体责任，组织高校建立定点扶贫工作机制，大力加强高校毕业学生的就业创业教育与引导工作，积极配合人社部门做好毕业生就业创业指导服务，对建档立卡贫困家庭高校毕业生提供就业政策支持，开展一对一就业指导、提供就业信息和就业服务。实施"互联网+教育"行动计划，促进城乡共享优质教育资源。完善教育对口支援工作机制，积极协调各对口支援省市，有效引导援藏资金更多地投入到教育扶贫工程。深化教育人才"组团式"援藏工作，积极推动东部和中部民办本科院校、职教集团对口支援职业教育工作。高度重视继续教育，构建终身教育体系。积极开展送教、送培下乡活动，组织城镇优秀教师和教研人员送教下乡，为贫困地区提供教育示范和教学资源互补，搭建相互交流学习的平台。大力实施教育扶贫结对帮扶行动计划，建立各级教育结对帮扶关系和学生结对帮扶关系，建立城镇学校校长、教师"一对一"对口帮扶农村建档立卡贫困家庭学生工作机制。创建区、地（市）两级青年创业孵化基地，加大对农村贫困青年的有效扶持，加大希望工程对贫困学生的助学力度，安排西部计划志愿者到贫困地区基层学校支教。发放青年创业小额贷款，扶持带动贫困青年实现就业创业。

### 9.2.9.4 加快发展现代职业教育

改善中等职业学校办学条件，调整优化中职学校专业结构设置，大力建设现代农牧业、现代服务业、生态旅游业、民族文化产业和新兴产业等专业。提高职业教育服务脱贫致富的能力，教育、人社、扶贫、农牧、财政、工青妇等部门要通力合作，根据市场需求，制定培训计划，安排专项资金实施农牧民职业技能培训，发挥中职学校和县级职教中心在职业技能培训中的主渠道作用，搭建好职业技能培训平台，在师资力量、培训场所、实验实训设备等方面提供全方位服务，培训"两后生"并实现转移就业。中等职业教育安排贫困家庭子女专项计划，确保农村贫困家庭"两后生"接受中等职业技术教育和职业技能培训，实现一人长期就业，全家稳定脱贫。其他地区中职班招生计划向建档立卡贫困家庭子女倾斜，优先招录建档立卡贫困家庭子女，教育部门建立建档立卡贫困家庭子女上大学信息制度，学费实行实报实销，路费、交通费实行60%的补助。支持有条件的职业院校设立职业技能鉴定站（所），为就读职业院校学生做好职业资格证书鉴定考核工作，落实职业院校毕业生"双证书"（毕业证和职业资格证）制度。进一步提高职业教育促进脱贫致富的能力，实现"两后生"中等职业技术教育和职业技能培训全覆盖，让贫困家庭子女有技能、能就业，带动家庭增收脱贫。

昌都市贡觉县按照"治贫先治愚，扶贫先扶智"的要求，健全建档立卡贫困学生资助机制，落实学生营养改善计划，改善基础办学条件，加大控辍保学力度，与东风汽车公司沟通协调设立了"东风润苗"教育基金，加大对贫困学生的资助力度。围绕产业发展、基础设施建设等方面的需求，有针对性地引导建档立卡贫困户参加蔬菜林果种植、驾驶、餐饮、民族手工艺等技能培训。2016年以来，贡觉县共完成转移就业培训1849人，完成转移就业995人。

## 9.2.10　乡村振兴扶贫 ▶

从2018年到2022年，是实施乡村振兴战略的第一个五年，西藏应该抢抓乡村发展大变革、大转型机遇，积极推进工业化、城镇化、信息化进程。

第一，推进城镇化进程。以人的城镇化为核心，走以人为本、四化同步、优化布局、生态文明和文化传承的新型城镇化道路，配合草原生态建设和产业结构调整，统筹易地扶贫搬迁与新型城镇化建设，推动搬迁群众和产业建设向城镇和交通沿线聚集。完善城镇服务功能，大力发展城镇经济，吸引人口和第二、第三产业向城镇集聚，进入城镇化快速发展阶段。

第二，完善城乡基础设施。着力改善农牧区通路、通电、通邮、通信等条件，加大对农牧区广播电视设施的投入。新建、改扩建引水工程、水源工程和安全饮水工程，发展民生水利事业。建设分布式小型水电站、光伏电站等能源设施，满足广大农牧区的生产生活用能。整体推进城镇市政设施建设，实现市政管网统一规划、配套建设、同步建成。到2020年，各城镇全部纳入藏中电网供电范围，市政道路全部硬化，普及自来水。各地（市）行署所在地实施集中供暖，政府机关、商务办公楼、宾馆、饭店、学校、医院、大型商场、影剧院、火车站等公共活动场所可先期完成。进一步提高城镇污水及城乡生活垃圾集中处理率，建立垃圾收集、填埋或资源化利用体系。主要政府部门、室内公众活动场所和有条件的企事业单位等配备集中供氧设施，60%的县城有集中供氧设施，宜居性大幅提高。

第三，提升城乡公共服务水平。进一步完善教育教学设施，重点推进农牧区公共教育体系建设，促进教育均衡发展。加大对农牧民技能培训和就业服务力度，提高农牧民文化水平和劳动技能。加强文化体育设施建设，丰富群众文化体育生活。完善以免费医疗为基础的农牧区医疗制度，健全覆盖城乡的社会保障体系。

第四，建设生态型、集约型城镇。充分利用光热资源条件，积极探索符合那曲市特点的城建方式、生活方式、生产技术应用和生产组织模式，重点围绕城镇集中供暖、供氧和光热资源的建筑利用，倡导建设大体量建筑和综合性建筑群，推广使用玻璃暖棚采暖和照明，配套建设室内生态园，建设宜居型、生态型城镇。积极探索将光热、风能资源高效转化为动力或热力能源，用于居民生活、生产和经济社会其他方面，充分节约二次能源。采取紧凑集约的城镇空间发展模式，提高土地利用效率，降低基础设施建设成本。

第五，推进农牧区小康村建设。引导农牧民群众居住适度集中化，促进农牧区实现村庄化、基本公共服务均等化。加强分类指导，重点扶持和建设资源环境条件较好、交通便利、人口较多的村庄，改善村庄公共服务设施，发展成为对周边地区有一定影响力的中心村；改善普通村庄基本的生活和生产设施，加强村庄人居环境整治；推动地处偏远、发展条件较差的村庄逐步减少常住人口，逐步向乡（镇）所在地集中，将闲置的农村建设用地逐步恢复为草地、耕地和林地。着力推进新农村、新牧区建设，"十三五"期间每县集中建设 10 个左右的小康村。

第六，加强农牧区环境综合整治。加强美丽乡村建设，深入推进农牧区环境建设和综合整治，改善农牧区人居环境。全面完成农牧民住房改造和加固任务，打造安居工程"升级版"。充分尊重农牧民意愿，按照"二新五有"（建筑采用新材料，外观呈现新面貌；有干净整洁的厨房、有安全卫生的饮水设施、有清洁能源、有卫生型厕所、有节能取暖设施）的要求，进一步改善农牧民居住条件。以垃圾处理设施为重点开展村镇环境卫生设施建设。通过高寒牧区牲畜棚圈建设等项目，抓好安居工程配套设施建设，从整体上改变农牧区面貌。

### 9.2.10.1 乡村产业振兴

现阶段扶贫已经进入解决深度贫困问题的阶段，产业扶贫成为解决深度贫困地区摆脱贫困的基本路径，是确保贫困户脱贫不返贫、维持生活可持续发展的最有效的方法。

#### 9.2.10.1.1 构建乡村产业体系

推动西藏当地乡村产业振兴，发展现代农业，构建新时代中国特色社会主义新农村产业体系，把产业发展与农民增收紧密联系起来，全力以赴消除农村贫困和贫困的代际传递，推动乡村生活富裕。西藏地区产业链不健全、市场发育程度较其他地区低、农村基础设施太落后，在发展产业过程中往往出现同质化、低端化和恶性竞争情况，不但不能提高农牧民收入，而且在一定程度上造成了资源的浪费。发展西藏特色经济要因地制宜，宜农则农、宜牧则牧，协调发展三大产业。能够依靠自然资源和人文资源发展旅游业的地区，则重点发展旅游业；能依靠传统技艺发展民族手工业的地区，则注重发展手工业；农区注重现代农业与传统农业相结合，发展有机、绿色种植业；纯牧区主要发展牛肉、奶制品、皮革和毛绒加工等产业。结合各个地（市）的实际情况，因地制宜。因地制宜可以对当地的地缘优势、资源优势和劳动力优势进行合理的配置，在维持生态可持续发展的前提下，使优势资源转化为地区收益。例如，在充分发展当地农产品的基础上，那曲市适合发展牦牛、藏北绒山羊等畜牧产业及其皮革加工、毛绒制品和奶制品等产业，林芝市发展旅游产业及其林下资源等产业，日喀则市发展蔬菜瓜果生产，拉萨市发展文化创意产业等，昌都市继续发展商业等，可以使当地资源得到差异化发展，并打造特殊品牌和获取经济效益。

#### 9.2.10.1.2 推进农业供给侧结构性改革

西藏农业发展中受季节性和人为原因的影响，出现土地留置、空置等现象，加快土地的三权分置，坚持质量兴农、绿色兴农，提高土地使用效率和农产品质量效益。

#### 9.2.10.1.3 完善市场服务体系

信息化程度低是制约牧民增收的又一障碍。首先，搭建就业信息对称化平台。贫困劳动力参加就业培训后，就业信息缺失，找不到合适的工作，无法增收；政府提供的工作岗位，有些群众却出于各种原因不愿参与；等等。其次，建立市场化服务体系，依托"农村综合信息服务站"和"益农信息服务社"，开展电商进牧区的试点示范，建设示范村电子商务服务站。加强农村电商人才培养，通过专业培训、技术指导，提高农牧民电商应用水平；开展农村电商便民服务，提供代买、代卖、代办服务，拓展农产品、手工艺品、乡村旅游市场，促进工业品、农业生产资料下乡；针对本村以及周边现有产品进行优化升级、推广，实现多村点商品互采互购；依托村级站点与当地邮政、合作社进行合作，整合农村物流资源，提高配送效率，降低配送成本；优化农牧区电商基础服务水平和能力，解决在地性创收难问题。

（1）提升地区品牌。在西藏各地（市）推动产品扶贫模式，必须产业合理，人员专业。就农产品销售问题而言，人们往往称之为产业扶贫"最后一公里"问题。然而就是这"最后一公里"，却在农牧业生产方面存在最大的难题。贫困地区农产品普遍存在"散""小""非标"问题，市场竞争力不足，市场品牌和质量发展不足，经济效益难以在农牧民身上得到最大程度的发挥。农产品经常存在"有特色无品牌"，均以地区命名，例如，那曲虫草、林芝松茸、亚东黑木耳、昌都黑青稞、琼结鸡血藤等，均为地域质量的代表品牌，但缺乏真正意义上的品牌意识。

（2）发展农村电商。一是完善商贸流通体系。以市场为导向，围绕区内消费和旅游发展，促进扶贫产业走出去，整合和改造现有商贸物流、专业批发市场、仓储设施，加快发展市场体系，引导企业建立"企业+市场+产业"模式，实现"生产、交易、仓储、配送"一体化。依托铁路、干线公路，健全农牧区商品服务网点和物流配送体系，加快推进重点贫困县、乡农畜产品交易市场建设，大力扶持商运大户，继续实施"万村千乡"市场工程，进一步培育传统市场体系，建立"互联网+"和电商扶贫市场体系。培育一批知名"互联网+绿色农牧业"品牌，扶持农产品加工企业通过产业化经营，带动贫困户从事网货生产加工，建立完善的供应体系。到2020年，重点扶持农贸市场、商场及展销中心、物流基地、边境贸易等商贸流通业，新建乡（镇）商贸中心100余个，让贫困群众参与管理或入股分红，实现118200人脱贫，产业脱贫人均增收3125元。

二是深入实施电子商务工程。建设西藏电子商务平台，推动安全认证、综合信息认证、支付结算、仓储物流等支撑体系建设，引导网上零售、现代物流和第三方支付企业有序发展。加快贫困乡村宽带网络建设，采取有线和无线结合的办法，扩大网络覆盖面。安排专项资金扶持农村电商发展，重点建设县、乡、村三级物流配送体系。采取"电商平台+园区+培训"等方式，整合贫困地区优势产品，对接市场。支持快递物流企业在贫困乡村设立服务网点，推动加强邮政、供销、商贸流通、交通、电商、快递等相关农村物流服务网络和设施的共享衔接，鼓励多站合一、资源共享、市场化合作，建立适应"工业品下乡、农产品进城"双向流通需要的农牧区物流信息服务平台和配送体系，推动第三方物流、共同配送在农牧区的发展。积极探索跨境电子商务，开辟西藏旅游、文化、特色优势产品的"网上天路"。依托农牧业经济信息网，加大贫困地区特色农牧业电商产品的推介力度。鼓励发展基于互联网的众创、众包、众扶、众筹等空间，培育发展分享经济，完善中小企业公共服务平台网络体系建设，鼓励大众创业、万众创新。

三是建立健全电商扶贫机构。成立电商协会，形成政府、协会、合作社、驻村工作队共同推进电商扶贫的工作机制。建立网店服务体系，完善县（区）电商服务中心、乡服务站和村服务点功能及配套设施，健全上下游服务链，建立网货供应监管体系。建立电商创业孵化中心，为贫困户免费提供办公场所和办公用品，提供"产品—开店—营销—物流配送—技术指导"的一站式电商创业服务，帮助贫困户开设网上店铺销售本地产品。建立"以创业带就业、以创业带扶贫"的"一创双带"脱贫机制，让贫困人口实现零门槛创业。确定特色主业、主打产品，按照规模化种植、标准化生产、商品化销售的要求，加工适宜网络销售的优质产品。

四是建立电商人才培训考评体系。制定培训规划、方案，整合现有培训资源，构建由政府相关部门、社会团体、高等（职业）院校及电商龙头企业为主体的电商扶贫人才培训体系。通过培训村干部、大学生村官、致富带头人等方式，帮助贫困农户对接电商平台。建立考核评价体系，把电商扶贫纳入扶贫工作体系，与其他扶贫工作同安排、同部署、同检查、同考核、同奖惩。

五是提升农产品附加值和市场竞争力。当地政府应该大力培育和发展农业龙头企业，充分调动农村电商、返乡大学生等各种社会资源，鼓励发展"电商+龙头企业+产业+贫困户"的产业化经营新模式，而且鼓励创新创业。例如，西藏没有一家酿醋厂，而当地的青稞、玉米等资源都是酿醋的良好原料，均被当作粮食消耗掉；土豆产品非常丰富，对于粉条的消费却主要来自其他地区，深加工动力非常不足。"电商+龙头企业+产业+贫困户"的产业化经营新模式使贫困地区形成能够满足市场需求的、集约化、现代化的农业产业体系，提升农产品附加值、规模效益和市场竞争力。

（3）发展农村物流。农村电商为农产品发展提供了一个良好的渠道，但是西藏交通路线长、运输成本高是制约农村电商精准扶贫的"瓶颈",没有补贴,资本就不会进去。贫困地区物流基础设施滞后、产地仓等模式应用难度大,物流成本占总成本比例高,严重制约着农产品流通。所以应该出台物流补贴相关精准优惠政策,加快农产品物流设施建设,打通贫困户产品线上销售关键环节,激发贫困群众脱贫主动性和积极性。

### 9.2.10.2 乡村人才振兴

#### 9.2.10.2.1 打造"三农"人才队伍

习近平总书记在党的十九大上提出要培养懂农业、爱农村、爱农民的"三农"工作队伍。西藏农牧民群众是乡村振兴的主力军,但也是贫困的主体。农牧民不懂农业,不爱家乡,不爱自己的职业,对于自身和当地产业发展具有严重的阻碍作用,应千方百计使农牧民技有所长,发展好高原农业。

#### 9.2.10.2.2 农村人才集聚农村

鼓励西藏籍大学生返乡创业、鼓励其他地区知识分子去西藏农村发展。加快培育新型农业经营主体,让愿意留在乡村和建设农村的人才能够靠得住、用得上、留得下,在农村大展才华,形成人才、土地、资金、产业汇聚的良性循环。

#### 9.2.10.2.3 打造新型农民队伍

2013年12月24日,习近平总书记在中央农村工作会议上指出,"要提高农民素质,培养造就新型农民队伍,把培养青年农民纳入国家实用人才培养计划,确保农业后继有人。"我国经济发展已经进入了新时代,由于农产品的附加值非常低,从事农业生产的人也越来越少。

西藏虽然是农牧民占主体,但真正从事农牧业生产的农牧民劳动力数量相对较少,加之土地对于农民的禁锢性很强,导致整个家庭人口都不愿脱离土地从事其他生产。应鼓励年轻人务农,以职业农民为重点,构建职业农民队伍,将其他人员从农牧业生产中解放出来,从事其他产业。

### 9.2.10.3 乡村文化振兴

#### 9.2.10.3.1 焕发乡村文明新气象

提高西藏农村社会文明程度,焕发乡村文明新气象。实施乡村振兴不能仅看农牧民口袋的票子有多少,就认为其摆脱了贫困,而应该关注其生活质量有没有改善、人们的道德规范和人文精神有没有提高、民俗和民风有没有变化等。

#### 9.2.10.3.2　改变农民精神面貌

加强农村思想道德、公共文化和家风建设，挖掘优秀传统农耕文化蕴含的思想观念、人文精神和道德规范，发展乡土文化、弘扬社会正气，培养文明乡风、良好家风和淳朴民风，改善农牧民精神面貌。

#### 9.2.10.3.3　物质文明和精神文明两手抓

西藏农村的精神文明建设必须跟上时代的步伐，不仅在文化领域有所进步，而且应该注重思想领域的进步与革新，使农牧民群众能够解放思想，追求新事物、接受新思想。

### 9.2.10.4　乡村生态振兴

#### 9.2.10.4.1　坚持绿色可持续发展

要坚持乡村生态振兴，加强农村突出环境问题综合治理力度，做到可持续发展。比如，随着现代化农业技术的发展，很多专家学者致力于研究青稞品种的改良。西藏当前种植的青稞品种产量低、抗倒伏能力差，专家研制出矮化品种，不仅产量高，还抗倒伏，不过在地区推广种植中却遇到了困难。当地群众拒绝种植该品种，主要原因是矮化青稞秸秆不能满足冬季的牲畜草料需求。牲畜没有草料自然面临饿死，没有牲畜，以牦牛粪为燃料的农牧民就面临取暖紧缺等问题，原有的生态系统被打破，农业将不可持续发展。

#### 9.2.10.4.2　改善人居环境

建设社会主义新农村，积极推进农牧区"厕所革命"，完善农村生活设施，要根据农村自身条件和发展规律，扬长避短，构建安居乐园和美丽家园。

#### 9.2.10.4.3　留住青山绿水，记住乡愁

建设美丽家园，要留得住青山绿水，让良好的生态环境成为乡村振兴的支撑点，注意乡土味道，留住乡村风貌，记得住乡愁。

### 9.2.10.5　乡村组织振兴

#### 9.2.10.5.1　加强农村基层组织建设

基层党组织在农牧区经济发展中发挥着重要的管理作用，深化村民自治制度，发展农牧民经济合作组织，以政府负责、社会协同和公众参与的乡村治理模式推进贫困治理工作。强化党员队伍建设，不忘初心、牢记使命，发挥好党组织的战斗堡垒和先锋模范作用，维护基层社会稳定，实现乡村振兴。

### 9.2.10.5.2 注重"两委"班子建设

农村发展的好坏，一定程度上取决于"两委"班子的发展思路和规划。村子当中不需要地痞流氓当书记和村长，也不需要族群集聚选出的贵人，而是需要真抓实干、为民谋利的好班子和好带头人，在乡村振兴和精准扶贫中发挥积极作用。

# 第 10 章

# 西藏精准扶贫实践案例

## 10.1 那曲市贫困与反贫困实践

### 10.1.1 那曲市概况 ❯

那曲市地处唐古拉山脉、念青唐古拉山脉和冈底斯山脉之间的青藏高原腹地，是西藏的北大门，地处承南继北、东接西连的交通枢纽位置，紧邻青海省、新疆维吾尔自治区，与西藏自治区的昌都市、林芝市、拉萨市、阿里地区、日喀则市 5 个地市毗邻，是西藏对外开放的重要窗口，是藏东和藏西的联结纽带，是藏中经济区的北部重地，是藏北最为重要的政治、经济、文化和经贸流通中心。青藏铁路、青藏公路、格拉输油管线、兰西拉光缆、青藏直流联网等西藏的"生命线"贯穿那曲市 500 多千米；设施先进、功能强大的青藏铁路那曲物流中心就位于地区所在地那曲镇，区位优势为西藏独有。

2016 年，那曲市生产总值完成 106.24 亿元，同比增长 9.7%，公共财政预算收入为 6 亿元，同比增长 16.28%，社会消费品零售总额为 18.7 亿元，同比增长 8.44%，城镇居民人均可支配收入达到 28308 元，同比增长 8.2%，农牧民人均可支配收入达到 8638 元，同比增长 9.9%。

那曲市平均海拔在 4500 米以上，总面积达 45 万平方千米，下辖 11 个县、

114 个乡镇、1190 个村（居）委会，总人口为 50 万人，其中有 8 个重点扶持县、91 个重点乡镇、952 个重点扶持村和 26718 户、10.24 万贫困人口。建档立卡贫困人口有 26718 户、102402 人，全地区深度贫困人口约占地区农牧区总人口的 22.33%；还有家庭人均收入 2800 元以下的农村贫困人口 8996 户36658 人、城镇贫困人口 2260 户 6726 人，另外部分 2016 年 11 月前未落户的家庭人均收入在 2800 元以下的贫困人口未列入扶贫对象。

## 10.1.2 那曲市贫困的主要原因 ▶

那曲市自然条件、基础设施及生产生活条件水平等相对西藏自治区及其他地市差距较大，制约经济社会发展因素多、"短板"问题突出。

自然环境差，地区平均海拔在 4500 米以上，平均海拔在 4700 米以上的县有 6 个；114 个乡镇中平均海拔在 4500 米以上的有 89 个，占地区乡镇的78%，其中海拔 4700 米以上的有 57 个乡镇，占地区乡镇的 50%，海拔 5000米以上的有 9 个乡镇，占地区乡镇的 8%，夏季空气含氧量仅为海平面的58%，年平均气温 -1℃~2℃，绝大部分地方绿色植物生长期只有短短 3 个月，每年八级以上大风天数达 100~150 天。受自然环境影响，工程建设难、招商引资难、经济发展难、民生改善难。特别是由于气候高寒，导致施工期非常短，每年有效施工期仅为 5 个月；由于地广人稀，导致工程建设周期成本非常高；由于环境恶劣，导致工程项目自然损坏速度非常快。

基础设施差，到 2016 年底，那曲市乡镇公路通油率只有 57%，与西藏自治区提出的到"十二五"末西藏乡镇公路通油率达到 60% 的目标还有很大差距；通畅乡镇 64 个、建制村（居委会）219 个，通畅率分别仅为 56.14% 和18.4%，与西藏乡镇 78.8% 的通畅率和村 35.03% 的通畅率差距较大；乡镇"断头路"比较多，没有形成交通环线；所有乡镇均没有开通客运班车，个别乡镇仍为季节性通车。

吃水条件差，全地区还有 7.3 万人面临饮水困难问题。用电条件差，那曲市电网覆盖 9 个县 59 个乡镇，632 个行政村，约 33.08 万人，人口覆盖率约为 65%。25.29 万名群众仍使用"金太阳"户用系统。通信条件差，行政村通信网络综合覆盖率仅为 75.63%，绝大多数行政村只有村（居）委会所在地有信号。

教育教学差，那曲市学前教育和高中入学率分别仅为 61.11% 和 56%，分别比西藏平均水平低近 6 个和 20 个百分点。医疗卫生差，那曲市卫生专业技术人员 1319 人，每千人平均卫生技术人员 2.64 人，低于西藏平均水平 1.78 人；全地区人均寿命 62.4 岁，远低于西藏的人均寿命 68.7 岁。

与兄弟地（市）和西藏平均发展水平差距大。那曲市人均生产总值、人均固定资产投资、人均社会消费品零售总额、人均财力等指标在西藏六市一地中均排名较落后；2016 年底农牧民人均可支配收入 8638 元，低于西藏平均水平 456 元，年均增速排名在西藏较落后；全地区城镇化率仅为 12.22%，比西藏平均水平低 11.48 个百分点。可以说，那曲市是西藏全面建成小康社会的薄弱区之一。

## 10.1.3 那曲市脱贫攻坚采取的措施

2017 年，西藏自治区给那曲市下达任务为脱贫 9000 人、比如县摘帽、106 个贫困村退出、易地扶贫搬迁 22568 人。那曲市按照《关于坚决打赢"十三五"脱贫攻坚战的实施意见》（那委〔2016〕30 号）年度脱贫任务，结合实际提出"力争 2017 年脱贫 23285 人、比如县摘帽、106 个贫困村退出、易地扶贫搬迁力争完成那曲市'十三五'时期的全部搬迁任务，脱贫人口人均纯收入超过 3850 元，人均可支配收入增长幅度保持 18% 以上，返贫率控制在 3% 以内"目标。

（1）强化组织领导促扶贫。2017 年那曲市结合自身实际，总结提出了"1245"总体思路，提出了围绕"打赢脱贫攻坚战、实现全面小康"这一目标，把脱贫攻坚作为那曲市今后一个时期的首要任务，作为总抓手来推动其他各项工作。结合当前工作重点，进一步调整、充实指挥部人员，明确各专项组牵头领导和脱产人员，目前指挥部在编人员 90 人，其中脱产人员 60 人。

（2）强化部署促扶贫。2017 年 2 月 19 日，那曲市召开地区脱贫攻坚工作会议部署全年工作，逐级签订目标责任书，把脱贫攻坚工作与经济工作同步同向同位落实，做到主要领导亲自部署、亲自安排。那曲市地委、行署研究出台了《那曲市脱贫攻坚工作责任追究办法》，地区脱贫攻坚指挥部研究制定了《那曲市 2017 年脱贫攻坚工作要点》及各专项工作实施方案，同时下发了《关于加强结对帮扶工作的紧急通知》《关于加强信息报送工作的通知》等，确保各项工作落到实处、落到每一个部门。

（3）强化宣传引导促扶贫。积极宣传脱贫攻坚政策，帮助贫困群众树立自主创业、依靠自身努力逐步摆脱贫困的信心，各级各部门围绕"十三五"脱贫攻坚工作和学习宣传贯彻扶贫开发工作会议精神。一是由地区脱贫攻坚指挥部宣传组牵头，邀请《西藏日报》、西藏电视台、《那曲日报》以及当地电视台等新闻媒体，组织召开了2017年脱贫攻坚宣传报道推进会，研究宣传报道工作。二是整合各类宣传教育资源，编写藏汉文脱贫攻坚宣传标语，利用城镇主要路段广告牌、LED显示屏、橱窗、宣传栏等载体，展示和刊播宣传标语；通过各级报刊、电视台、微信等媒介大量宣传脱贫攻坚"八个到位""六个精准""五个一批"等政策措施及相关工作动态120余条。三是脱贫攻坚指挥部会同那曲市地委宣传部举办了那曲市"脱贫攻坚　典型引路　凝聚力量　奔向小康"脱贫致富先进典型电视颁奖晚会，集中表彰了那曲市21名脱贫致富先进典型，进一步传递脱贫致富正能量。四是那曲市委讲师团组织宣讲团分赴各县、部分乡镇开展脱贫攻坚工作巡回宣讲，那曲市脱贫攻坚指挥部工作人员深入地直机关单位开展政策宣讲。深入解读精准扶贫脱贫的重大现实意义和深远历史意义，让全地区各族干部群众深刻认识到精准扶贫和精准脱贫的重要性、艰巨性和紧迫性，进一步提高干部群众对脱贫攻坚的认识，形成了社会各界人士广泛参与的良好氛围。

（4）强化党建促扶贫。坚持把精准识贫、精准扶贫、精准脱贫贯穿党建工作全过程，把党建与扶贫同部署、齐推进，以党建扶贫促精准脱贫。一是地区脱贫攻坚指挥部成立临时党支部，由副总指挥长担任书记，并要求各县脱贫攻坚指挥部相应成立临时党支部，体现党对脱贫攻坚工作的全面领导和对脱贫攻坚工作的大力支持，为决胜脱贫攻坚提供坚强有力的政治保证和组织保障。二是充分发挥村"两委"班子的作用。立足农牧区党员干部熟悉基层情况、了解群众现状的特长优势，通过驻村工作队的"传帮带"作用，引导农牧区党员干部积极协助"识真贫"，主动配合"真扶贫"，全力助推"扶真贫"，切实提升精准扶贫工作质量。三是充分发挥驻村第一书记的作用。选派驻村工作队、配强第一书记，进一步加强基层扶贫工作的有效组织措施。在全地区1190个行政村实现了第一书记全覆盖，确保每个村都有驻村工作队、每个贫困户都有帮扶责任人。

（5）强化督导检查促扶贫。一是完善脱贫攻坚体制机制，制定出台《产业项目资金管理办法》《生态岗位人员管理办法》《信息报送制度》《那曲市脱贫攻坚月绩效考核办法》及《那曲市建档立卡贫困户家庭经济收支情况统计表》等。二是加强督导检查，采取各指挥长分片督导，那曲市中直单位联合督导检查等方式进行。三是加强结对帮扶工作。2017 年以来，各级各部门积极开展结对帮扶工作，帮钱帮物折合 92.39 万元，帮助贫困群众梳理脱贫致富路 128 条，累计为贫困群众提供就业岗位 53 个。聂荣县政协委员深入到107 名特困户、残疾人家中开展"四讲四爱"主题教育，发放慰问金共计3.87 万元。积极推进"百企帮百村"活动，4 家企业累计出资 37.79 万元帮扶 90 余名贫困群众。那曲市金路工程有限公司计划每年拿出 30 万元，免费培训 50 名贫困群众。

（6）强化产业脱贫促扶贫。那曲市结合资源禀赋和脱贫攻坚工作实际，突出牧业、旅游、物流商贸、小城镇商品房、"短平快"项目、乡村合作组织、园区产业、虫草产业八个方面的产业建设内容，编制了产业脱贫规划，计划实施产业项目 586 个，计划在今后 3~5 年带动 4.3 万贫困人口脱贫，辐射带动群众 10.4 万人受益。一是加快产业项目审核落地步伐。2017 年以来，那曲市计划投资金额 59.19 亿元，计划产业项目 331 个。其中：地区统贷项目 284 个，总投资 53.49 亿元；非统贷项目 47 个，总投资 5.7 亿元。截至2017 年 11 月，区地两级整合下拨产业发展资金 16.51 亿元，完成投资 24.8亿元，开工产业项目 276 个，开工率为 83.38%，完工项目 35 个，完工率为12.6%。其中：地区统贷项目 229 个、完成投资 22.2 亿元（含地区风险补偿资金 4.7 亿元），非统贷产业扶贫项目 47 个、完成投资 2.6 亿元。二是通过与行业部门协调衔接，进一步梳理深度贫困地区"十项提升"工程（水电路信网、教科文卫保）项目 346 个，总投资 66.934 亿元。三是扶贫产业项目效益显著。截至 2017 年，全地区已投入运行产业扶贫项目 57 个（其中，2016年产业扶贫项目 22 个，2017 年产业扶贫项目 21 个、非统贷产业项目 14 个），实现产业扶贫项目经营收入 2500 余万元，通过采取贫困群众参与、入股、分红等方式，带动 10320 建档立卡贫困人口实现产业脱贫，占"十三五"产业脱贫人数的 24%。四是提高援藏对口扶贫工作水平。认真贯彻落实东西部扶贫协作座谈会和西藏自治区党委、政府那曲工作会议精神，积极与浙江省、辽宁省两省和中央五大企业沟通对接，进一步加大援藏资金向产业领域倾斜力度，并整合使用。浙江省和辽宁省援藏产业项目共 49 个，总投资 63267 万元。其中：浙江省 18 个，总投资 40511 万元，辽宁省 31 个，总投资 22756 万元。五是认真梳理深度贫困地区扶贫产业项目。进一步分析那曲市深度贫困地区扶贫产业项目盘子筛选工作。截至 2017 年已经初步筛选项目 431 个，计划投资 150.02 亿元深度贫困地区项目资金。其中：农牧业 176 个，投资

57.59 亿元，占总投资的 38.39%；文化旅游业 47 个，投资 47.73 亿元，占总投资的 31.81%；其他项目 208 个，投资 44.7 亿元，占总投资的 29.8%。六是立足资源禀赋，创新产业发展新模式。按照"抓两头、促中间"牧业发展思路，实施"万亩千畜"项目 21 个，总投资 15.79 亿元，已开工项目 20 个，完成投资 5.92 亿元。与兄弟市达成协议，山南市为那曲市落实 6051 亩草种草籽种植基地，已完成种植；那曲市牧发公司与日喀则市签订购草协议，每年购置草料不低于 1.8 万吨；积极探索草场流转经营开发新模式，那曲市牧发公司在尼玛县、色尼区流转退化草场 2.5 万亩，并进行人工饲草种植，同时引进北京秋实集团联手打造那曲市优质畜牧业品牌；与拉萨市就畜产品展销中心项目用地选址达成初步意向，已投入使用。在旅游产品开发上，规划了"一心、一带、两环、三片区"旅游布局，计划贷款 14.6 亿元，打造 14 个景区景点，建设旅游标志、标牌等基础设施，计划 3 年内带动建档立卡贫困人口 18250 人脱贫增收。七是狠抓经济合作组织。采取"政府主导、合作社参与、能人带动"的方法，为那曲市每个乡镇安排贷款资金 300 万元，组建或壮大乡镇合作组织，将乡镇内所有贫困人口全部纳入合作组织，贫困人口以入股分红、带动就业、劳务输出等形式参与。为 22 家经济合作组织发放贷款 2700 多万元。八是加快园区建设步伐，完善产业结构布局。在地区所在地规划建设扶贫牧业科技产业园区、扶贫建筑建材产业园区和扶贫物流产业园区"三大产业园区"。计划投资 9.73 亿元，在扶贫牧业科技产业园区内新建项目 13 个，目前已开工 13 个，完成投资约 4.5 亿元；在地区物流中心建设扶贫建筑建材产业园区，总投资 4000 万元新建砂厂、石材厂、商砼站、预制管材加工厂及空心砖厂等，目前已全部完工；在扶贫物流产业园区投入 3.8 亿元新建大型车辆停靠站、商业服务区、大型设备租赁场、物流仓储、汽车 4S 店、建筑建材批发市场、蔬菜瓜果批发市场等商业设施，目前已完成工程总量的 39%。

（7）强化易地扶贫搬迁促扶贫。紧紧围绕"搬得出、稳得住、能致富"目标，那曲市 2017 年实施易地搬迁 5934 户、22568 人，搬迁点 93 个、开工点数 53 个，已开工 6805 户 26441 人，开工率 110.38%，已入住 214 户 1123 人；2016 年第二批易地搬迁 2370 户 10694 人搬迁任务已于 2017 年 11 月中旬搬迁入住。截至 2017 年 10 月底，两年共拨付到各县易地搬迁专项资金 16.18 亿元，累计使用资金 15.85 亿元（其中 2016 年使用 9.42 亿元，2017 年使用 6.43 亿元），资金使用率达 97.96%。一是按照"强重镇、阔干线、活经济、重安全"的思路,以适度集中为主,坚持适度集中与分散安置相结合,搬迁至生产资料相对富裕的地方,确保"有房住、可就业、可持久"。二是实施高海拔生态搬迁试点工作,统筹好保护生态和富民利民的关系。积极探索开展在生产资料不变、经济收入不减、生活质量不降的前提下,通过前期大量摸底调研和政策宣讲,核实并上报尼玛县荣玛乡和嘉黎县麦地卡湿地核心区的512户2385人进行高海拔生态搬迁;按照《关于上报当雄县羊八井镇易地扶贫搬迁康复安置点搬迁群众有关信息的紧急通知》(藏扶办〔2017〕17号)的要求,完成双湖县、申扎县、尼玛县、班戈县、安多县北部5县家中患有严重风湿病和类风湿疾病的120户487人的搬迁任务,现已全部完成入住。三是完善搬迁标准,由于那曲市东部、中部、西部差异较大,各县在综合国家标准、自身财力、群众生活习惯和搬迁意愿的前提下,对搬迁户住房标准和户型进行修改完善,做到因地制宜、因户施策。四是抓好配套设施建设。继续整合发改、交通、水利、工信、农牧、住建、文化、教育、卫生等部门资源,强化基础设施建设和产业建设,坚持住房和配套设施同步规划;与产业建设、劳动就业、子女上学、医疗救助、社会保障同步开展,解决群众后顾之忧。目前易地搬迁安置点配套产业项目151个,投资25.248亿元。

(8)强化生态补偿促扶贫。那曲市生态岗位数有118701个,其中,2016年生态岗位有93071个,2017年新增生态岗位25630个。一是完成2017生态八大岗位对接实施方案及生态岗位资金兑现方案,制定了《那曲市生态岗位管理办法(试行)》,统一制作了上岗证、责任书。二是为8类93071个生态岗位兑现生态岗位补助资金27921.3万元。同时,新增生态岗位25630个,基本完成精准对接工作。三是开展了在重点生态工程保护与建设中让群众吃上生态饭走上致富路调研,形成调研报告上西藏自治区。

(9)强化发展教育促脱贫。一是结合那曲市经济社会发展状况和义务教育发展实际,出台了《那曲市推进县域义务教育均衡发展意见》。目前,巴青县、申扎县正在推进县域义务教育均衡发展工作。二是2017年建档立卡贫困人口学前生827人,小学生4243人,初中生1355人,高中生580人,贫困学生除在校享受"三包"政策、营养改善经费外,各县各学校还多渠道积极争取校内外援助资金,解决贫困学生的实际困难。三是贯彻落实西藏自治区各项学生资助政策,完善那曲市学生资助管理中心各项工作制度,建立健全监督考核机制,结合西藏自治区文件精神出台了《那曲市建档立卡贫困大学生资助实施方案》和《那曲市贫困家庭学生资助实施细则》,各县也出台了相应配套政策。2016~2017 年，那曲市已资助贫困家庭大学生 1558 名，兑现资助资金 1195.3 万元；资助职业技术学生 1200 名，兑现资助资金 866.05 万元。四是以市场为导向，抓好技能培训。以实施"短平快"项目为契机，培养农牧民致富带头人 137 人。本级财政投入 153 万元，培训驾驶技能 300 人。通过项目建设吸纳贫困人口转移就业，地、县两级同步开展贫困人口建筑施工技能培训，累计培训贫困群众 3600 名。开展以"促进转移就业、助力脱贫攻坚"为主题的 2017 年春风行动专场招聘会，达成初步就业意向协议 685 个。通过多方协调努力，向地区龙鼎钢材商贸有限公司输送易地搬迁贫困人口 98 人，向地区城投公司输送就业人员 104 人。开展用工调查，对全地区用工需求进行监测，统计岗位 3985 个，其中县级 3335 个，地级 650 个。2017 年以来，累计投入 632.37 万元，共为 3689 名贫困人口开展多工种的技能培训，实现转移就业 3159 人。五是加强转移就业体制机制建设，建立了贫困人口劳动力信息数据库，制定了转移就业月报制度和季度通报制度，便于对全地区转移就业人口进行动态管理。

（10）强化社会保障促扶贫。及时兑现健康脱贫政策，建立健全贫困群众看病治病绿色通道，做好基本医疗保险、大病保险、医疗救助保障机制的衔接，确保患者能及时得到救治。一是加快推进社会保障兜底工作与精准扶贫有效衔接，按照"一户一档"要求，对全地区农村"低保户"、城镇"低保户"开展排查、登记、录入工作，核实审定城乡"低保"总数 67716 人，建档立卡贫困人口农村"低保"对象 60194 人。目前，为那曲市 67716 人发放"低保"资金 10176 万元。二是研究制定《那曲市卫生健康扶贫实施方案》和《那曲市家庭医生签约服务实施方案》，充分发挥那曲市医疗卫生的服务队伍作用，开展健康教育、健康体检、医疗服务、预防干预、妇幼计生、援藏支援等工作。2017 年贫困人口免费健康体检总人数为 73037 人，截至 2017 年 10 月，免费体检建档立卡贫困群众 25038 人，体检率达 34.28%。2017 年底达到 100%。三是巩固健康扶贫工作，健全基层卫生计生服务体系。针对贫困村、贫困户的不良卫生习惯，组织农牧民开展有计划、有内容、有规模的专项健康教育活动 35 次，逐步提高农牧民群众的健康意识。四是起草了《那曲市关于农村最低生活保障制度与扶贫开发政策有效衔接实施方案（初稿）》，向 11 县 53048 人兑现了定向政策性补助资金 4185.4872 万元，确定了建档立卡贫困人口中农村"低保"对象为 55050 人，统计出了建档立卡贫困户髋骨病患者 1700 人。五是积极开展包虫病防治工作。浙江省组织 30 名专家赴那曲市各学校、社区开展包虫病筛查工作，并赠送 26 台便携式彩超、B 超仪器。辽宁省组派 30 名医疗专家，于 2017 年 6 月 16 日前往申扎县、班戈县、安多县、聂荣县 4 县开展筛查工作。中华慈善总会组织医疗机构 16 名专家，于 2017 年 7 月 5 日到那曲市尼玛县、双湖县开展筛查工作，确定患有包虫病的困难群众 30 人，兑现救助资金 35.19 万元。2017 年开展医疗救助 15803 人次，兑现资金 2367.76 万元；临时救助 1798 人次，兑现资金 213.82 万元；"五保"供养对象为 2244 人，其中集中供养对象为 1451 人、分散供养 793 人。

（11）强化金融促扶贫。一是开展"政府风险补偿基金+贷款对象+扶贫责任主体"合作模式，充分利用政府增信，强化产业带动，通过设置政府风险补偿基金 5 亿元，按照 1∶10 的比例放大贷款倍数，撬动银行信贷资金 49.98 亿元，支持农牧业产业项目、旅游产业项目、短平快项目和部分基础设施建设项目。出台《关于做好那曲市脱贫致富产业扶贫项目贷款推进工作的指导意见》，明确产业扶贫项目贷款方式、用途、利率、资金使用等方面的要求及相关行业政策和法律法规及信贷制度等。二是全面推广建档立卡精准扶贫小额到户贷款。利用"双基联动"扶贫贷款机制，精准对接建档立卡贫困人口，建立信息动态管理机制，确保优惠政策的连续性。累计发放建档立卡贫困户扶贫贴息贷款 19909 万元，余额达 64655 万元，累计扶持建档立卡贫困户 19021 户、涉及 75257 人，贷款覆盖率达 71.19%。三是提高农牧户"钻金银铜"四卡贷款授信额度。为进一步满足那曲市农牧户小额信用贷款需求，促进农牧业增产增效和农牧民增收致富奔小康，全面提升了"四卡"信用贷款额度。累计发放农牧户"四卡"信用贷款 106896 万元，余额达 345760 万元，扶持带动农牧户 76056 户，"四卡"贷款发证率达 93%。四是支持农牧民各类专业合作组织。大力推进利益联结帮扶模式，实施"合作组织+金融+农牧户"模式，找准增收结合点。支持发展具有比较优势的奶制品加工销售等特色农畜产品生产经营和具有市场优势及竞争力较强的民族手工业、采石采沙、农牧民运输队等多渠道经营的经济合作组织，提升农牧民经营层次，提高农牧民组织化程度，建立紧密的利益链接机制，实现合作组织发展与农牧民脱贫致富双向促进。累计扶持农牧民合作经济组织 22 家，发放贷款 2700 多万元，贷款余额达 4719 万元，带动和扶持农牧民 149 户 603 人。

（12）强化财政投入促扶贫。一是加大资金整合力度，加强与中央、西藏自治区相关扶贫政策对接，加大财政专项扶贫资金投入。2017 年西藏自治区下达那曲市整合用于脱贫攻坚资金 109951.03 万元，已分配产业发展资金 70401.4 万元、下拨生态岗位补助资金 15840.6 万元（不含农村公路养护补助资金），拨付易地搬迁贷款贴息 2200 万元。二是加大本级财政资金投入。2017 年预算安排扶贫开发投资资金 3087.5 万元（按 2016 年公共财政预算收入 10% 计算）。地区脱贫攻坚专项经费 70 万元，购置两台公务用车 128 万元，贫困家庭大学生生活补助金 1000 万元。安排合作组织扶持资金 2000 万元，投入资金 7000 万元用于修建 100 个易灾村防抗灾物资储备库建设，投入 3015 万元修建 67 座机井，解决塘北草场混居混牧区人畜饮水困难，安排 679 万元用于牲畜良种改良，加大农牧民技能培训力度，第一批农牧民驾驶技能培训人数达 300 人，投入资金 162 万元，安排先进致富典型表彰资金 23.96 万元，全力保障脱贫攻坚资金需求。三是撬动金融资本和社会帮扶资金投入扶贫开发。那曲市纳木措投资有限公司与中国农业发展银行拉萨分行签订了易地搬迁贷款协议，贷款 28.951 亿元用于 2016~2020 年易地搬迁。结合那曲市产业扶贫开发现状，多方筹集资金 5 亿元设立了政府风险补偿基金，计划撬动金融贷款 49.98 亿元，用于产业发展。四是财政资金用于民生情况。那曲市一般公共预算收入完成 1070950 万元（预算数字），投入民生类资金 622803.6 万元，占一般公共预算支出的 58.2%，进一步保障就业、教育、医疗、文化、科技、扶贫、支农等惠民工程的顺利实施。五是加强监督管理，确保扶贫资金安全规范。新时期扶贫工作任务重，资金投入大，管好用好扶贫资金至关重要，按照扶贫资金管理相关制度办法，应加强资金精细化、规范化管理，进一步加大扶贫资金监督检查力度，确保扶贫资金使用安全规范。

# 10.2 山南市贫困与反贫困实践

## 10.2.1 山南市概况 ❯

　　山南市位于西藏南部，雅鲁藏布江中游，素有"藏南谷地""西藏江南"之称。山南市下辖 12 个县、82 个乡镇、1 个办事处、554 个村委会，总人口为 352299 人，农业人口为 301852 人，占该地区总人口的 85.68%。通过整合资金 38.35 亿元，完成安居工程 6.28 万户，全地区 28.2 万农牧民住上了安居房，共建村级组织活动场所 554 个，新增安全饮水 22.87 万人，新增改善农牧民用电 4.68 万户，19.43 万人，农村公路历程达到 1808.33 千米。全地区耕地面积共计 45.68 万亩，天然草场总面积为 4639.68 万亩。2012 年全地区粮食产量达到 16.15 万吨（其中青稞产量达到 9 万吨），油菜产量达到 1.6 万吨，蔬菜产量达到 4.92 万吨，粮食单产位居第一，达到 645.2 公斤；牲畜 2012 年末存栏数为 175 万头（只、匹），牲畜出栏率达到 33%；肉类产量达到 2.5 万吨，奶产量达到 4.8 万吨，禽蛋产量达到 700 吨，毛绒产量达到 1440 吨。2012 年，全地区生产总值完成 76 亿元，固定资产投资完成 86.7 亿元，农牧民人均纯收入达到 6200 元，居西藏第三位，比全国平均水平低 1717 元，高于西藏平均水平 555 元。目前山南市有自治区级龙头企业 1 家，地区级龙头企业 6 家，各类农牧民专业合作经济组织及协会 186 家。

2015 年，山南市共有贫困县（区）12 个，贫困村（居）549 个，建档立卡贫困户 19191 户 57844 人，贫困发生率达 19.3%。截至 2018 年底，16707 户 52097 名建档立卡贫困群众实现脱贫（其中发展生产脱贫 2207 户 6125 人，易地扶贫搬迁脱贫 1046 户 3422 人，生态补偿脱贫 8233 户 30097 人，发展教育脱贫 874 户 3043 人，社会保障兜底 4347 户 9410 人），剩余建档立卡贫困群众 276 户 714 人，贫困发生率降至 0.24%；549 个贫困村（居）全部实现整村退出；乃东区、琼结县、洛扎县、曲松县、错那县、加查县、桑日县 7 县（区）顺利实现脱贫摘帽，浪卡子县、措美县、隆子县、扎囊县、贡嘎县 5 个深度贫困县达到了脱贫摘帽标准。

## 10.2.2　山南市贫困的主要原因　❯

（1）较恶劣的生存环境。地方病的威胁以及不适于人类居住的高寒环境，资源环境承载力不足，农牧民生计不可持续。贫困群众与富裕群众在生产资料获取方面欠缺，脱贫致富的物质条件差。

（2）受贫困思想影响较大。贫困群众固守传统农牧业，生产生活依赖于耕地、草场、牲畜等，生产经营方式落后，农畜产品深加工层次低，职业技能缺乏。部分贫困群众向政府伸手要钱要物，等待救助的思想较严重，对于储蓄的欲望不强。部分贫困群众由于宗教信仰影响，存在"惜杀""布施"

等现象，货币收入少支出多，使贫困加剧。

（3）人口受教育水平较低。西藏农牧区家庭人口普遍较多，家庭人口年龄结构不合理，青壮年劳动力缺乏，家庭负担较重。贫困地区大多数处在偏远、交通不便、信息闭塞地区，贫困家庭由于劳动力缺乏使教育成本增加，子女接受教育的机会减少。

（4）基础设施建设步伐较慢，公共物品使用率低。交通、通信、供电、供水、医疗等公共基础服务建设步伐较慢，使用效率较低，使得贫困农牧民难以获得平等的发展机会和致富能力。

## 10.2.3　山南市脱贫攻坚采取的措施

山南市农牧业紧紧围绕建设现代农牧业，以提高农牧业综合生产能力、保障有效供给为目标，按照"提升一产、壮大二产、做强三产"的建设要求，围绕建设"六个模范区""四基地一核心"的决策部署，着力打造农牧业特色优势产业，扎实抓好"三推进"工作，全面提升第一产业发展水平，推动农牧业提质增效和农牧业发展方式的转变，全地区农牧业经济保持了良好的发展态势。

（1）整乡推进。整乡推进是以贫困乡镇为基本的脱贫单位，以贫困群众为基础对象，以改善基础设施和提高人民生活水平为根本出发点，培育发展特色产业，提升自我发展能力，以提高扶贫对象收入、促进乡镇经济社会快速发展为目标，采取"资源整合、统一规划、集中投入、分年实施"的方式，实行部门联动，集中解决制约乡镇发展难题，改善发展环境，缩小城乡距离，实现经济社会又好又快发展的一种扶贫模式。

"十一五"期间，山南市选择实施桑日县绒乡、琼结县加麻乡等28个自然条件较恶劣、经济发展较落后的乡镇和所属的198个村委会，实施整乡推进扶贫开发项目，共投资9179万元，其中财政扶持资金达7655万元，群众投工投劳折合资金及自筹资金达1524万元，项目共覆盖27982户103749人。

（2）到户扶贫。到户扶贫是以贫困户为基本对象，按照"缺什么，补什么"的原则，动态瞄准扶贫对象，提出为扶贫群众补充基本生产资料和特色产业的扶贫开发项目。共对19191户57844名建档立卡贫困户制定脱贫措施2.12万条。"十二五"中期，山南市扶贫开发紧紧瞄准"两项制度"有效衔接识别出的扶贫对象，大力实施到户帮扶，原则要求60%以上的专项扶贫资金投向到户帮扶要求，共投入国家资金 12564 万元全面实施到户帮扶，重点解决 28 个整乡推进扶贫对象的发展难题。

（3）贫困户安居工程。按照西藏自治区的统一要求，积极整合安居、扶贫部门力量，对"两项制度"有效衔接识别出的低收入农户实施贫困户安居工程，每户补助标准为 2.5 万元，地区视财力情况给予适当补助，全面完成贫困人口安居工程建设，优先解决贫困残疾人住房问题，不断提高安居水平。积极整合行业部门资金项目，加快推进贫困地区"八到农家"工程和农村人居环境建设与环境综合整治工程，优先完成整乡推进乡镇的农村人居环境建设和环境综合整治任务。"十二五"中期，已实施完成贫困户安居工程 3200 户，投入资金 8000 万元。

（4）产业扶贫。加强农田草场水利基本建设，坚持保护与开发相结合，夯实产业发展基础；按照"企业带基地、基地带产业、产业带贫困户"的思路，重点在扶持龙头企业和贫困地区结构调整上下功夫，扩规模、提质量、增效益；探索以产业化扶贫项目为依托，以融资支持、信贷扶贫、资源整合为基本手段，创新金融扶贫方式，加大对扶贫项目的支持力度；引导扶贫农畜产品加工业在特困地区布局，优化发展环境，加大帮扶力度，加快培育一批新的扶贫龙头企业；加快推进农牧业产业化经营步伐，带动扶贫对象增收致富，做到户户有门路，人人有活干，经常有收入。"十二五"中期，山南市对产业扶贫共投资资金 1182 万元，基本形成"大联合、大开发、大产业"的良好格局。2016 年，山南市充分发掘各县（区）的优势产业发展潜力，共梳理出养殖业、种植业和民族手工业等 373 个项目，总投资 70.92 亿元。

（5）扶贫培训。坚持把扶贫培训摆在突出位置，针对扶贫对象劳动技能弱、发展能力低的实际，创新培训机制，深化培训内容，采取定点培训、订单培训、创业培训等形式，多渠道、多层次地开展贫困户劳动力转移培训。突出劳动力转移就业培训，帮助扶贫对象掌握一项技能，学习一门手艺，每户均有 1 项增收门路，达到培训一人、就业一人、脱贫一户的目标。"十二五"中期，山南市共对贫困家庭为继续升学的初高中毕业生等新生劳动力就业培训 4218 人次，重点培训种养殖业先进适用技术、民族传统手工艺、驾驶技术、机械维修以及其他劳动力转移就业培训。共投入资金 334.5 万元。为使每个贫困家庭至少有一人参加培训，掌握一项技能，实现稳定就业奠定了坚实的基础。2016 年，大学生资助到户到人，安排 790 万元资金，对山南市普通高考考入国民教育全日制计划内的山南市籍农牧民子女及贫困家庭子女进行资助。西藏自治区外本科生、专科生每人每年分别资助 1 万元、8 千元，西藏自治区内本科生、专科生每人每年分别资助 8000 元、6000 元，2016 年实现 146 户 614 名建档立卡一般贫困户脱贫。

（6）扶贫试点。"十二五"中期，山南市重点实施扶贫试点项目：互助资金试点三个村，投入资金 80 万元；连片开发一个乡镇（错那县曲卓木乡），投入资金 700 万元；科技扶贫 1 个县（隆子县），投入资金 25 万元。扶贫开发不断适应新形势、新任务的要求，创新工作机制，大胆实践、勇于创新，形成更加有利于促进贫困地区发展的工作机制。

（7）行业扶贫。各行业部门结合行业政策和项目支持扶贫开发工作，以改善贫困地区发展环境、提高贫困人口发展能力为主要任务的扶贫开发工作模式。行业扶贫是扶贫开发的重要组成部分。各行业部门要结合各自职能，重点抓好贫困区域基础设施建设、安全饮水、产业开发、社会事业、社会保障、生态安全等工作，努力创造良好的发展条件。旅游电商扶贫到户到人。依托本地文化资源优势，将旅游与脱贫攻坚相结合，大力倡导文化旅游、乡村旅游、生态旅游，积极引导贫困户参与旅游扶贫开发。

# 10.3  日喀则市定日县贫困与反贫困举措

### 10.3.1  定日县概况

定日县总面积约 1.4 万平方千米，辖 13 个乡（镇），175 个行政村，381 个自然村，有 43 座寺庙，有僧尼 448 名，全县总人口为 54239 人。全县实有耕地面积约为 10.6 万亩，牲畜存栏数为 32.5173 万头（只、匹），是日喀则市西部以农为主、农牧并举的国家重点扶持贫困县。

### 10.3.2  定日县贫困的主要原因

（1）农牧业基础设施比较薄弱，抵御自然灾害能力不强。目前农田灌溉设施不配套，灌溉水有效利用系数低，中低产田比重大，改造任务重；高寒牧区仍有部分牧民处于游牧或半游牧状态；草原灌溉、草原围栏等基础建设滞后于畜牧业的发展。

（2）市场意识和商品意识欠缺。西藏大部分农村基本还处于自给自足的自然经济状态，与市场经济的要求有一定的差距，而且现有的集贸市场也多是规模小、设施简陋，农畜产品不能及时转化为货币收入，在一定程度上影响了农业产业化进程。

（3）有些项目建设需要一定的技术人员，缺乏相应专业、技术人才，需要引进相关专业技术人员或开展适用技术培训等。

（4）虽然实施了几年的农机购置补贴惠农政策及机械化作业建设，但农牧业生产活动机械化推广率较低，还待继续加强及建设。

## 10.3.3　定日县脱贫攻坚采取的措施

（1）认真加强对项目的建设和管理工作力度。加强对项目建设资金的管理，合理开支每一分项目资金，确保有限的项目资金都得到合理利用，发挥最大的经济效益。加强防抗灾体系和农田、水利、草场等基础设施建设，充分提高农牧业抵御自然灾害的能力。加强项目建设的监督和管理，确保项目建设质量。

（2）加大对农牧民合作组织等民间组织的培植力度，落实以工代赈政策，促进当地私营企业健康发展和稳步壮大。重点推进短期育肥项目、优质蔬菜基地项目、农牧推广体系与建设补助项目等重点项目建设，转变农牧业发展方式，加快推进传统农牧业向现代农牧业转型升级，着力提高第一产业比重。

（3）进一步加快推进农牧业现代化进程，用工业化、产业化的思路和理念来指导农牧业发展，统筹城乡发展。一是通过工业化、城镇化吸纳并转移农牧民，通过减少农牧民来富裕农牧民，重点抓好农牧民技能培训，抓好稳定就业；二是通过发展现代农牧业加强集约集中，大力发展设施农业和规模化养殖业，把发展农区畜牧业和城郊畜牧业作为定日县牧业结构调整的重点，加快土地流转和规模经营速度，大力推进农牧业产业化进程；三是实现自然分散农牧业向集群式农牧业转变。

（4）完善基础设施。在发展目标上，应围绕提高农业装备水平、优化农业发展环境、改善群众生活质量，坚持以效益为中心，把基础设施建设与农业综合开发相结合，与推进城乡经济社会发展一体化战略相结合，与工商服务业发展相结合，构建城乡统一的基础设施网络，对治水、改土、兴林、修路、办电等综合治理。

（5）加强科技创新。加强新品种引进与创新，重点进行青稞高产品种的试种，油菜新品种选种试点，加快冬小麦改良种植步伐。加快黄牛改良和藏系绵羊的繁殖培育力度，加快当地藏鸡特色畜禽品种资源创新步伐与扩大新品种选育及养殖规模。重点进行农牧业生产、特色农畜产品精深加工、配套技术研究创新，实施农畜产品品牌战略，加大"一乡一品"农牧发展战略的实施工作力度。

# 10.4　昌都市贡觉县三岩片区
# "532"整体易地搬迁脱贫

## 10.4.1　三岩片区概况　●

"三岩"为藏语的音译，意为"恶劣的地方"。"三岩"属我国长江上游天然林保护区的重要组成部分，山高谷深，地形复杂，平均海拔在4000米以上，与四川省甘孜州白玉县、巴塘县隔江相望。三岩片区管理委员会驻地在雄松乡，副县级建制，目前辖1个公安分局、6个乡和42个村委会，辖区内寺庙24座，"帕措"97个。三岩六乡辖区面积达2334平方千米，人均耕地面积0.84亩，80%的耕地坡度在25度以上，粮食平均亩产量达200斤左右，财政收入微薄。三岩片区跨市整体易地搬迁计划在2018年和2019年完成昌都市、芒康县7个乡45个村1801户11605人的搬迁任务，实现搬迁对象安置住房得到有效保障，安全饮水、出行条件等基础设施全面改善，享有义务教育、医疗等基本公共服务。改善搬迁对象的生活水平，稳定搬迁对象的收入渠道，充分有效利用搬入地资源，保障贫困群众如期实现脱贫。

西藏自治区九届党委会第35次、第60次常委会议专题研究部署了三岩片区跨市整体易地扶贫搬迁工作。搬迁安置区域分别为拉萨市、日喀则市、山南市、林芝市四市的 102 个安置点。计划向拉萨市搬迁 4990 人，向日喀则市搬迁 617 人，向山南市搬迁 2030 人，向林芝市搬迁 3968 人。其中，集中安置 9828 人，分散安置 1778 人。

## 10.4.2　三岩片区贫困的主要原因 ◉

（1）社会总体发育程度较低。三岩片区由于地处偏僻，导致生产生活方式落后，相当一部分地区仍处于刀耕火种、"二牛抬杠"和"三个石头一口锅"的状态，木器和石器等生产、生活工具依然存在；对土地的经营管理水平极差；当地群众思想观念较落后，没有节育观念，人口出生率普遍较高；男尊女卑观念严重，男闲女劳现象突出，劳动生产率较低，经济发展较滞后。

（2）贫困面较广，贫困程度较深。经核查，贡觉县三岩片区涉及 6 个乡 42 个行政村 1675 户 10323 人（其中建档立卡贫困户 1057 户 5071 人），贫困发生率高达 49.12%，贫困面较广、贫困程度较深、扶贫成本较高、脱贫难度较大，是贡觉县、昌都市乃至西藏自治区脱贫攻坚的坚中之坚。

（3）资源贫乏，生存条件较恶劣。地理位置特殊，资源相对贫乏，缺少耕地现象突出。基础设施建设成本高，施工难度大，属大骨节病高发区，群众生产生活十分困难。

（4）底子薄弱，经济发展较缓慢。基础设施较薄弱，交通条件较差，产业项目结构较单一，抗风险能力不足，对贫困户的带动作用有限。群众经济收入主要依靠采集虫草、种植低产农作物及党和国家的政策性补助。

（5）生态脆弱，自然灾害频发。三岩片区是西藏自治区重要生态保护修复区，生态脆弱，地质结构复杂，自然灾害频发。自然灾害隐患点 16 处，涉及罗麦乡、沙东乡、敏都乡、雄松乡 4 个乡 16 个村 831 户 4886 人（其中建档立卡贫困户 609 户 2868 人）。

（6）观念落后，内生动力不足。受历史文化、传统习俗等因素影响，群众受教育程度普遍不高，思想观念落后，"等、靠、要"思想严重，主动参与脱贫内生动力不足。

（7）宗族和宗教制约经济社会发展。三岩片区商品经济观念淡薄，生产生活水平不高，老百姓的经济收入除生活开支外，基本全捐赠给寺庙，使其本来拮据的生活更是雪上加霜，加大了脱贫攻坚的复杂性和难度。

### 10.4.3 三岩片区脱贫攻坚采取的措施 ▶

（1）精确定位，脱贫产业快速发展。按照"三区一核心"的产业发展布局，大力实施"八个全部自给"工程。三岩片区以生态功能区修复和保护为重点，因地制宜发展经济林木种植、天然林保护、林下养殖、三岩民俗文化旅游等产业。目前，贡觉县立足三岩片区实际情况发展雄松乡红拉山鸡和卡若香猪养殖、敏都乡经济林木种植和红拉山鸡养殖、木协乡红拉山鸡和卡若香猪养殖、蔬菜温室种植等产业项目11项，总投资2510万元，可带动78户205名建档立卡贫困户人均增收1600元。

（2）因地制宜，易地搬迁稳步推进。立足贡觉县情，制定了《贡觉县深度贫困地区脱贫攻坚规划》。按照规划，动员贡觉县乡村扶贫干部，对"532"易地搬迁群众进行了意愿摸底调查。经调查统计，50%留居群众有818户5393人（其中建档立卡贫困户421户1976人）；30%搬迁至贡觉县城及周边乡（镇）的有521户2886人（其中建档立卡贫困户410户1980人）；20%自愿搬迁至拉萨市、林芝市、昌都市，有336户2044人（其中建档立卡贫困户226户1115人）。

针对50%就近就地进行集中或插花安置的818户5393人（其中建档立卡贫困户421户1976人），采取的主要措施：一是住房方面，对425户2350人（其中建档立卡405户2230人）危房户就地重建，393户3043人采取房屋风貌改造或加固的方式解决住房安全问题。二是产业配套方面，按照《贡觉县深度贫困地区脱贫攻坚规划》采取抓生态功能区五大板块①（公司+农户）体系建设，通过实施多项脱贫措施，引导群众就近就地创业实现增收致富。三是基础设施建设方面，加快"水电路信网，科教文卫保"十项提升工程建设步伐，力争在2020年全面达标。

针对30%搬迁到县城、产业园区、国省道干线、乡镇所在地等资源富集区域进行集中安置有521户2886人（其中建档立卡贫困户410户1980人），采取的主要措施：一是已建设雄松乡政府、雄松乡加卡村、克日乡西西村3个安置点及县城1、2号集中安置区对意愿搬迁群众进行安置。二是配套产业

---

① 五大板块：第一板块抓六乡天然林保护建设；第二板块抓六乡退耕还林工程实施；第三板块抓六乡国土绿化；第四板块抓六乡经济林果种植和林下养殖；第五板块抓雄松乡、沙东乡、敏都乡三乡古村落保护、碉楼集群保护和民俗文化旅游服务系列产业建设。

在七项特色产业上做文章：①安置 50 户到阿旺绵羊基地当产业工人；②藏东生物公司在基地周边成功流转荒地 5000 亩，以折股分红形式吸纳 500 户搬迁群众示范种植饲草料；③公司化修建温室大棚 200 座，以量化折股分红的形式，吸纳 100 户搬迁群众示范种植蔬菜；④以村级集体经济发展模式，整合拓展民族手工艺产品深加工，吸纳 200 人就地当徒弟学手艺，最终成为手艺人；⑤发展贡觉县县城第三产业服务培训 100 人，落实"百户创业"工程，填补第三产业服务空白，实现家门口增收致富；⑥开发扶贫超市 2 处，吸纳 20 人在超市上班增收；⑦加快建立仓储物流，带动 30 户就业脱贫，从根本上解决"搬得出、稳得住、能致富"的问题。

针对 20% 搬迁到拉萨市、林芝市、昌都市等地进行安置的 336 户 2044 人（其中建档立卡贫困户 226 户 1115 人），如柳梧新区德吉康萨小区，现总计住户有 433 户，具备劳动能力的为 815 人，已解决 583 人就业，其中通过鼓励和引导自主就业人员共计 133 人。大部分人被安置在柳梧新区园区内的物业部门。除此以外，接纳此部分贫困群众就业的公司主要有：力透特种玻璃有限责任公司、中保强盾保安公司、娃哈哈公司、泰孚包装公司、西藏宏泰科技有限公司、坎巴嘎布卫生用品有限公司、三通药业有限公司、甘露藏药股份有限公司、西藏易明西雅生物科技有限公司等，主要从事车间工、包装工、安保、服务员、驾驶员、保洁、销售等工作。

目前已完成雄松乡加卡村安置区建设房屋 33 套，总面积达 4224 平方米，搬迁群众 33 户 151 人，并完善了基础和产业配套设施。目前雄松乡乡政府安置点、克日乡西西村安置点正在建设，计划搬迁群众 65 户 397 人（其中建档立卡贫困户 58 户 377 人）。

（3）保护生态，补助政策有效落实。一是加强生态补偿脱贫购买服务转移就业机动岗位工作。截至目前招聘三岩片区生态岗位人员 4575 人，兑现资金 2058.75 万元。二是积极落实退耕还林工程。2017 年三岩片区完成退耕还林 1.85 万亩，投资 741.3 万元。三是鼓励建档立卡贫困户参与生态工程建设。2016 年以来三岩片区完成人工造林 1912 亩，投资 183.28 万元。四是在国土局、林业局等单位的协同合作下，完成"十三五"国土绿化规划 11.12 万亩。

（4）抓住根本，补齐教育发展"短板"。健全建档立卡贫困学生资助机制，落实学生营养改善计划，改善基层办学条件，设立"东风润苗"教育基金。2013~2017 年累计为三岩片区 11 名建档立卡贫困学生兑现助学资金 4.6 万元。各乡政府狠抓控辍保学工作，控辍保学巩固率达到 98% 以上。

（5）强化保障，落实社会兜底政策。截至目前，三岩片区完成建档立卡贫困人口医疗救助281人，发放救助资金56.67万元；为2031名"低保户"兑现资金516.12万元；为2130名群众发放定向政策扶贫补助资金498.2万元；为175名"五保户"兑现"五保"资金82.95万元。

（6）注重培训，转移就业成效明显。一是有针对性地引导建档立卡贫困户参加蔬菜种植、驾驶汽修、餐饮服务、民族手工艺等技能培训。截至目前，三岩片区共完成转移就业培训246人，实现转移就业191人。二是及时成立12乡（镇）转移就业工作领导小组办公室，专门负责转移就业培训与跟踪服务工作。

（7）讲求实效，积极开展结对帮扶。一是制定下发了贡觉县2016年和2017年结对帮扶的具体实施方案，确保结对帮扶有可操作性。二是从严落实"第一责任人"和干部职工帮扶责任，以"321"模式开展结对帮扶工作，实现了三岩片区建档立卡贫困户1084户结对帮扶全覆盖。

# 参考文献

［1］ Binswanger H. P. , Deininger K. Explaining Agricultural and Agrarian Policies in Developing Countries ［J］. Journal of Economic Literature, 1997, 35 (4): 1958-2005.

［2］ Gary S. Becker, Nigel Tomes. Human Capital and the Riseand Fall of Families ［J］. Journal of Labor Economics, 1986 (3): 1-39.

［3］ Jha Raghbendra, Bhattacharyya Sambit, Gaiha Raghav, et al. Capture of Anti-poverty Programs: An Analysis of the National Rural Employment Guarantee Program in India ［J］. Journal of Asian Economics, 2009, 20 (4): 457-463.

［4］ Lawrence M. Mead. The New Politics of Poverty: The Non-working Poor in America ［M］. New York: Basic Book, 1992.

［5］ Lewis Oscar. Culture of Poverty ［M］. New York: Basic Books, 1969.

［6］ Nurkse Ragnar. Problem of Capital Formation in Underdeveloped Countries ［M］. London: Oxford University Press, 1953.

［7］ Park Albert, Wang Sangui. Community Based Development and Poverty Alleviation: An Evaluation of China's Poor Village Investment Program ［J］. Journal of Public Economics, 2010, 94 (9-10): 790-799.

［8］ The World Bank. World Development Report: Marking Services World for People? ［J］. Washington: World Bank Publications, 2004.

［9］ William Julius Wilson. The Truly Disadvantaged: The Inner City, the Underclass, and Public Policy ［M］. Chicago: University of Chicago Press, 1987.

［10］ ［美］R. 纳克斯. 不发达国家资本的形成问题 ［M］. 谨斋译. 北京: 商务印书馆, 1966.

［11］ 奥斯卡·刘易斯. 五个家庭: 关于贫困文化的墨西哥人实例研究 ［M］. 丘延亮译. 高雄: 巨流图书公司, 2004.

［12］ 曹军会, 何得桂, 朱玉春. 农民对精准扶贫政策的满意度及影响因素分析 ［J］. 西北农林科技大学学报 (社会科学版), 2017, 17 (4): 16-23.

［13］陈浩．反贫困新论［M］．北京：中国财政经济出版社，2001．

［14］程晓娟，张霞．贫困地区致贫因素指标体系研究［J］．开发研究，2005（2）：48-50．

［15］楚成亚，刘祥军．当代中国城市偏向政策的政治根源［J］．当代世界社会主义问题，2002（4）：75-81．

［16］杜明义，赵曦．中国藏区农牧区反贫困机制设计［J］．贵州社会科学，2010（8）：82-86．

［17］多杰才旦．西藏封建农奴制社会形态［M］．北京：中国藏学出版社，2005．

［18］方盛举．边疆治理在国家治理中的地位和作用［J］．探索，2015（6）：110-115．

［19］高彦彦，周勤，郑江淮．为什么中国农村公共品供给不足？［J］．中国农村观察，2012（6）：40-52．

［20］辜胜阻．切断贫困的"代际传递"（建言）［N］．人民日报，2015-04-15．

［21］官爱兰，蔡燕琦．农村人力资本开发对农业经济发展的影响——基于中部省份的实证分析［J］．中国农业资源与规划，2015（2）：31-37．

［22］桂铭．此收入非彼收入——浅谈城镇人均可支配收入与职工平均工资的区别［J］．调研世界，2012（11）：62-63．

［23］郭建宇，吴国宝．基于不同指标及权重选择的多维贫困测量——以山西省贫困县为例［J］．中国农村经济，2012（2）：12-20．

［24］国家统计局住户调查办公室．2016中国农村贫困检测报告［M］．北京：中国统计出版社，2016：53-55．

［25］中共中央国务院关于打赢脱贫攻坚战的决定［EB/OL］．国务院扶贫开发领导小组办公室网站，http://www.cpad.gov.cn/art/2015/12/7/art_46_42386.html，2015-12-07．

［26］孔德斌．精准扶贫对贫困村公共品供给影响的实证研究——基于H省Z村的驻村扶贫工作实践［J］．山西经济管理干部学院学报，2015，23（2）：56-61．

［27］李继刚，毛阳海．西藏农牧区扶贫攻坚：一个基于政治经济学的分析视角［J］．西藏民族学院学报（哲学社会科学版），2011（11）：31-35．

［28］李燕凌．农村公共产品供给侧结构性改革：模式选择与绩效提升——基于5省93个样本村调查的实证分析［J］．管理世界，2016（11）：81-95．

［29］李燕凌. 我国农村公共品供给制度历史考察［J］. 农业经济问题，2008（8）：40-45.

［30］李耀锋. 连片特困地区的"项目进村"碎片化与精准扶贫：研究进展及理论构想［J］. 学术论坛，2016（11）：111-116.

［31］林万龙. 中国农村公共服务供求的结构性失衡：表现及成因［J］. 管理世界，2007（9）：62-68.

［32］刘小珉. 农户满意度视角的民族地区农村扶贫开发绩效评价研究——基于2014年民族地区大调查数据的分析［J］. 民族研究，2016（2）：29-41.

［33］马克思. 资本论［M］. 朱登缩译. 海口：南海出版公司，2010.

［34］毛阳海. 基于包容性增长理念下的西藏农牧区扶贫开发探析［J］. 西藏大学学报（社会科学版），2011（10）：5-11.

［35］普桑. 西藏农牧区贫困现状及其对策［J］. 西藏发展论坛，2003（1）：29-30.

［36］权衡. 收入分配与收入流动性：中国经验与理论［M］. 上海：格致出版社，2012.

［37］汤溢诚. 改革开放以来我国收入分配政策的演进［J］. 理论视野，2004（1）：19-20.

［38］图登克珠，杨阿维等. 基于人力资本理论视角下西藏农牧区反贫困问题研究［J］. 西藏研究，2014（12）：29-35.

［39］图登克珠. 人民是创造西藏历史发展的决定力量［J］. 西藏大学学报，2001（9）：12-16.

［40］王碧玉. 中国农村反贫困问题研究［M］. 北京：中国农业出版社，2006.

［41］王海娟. 项目制与农村公共品供给"最后一公里"难题［J］. 华中农业大学学报（社会科学版），2015（4）：62-67.

［42］王宏杰，李东岳. 贫困地区农村居民对扶贫政策的满意度分析［J］. 华南农业大学学报（社会科学版），2013，12（2）：44-49.

［43］王俊霞，王静. 农村公共产品供给绩效评价指标体系的构建与实证性检验［J］. 当代经济科学，2008，30（2）：18-24.

［44］王俊霞，张玉，鄢哲明，李雨丹. 基于组合赋权法的农村公共品供给绩效评价研究［J］. 西北大学学报（哲学社会科学版），2013，43（2）：117-121.

［45］王黎．关于西藏农牧区扶贫开发的几点思考［J］．农村经济，2010（9）：111-112.

［46］王文长．农牧民增收与西藏反贫困攻坚的基础：乡村建设［J］．中国藏学，2003（2）：3-12.

［47］王晓明．湘桂黔边山区少数民族农民贫困代际传递问题研究——以通道侗族自治县为个案［D］．广西师范大学硕士学位论文，2005.

［48］魏小文，朱新林．环境资源视角下西藏农牧民反贫困研究［J］．技术经济与管理研究，2012（2）：124-128.

［49］西藏自治区统计局，国家统计局西藏调查总队．西藏辉煌50年（1965-2015）［M］．北京：中国统计出版社，2015.

［50］西藏自治区统计局，国家统计局西藏调查总队．西藏统计年鉴（2003-2017）［M］．北京：中国统计出版社，2018.

［51］肖怀远．西藏农牧区改革与发展［M］．北京：中国藏学出版社，1994.

［52］肖涛．深入贯彻习近平总书记的重要讲话精神瞄准目标苦干实干坚决打赢脱贫攻坚战［N］．西藏日报，2015-11-10.

［53］肖云，严茉．我国农村贫困人口对扶贫政策满意度影响因素研究［J］．贵州社会科学，2012（5）：107-112.

［54］徐崇波，梅国平．我国农村公共品供给绩效评价实证分析——以江西省80个县（市）为例［J］．当代财经，2010（7）：19-24.

［55］徐伍达，张伟宾．西藏农村贫困问题研究［J］．西藏研究，2009（12）：86-97.

［56］亚当·斯密．国民财富的性质和原因的研究［M］．北京：商务印书馆，1972.

［57］杨阿维，图登克珠．西藏农牧区经济增长对扶贫开发的带动性研究［J］．中国农业资源与区划，2016（1）：155-159.

［58］杨阿维．西藏农牧区人力资本投资成本抑制分析［J］．贵州高等专科学校学报，2013（11）：45-49.

［59］杨红卫．论西藏农牧区的扶贫开发与可持续发展［J］．西藏大学学报（社会科学版），2010（3）：37-44.

［60］杨龙，徐伍达等．西藏作为特殊集中连片贫困区域的多维贫困测量——基于"一江两河"地区农户家计调查［J］．西藏研究，2014（1）：69-77.

［61］杨毅，张琳．环渝连片特困区精准扶贫效益评价及增进策略——基

于 SEM 模型的实证分析 [J].西南大学学报（社会科学版），2017，43（5）：53-62.

［62］杨勇，罗能生.农村公共品供给中政府作用的国际经验及启示 [J].上海经济研究，2008（5）：98-101.

［63］尹昌斌，程磊磊等.生态文明型的农业可持续发展路径选择 [J].中国农业资源与规划，2015（1）：15-21.

［64］游俊，冷志明，丁建军.连片特困地区发展报告（2016-2017）[M].北京：社会科学文献出版社，2017.

［65］俞桂海.贫困地区农村公共品供给 [J].行政论坛，2009，16（5）：83-86.

［66］张建伟，杨阿维.精准扶贫视域下农村公共品供给绩效评价研究——基于 14 个连片特困地区的实证分析 [J].西藏大学学报（社会科学版），2017（3）：129-137.

［67］张俊.传统中国农村公共品供给经济思想的价值逆转：养民抑或分利？[J].财经研究，2013，39（3）：30-41.

［68］张琳，童翔宇，杨毅.湘鄂渝黔边民族地区精准扶贫效益评价及增进策略——基于结构方程模型的实证分析 [J].贵州民族研究，2017，38（1）：177-180.

［69］张硕辅.创新机制 精准扶贫 [EB/OL].人民网，http：//theory.people.com.cn/n/2014/1212/c40531-26198312.html，2014-12-12.

［70］张晓佳，谷栗，宋玉丽，董雪艳.以公众满意度为导向的政府精准扶贫绩效评价研究——基于山东省的调查问卷分析 [J].经济论坛，2017（8）：127-133.

［71］张玉胜."第三方评估"护航精准扶贫 [EB/OL].三湘都市报，http：//news.ifeng.com/a/20160218/47475398_0.shtml，2016-02-18.

［72］赵曦.中国西部农村反贫困模式研究 [M].北京：商务印书馆，2009.

［73］中共中央国务院.中国农村扶贫开发纲要（2011—2020 年）[Z].中华人民共和国中央人民政府网.http：//www.gov.cn/gongbao/content/2011/content_2020905.htm.

［74］周平.我国的边疆治理研究 [J].学术探索，2008（2）：28-43.

# 后 记

长期以来，笔者和图登克珠教授一直致力于西藏贫困与反贫困问题的研究，部分成果先后在《西藏大学学报（社会科学版）》《西藏研究》《中国农业资源与区划》等核心学术期刊上发表。《西藏贫困与反贫困问题研究》是在前期研究基础上形成的一本关于西藏贫困与反贫困的实践著作，书中系统梳理和总结了西藏农牧民和各级政府与贫困作斗争的实践过程，一方面丰富和完善了现有西藏贫困与反贫困理论，为广大研究者提供基础性资料参考；另一方面对西藏自治区打赢脱贫攻坚战、巩固脱贫成果、乡村振兴具有重要意义，对其他少数民族地区也具有一定的借鉴作用。

本书是在西藏大学西藏经济文化研究中心的资助下完成的，前后历时 3 年之久，才停笔定稿，然而诸多内容犹感未尽。书中凝聚了笔者和图登克珠教授多年研究的心血，也凝聚了西藏大学西藏经济文化研究中心所有人员的辛勤付出。本书能够顺利出版，一方面要感谢西藏自治区扶贫办陆华东同志的悉心指导，感谢西藏大学西藏经济文化研究中心对调研和出版经费及撰写工作的大力支持，感谢经济管理出版社编辑人员的辛苦校对；另一方面要感谢中心诸多老师和学生走进农牧区实地调研的辛勤付出，感谢西藏各级政府、村委会和农牧民在调研方面的大力支持。笔者衷心祝愿西藏大学西藏经济文化研究中心和团队的成员有更多关于西藏研究的成果问世，在"读懂西藏、了解西藏、热爱西藏、服务西藏"的道路上继续前行。

西藏大学西藏经济文化研究中心成立于 2012 年 6 月，是西藏自治区教育厅哲学社会科学重点研究基地，是直属西藏大学高原科学技术和优秀民族文化两大学科群的六大研究中心之一。西藏经济文化研究中心现有专家学者 50 余人，分别来自西藏自治区内各高等院校、社科院、党校以及西藏自治区各相关单位政策研究室的专家学者，教授、研究员占比达 65%，副教授、副研究员级别以上达 90%，年青学者占比达 30%。研究中心有专家委员会、办公室、资料室、西藏经济研究科研创新团队、宗教研究科研创新团队、西藏基础教育科研创新团队。目前结合西藏大学经济与管理学院博士硕士研究生培养，形成了西藏经济文化研究中心研究生团队，现有在学博士研究生 10 人、硕士研究生 27 人。西藏经济文化研究中心依托其优越的地理位置优势，其主要职责是研究西藏经济、社会、旅游、文化、宗教等领域中具有全局性、综合性、战略性、长期性、前瞻性的问题，以及热点、难点问题，致力于发挥高校智库的优势，服务西藏社会经济发展，为西藏自治区党委、政府提供政策建议和咨询服务。

本书从选题到调研再到创作历时 3 年之久，虽然得到了相关领域专家的肯定，但由于水平有限，诸多方面尚存缺陷和不足，恳请各位读者批评指正，笔者将倾听意见、总结经验，不断提高理论和实践水平，为西藏"三农"研究尽绵薄之力。

杨阿维

**2019 年 1 月 10 日**